Christian Friedrich Himburg

Kurzgefasste Stammliste aller Regimenter und Corps der Königlich-Preussischen Armee

Christian Friedrich Himburg

Kurzgefasste Stammliste aller Regimenter und Corps der Königlich-Preussischen Armee

ISBN/EAN: 9783741165054

Hergestellt in Europa, USA, Kanada, Australien, Japan

Cover: Foto ©ninafisch / pixelio.de

Christian Friedrich Himburg

Kurzgefasste Stammliste aller Regimenter und Corps der Königlich-Preussischen Armee

Kurzgefaßte Stammliste

aller

Regimenter und Corps

der

Königlich-Preußischen Armee.

Mit allergnädigstem Privilegio.

Berlin, 1793.
Bey Christian Friedrich Himburg.

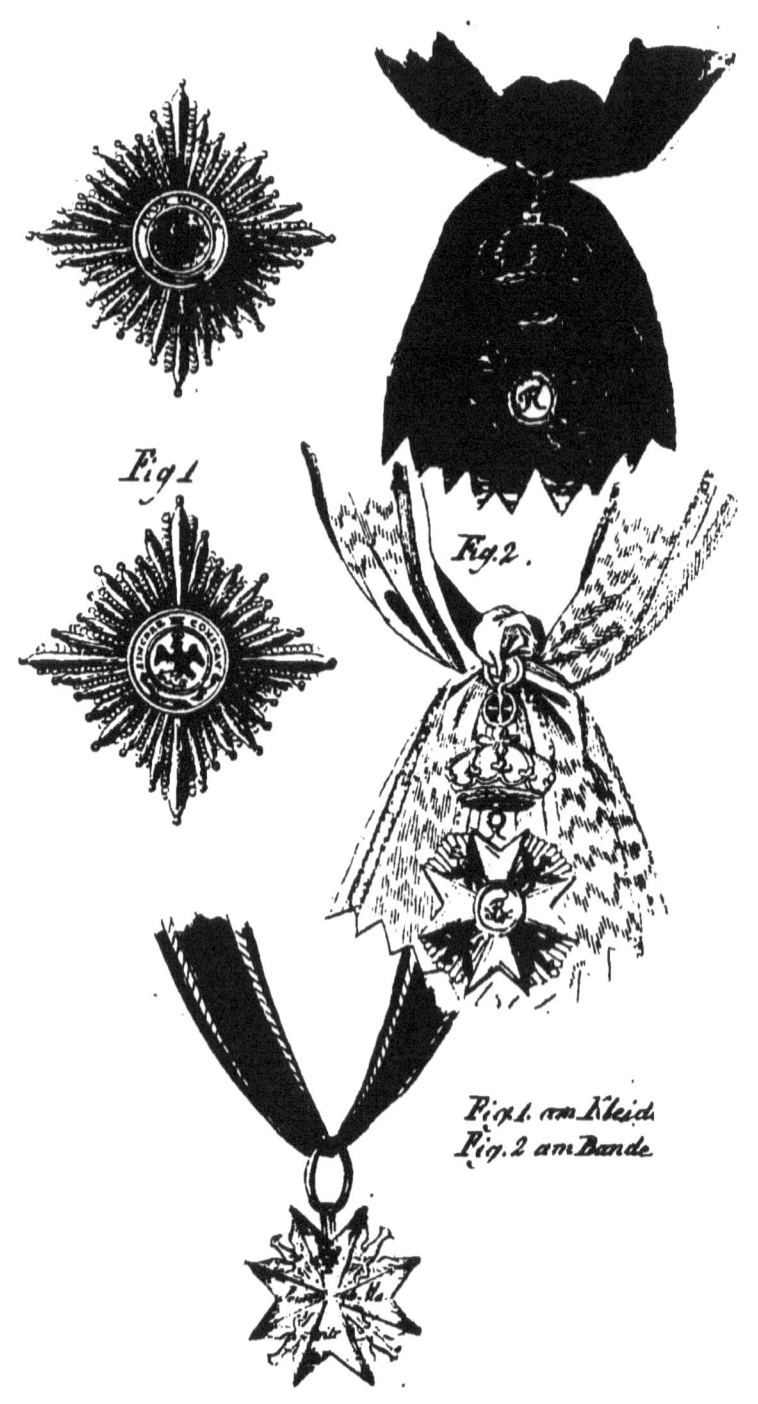

Fig.1 am Kleid.
Fig.2 am Bande.

Vorbericht.

Es ist der Wunsch vieler Leser, der Stamm- und Rangliste der königlich preußischen Armee gewesen, solche vollständiger, als bisher, zu haben, das ist, alle Officiere derselben darinn namentlich zu finden.

Ohne Erhöhung des bisherigen Preises konnte ich diesen Wunsch nicht erfüllen, indem dieses Buch dadurch an der Bogenzahl merklich angewachsen wäre und folglich in seinem Preise hätte erhöhet werden müssen.

Sonach entstand bey mir der Gedanke, die Stammliste von der Rangliste zu trennen und daraus zwey Bücher zu machen, die jedennoch in genauer Verbindung mit einander stehen.

Gegenwärtigen Werkchen habe ich den Titel Stammliste beygelegt, ob ich gleich überzeugt bin, daß er etwas unbestimmt ist. Hierzu haben mich Ursachen vermocht, die aber dem Publikum gleichgültig seyn können.

Die in diesem Buche vorkommende Rubrike: Feldzüge, hat mehrere Vollständigkeit, als sie im vergangenen Jahre in der vereinigten Stamm- und Rangliste hatte, aber sie bleibt in Ansehung kleiner Aktionen oder Gefechten, denen die Regimenter oder Bataillone beygewohnt haben, noch immer unvollkommen. Mehrere Vollständigkeit können ihr Männer geben, welche dem siebenjährigen Kriege beygewohnt haben und denen die Vorsehung bis jezt das Leben fristet, wozu das hinten beygefügte Ortverzeichniß ihrem Gedächtnisse zu Hülfe kommen kann.

Bey manchen Regimentern habe ich den Verlust, den sie in Bataillen oder bey Belagerungen gehabt haben, ganz kurz angezeigt. Ohne in dieser Sache competenter Richter seyn zu wollen, wünschte ich, daß mehrere Regimenter diesem Beyspiele folgen möchten, und so könnte man nach und nach zu einer conzentrirten Geschichte eines Heeres kommen, das in ganzen und in einzelnen Theilen Thaten verrichtete, die der Nachwelt unglaublich scheinen werden. Zu einer solchen Regimentsgeschichte lade ich alle diejenigen ein, die Augenzeugen davon gewesen sind, und ersuche sie angelegentlichst, mir alle mögliche sichere Data mittheilen zu wollen, um der künftigen Auflage dieser Stammliste mehr Vollständigkeit geben zu können.

Bey den Thatenverrichtungen der Grenabiere, welches jezt bey jedem Regimente die zwey Stammcompagnien sind, sind noch Lücken auszufüllen. Wer die Schwierigkeiten kennt und da weiß, wie oft im siebenjährigen Kriege die Kommandeurs der Grenadierbataillone durch häufig auf einander folgende Schlachten oder wichtige Actionen verändert werden mußten, wo oft 8 schwache Compagnien zu einem Bataillon formiret wurden, wird mir diese Unvollständigkeit desto weniger anrechnen, da selbst der unermüdete Verfasser der ungedruckten Nach richten, so die Feldzüge der Preußen, von 1740 bis 1779, erläutern, diese Arbeit als sehr mühsam und dennoch unvollkommen erkläret. Ueberhaupt erwarte ich von der Billigkeit meiner Leser, in ihrem Urtheile über dieses kleine Buch nicht zu strenge zu seyn und zu bedenken, daß ich es in keiner andern Absicht verfertiget habe, als um dem jungen Officier die Thaten seiner Vorgänger in einem Migniaturtablaux darzustellen; auch ist es nicht meine Absicht, nach Schriftstellerruhm zu geizen, indem ich diese Arbeit nur als ein für mich angenehmes Nebengeschäfte unternommen habe. Berlin, im Januar 1793.

Christian Friedrich Himburg.

Historische Nachrichten
von
der Preußischen Armee.

Der Ursprung der deutschen Miliz verlieret sich in das graueste Alterthum und ist in Dunkelheit gehüllt. Nach Tacitus Nachricht, war im Nothfall jeder, der Wehr und Waffen tragen konnte, ein Kriegsmann. Das aufgereizte Volk hob dann unter sich selbst den Tüchtigsten zum Heerführer aus, der gewöhnlich, wenn der Sturm vorüber war, seine Gewalt wieder niederlegte, zuweilen auch als Schiedsrichter beybehalten wurde.

Das in der Folge entstandene Lehnssystem hatte die berüchtigten Landesaufsitze oder Aufgebote zur Folge. Diejenigen nemlich, welche sich nach diesem System zu einer Lehnspflicht verbunden hatten, wurden aufgefodert, nach Maaßgabe ihrer Verpflichtung, mit allem, was zum Feldzuge gehört, gerüstet zu erscheinen. Der Churfürst ließ alsdann, mit Einwilligung seiner Stände, ein allgemeines Landesaufgebot ergehen, wie z. B. 1598 den 12. Nov. ein solches an die Landstände in Brandenburg erging. Diese Aufgebote sind in der Geschichte des Kriegswesens sehr wichtig.

In Brandenburg finden wir sie hauptsächlich von 1415 an, da Kaiser Sigismund, den 30. April, Friedrich I. die Churwürde und den Besitz der Mark Brandenburg mit völliger Hoheit bewilligte, und können ihre Spuren bis ins 17te Jahrhundert verfolgen. So wurde 1625, wegen eines besorgten Einfalls der Pohlen und Kosaken, ein Landtag gehalten und ein allgemeines Aufgebot erlassen. Das ganze Land ward hierdurch gleichsam bewaffnet. Der Adel mit seinen Lehnsträgern machte die Reuterey, seine Unterthanen und Knechte das Fußvolk des Heeres aus. War ihre Anzahl gegen den überlegenen Feind zu geringe, so wurden noch Andere geworben und auf Kosten des Landes gerüstet. Sie bekamen ihren Sold auf 3 Monate, nach deren Verfluß ein jeder, der nicht fortdienen wollte, nach seiner Heimath zurückkehren konnte. Diese geworbene Truppen wurden Soldner genannt. Der Churfürst selbst wählte die Officiere, und sobald die Kriegsnoth vorüber war, wurden diese Völker ganz und gar entlassen.

Während den Unruhen unter Churfürst Georg Wilhelm finden wir mehrere Beyspiele von Kriegsrüstungen dieser Art. 1620, während des 30jährigen Krieges, wurde nach dem Landesreceß vom 10. May eine Anzahl Knechte von den Ständen anfänglich nur auf 3 Monate angeworben; da es aber die damaligen Umstände erheischten, sie noch länger beyzubehalten, so wurde zu ihrem Unterhalte, wozu noch der Adel beytrug, in einem neuen Receß der Sold auf 2 Monate verlängert. Weil die Kosten für diese Völker dem Staat in die Länge zu schwer gefallen wären, so wurde ihnen späterhin die Erlaubniß ertheilt, im ganzen Lande Geld zu ihrem Unterhalte aufzubringen.

1623 befahl der Hof, daß alle Unterthanen (die Priester und Schöppen ausgenommen) sich mit Waffen und Gepäcke an einem bestimmten Versammlungsorte einfinden sollten, wo Abgeordnete die Musterung vollzogen. Es wurden aus denselben 3900 Mann ausgehoben, welche in 10 Schwadronen und 25 Compagnien Fußvolk eingetheilt waren. So lange diese Aufgebote dauerten, hielten die Churfürsten von Brandenburg, zur Beschützung ihres Hofes und ihrer Schlösser, einige Mannschaft zu Pferde und zu Fuß, die die Namen Leibwache, Leibgarde, Einspänniger, Trabanten und Reisige führten. In den wenigen vesten Plätzen lagen einige Compagnien, so Landsknechte hießen; sonst hielten sie weiter keine regelmäßige stehende Soldaten.

1571 nahm Churfürst Johann George, gleich nach Antritt seiner Regierung, einige Freygewählte zu seiner Leibwache auf ein Jahr in Dienst; sie wurden Einspänniger genannt, und Henning von Möllendorf als Hauptmann darüber gesetzt. 1592 erhielt seine Leibwache eine eigene Instruktion, wornach sie alle zusammen Leibgarde, einzeln aber Trabanten genannt wurden. Nachher errichtete er eine Reisegarde zu Pferde, die aus 24 adelichen Burschen bestand; sie wurde adeliche reisige Leibgarde genannt, deren Hauptmann Hans von Storckwitz war. So wie die Fußgarde, wurde auch diese Reisegarde alle Jahr von neuem verpflichtet; wer nicht länger dienen wollte, mußte es 2 Monate vorher anzeigen, dann erst erhielt er seine Entlassung.

1596 wurden nur 12 adeliche Bursche, und darunter 2 Rottmeister, verpflichtet; ihr bisheriger Lieutenant von Schönaich ward als Hauptmann darüber gesetzt, da der von Storckwitz den Abschied erhalten hatte.

Churfürst Johann George starb den 8. Jan. 1598. Sein ältester Sohn erster Ehe, Joachim Friedrich, folgte ihm; die Garden nahmen immer mehr ab; und sein ältester Sohn, Johann Sigismund, der den 18. Julii 1608 die Regierung antrat, fand bey seiner 1609 erfolgten Zurückkunft aus Preußen nur eine sehr geringe Mannschaft.

1615 hatte er nur noch 9 Trabanten; 2 davon hatten, nach einer Hofordnung vom 22. Nov. 1616, die Wache vor der Churfürstin Gemach, und 2 unter dem Schloßthore.

1619 übergab Johann Sigismund dem Churprinzen George Wilhelm die Regierung. Noch in diesem Jahre errichtete er für sich eine zwar schwache Leibgarde, doch hatte sie den Capitain von Calchum, genannt Lohhausen, und unter ihm den Lieutenant Andreas Runkel am andern Ende, desgleichen des Churfürsten Liebling, Conrad v. Burgsdorf, zum Befehlshaber. Dieser Churfürst hatte sehr unruhige Regierungsjahre. Im 30jährigen Kriege sandte er seine Leibgarde nach Preußen, wollte auch noch von den, von den Ständen angeworbenen Leuten eine Compagnie von 250 Mann zu Fuß, und eine Compagnie zu Pferde von 150 Mann haben, die ihn zum Reichstag nach Pohlen begleiten sollten. Seinen treuen Liebling v. Burgsdorf ernannte er nach Abgang des v. Lohhausen zum Capitain über seine Leibgarde. 1623 gab er ihm Befehl, 5 Compagnien zu Pferde zu werben, worüber er auch Rittmeister und Oberstlieutenant wurde.

1625 ward wegen besorgten Einfalls der Pohlen u. Kosaken ein Landtag gehalten u. alles aufgeboten.

1627 ging der Churfürst nach Königsberg in Preußen, um seine Länder gegen die Einrückung der mit einander kriegenden Schweden und Pohlen in gute Verfassung zu setzen; er nahm dahin mit: 5 Compagnien Reuter, 19 Compagnien Fußvolk und die Artillerie, so aus 41 Köpfen bestand. Diese 24 Compagnien sind der erste Anfang zu dem Kriegsheere, wozu der bekannte Minister, Graf v. Schwarzenberg, zwar den Plan entwarf, v. Burgsdorf aber die ganze Ausführung treulich übernahm und bewerkstelligte; hiervon stammt auch das jetzige Regiment Nr. 1. ab.

1630 kam der Churfürst aus Preußen; in eben dem Jahre wurde er vom Kaiser auf den Reichstag nach Regensburg eingeladen: während seiner Abwesenheit verfuhren die kaiserl. Truppen in der Mark sehr übel, und da er auch wegen der Schweden, welche sich der churfürstl. Residenz näherten, in Gefahr war, so ließ er seinen Schatz nach Spandau bringen. 1631 ward Burgsdorf Oberster, und mußte sich ein Regiment von 12 Compagnien errichten. Noch in diesem Jahre ging der Churfürst mit 5 Compagnien Leibgarde und 150 Mann zu Pferde, von dem Major v. Gleisenthal geführt, zur pohlnischen Königswahl nach Preußen. Nach der Schlacht bey Lützen, wo König Gustaph Adolph blieb, kehrte er wieder mit seinen Truppen nach der Mark zurück, die nach einer Ruhe von 8 Tagen sich nach Schlesien begaben, und mit der dortigen schwedischen und sächsischen Armee verbanden. Sie waren in Preußen sämtlich in einer gleichen Mondirung, nämlich blau, gekleidet worden, welches damals ungewöhnlich war und viel Aufsehen machte, daher sie den Namen Blauröcke erhielten. Nach dem Prager Frieden, zwischen dem Kaiser und Churfachsen, 1635, bewog der Minister v. Schwartzenberg den Churfürsten zu Vermehrung der Völker, welche bestimmt wurden, Pommern, in dessen Besitz der Churfürst noch nicht hatte kommen können, den Schweden, die solches sich zuzueignen Lust hatten, mit Gewalt wegzunehmen. Sie sollten von den Hülfsgeldern des Kaisers und der Krone Spanien erhalten, und nach vorerwähntem Entwurf des Ministers auf 25000 Mann vermehret werden; die Werbung geschah, und die Völker wurden vom Kaiser in Eid und Pflicht genommen. Sich in ein solches Bündniß einzulassen, war dem Churhause mehr nachtheilig als vortheilhaft, denn Oesterreich brauchte die Völker zu seinem eignen Entwurf, und der des Churfürsten wurde vereitelt; folglich dachte der sich bis zum Ersten Staats- und Kriegsminister, Statthalter, Oberkämmerer, Vorsitzer des Geheimen Raths, Heermeister des Johanniterordens und Befehlshaber der Kriegsvölker heraufgeschwungene Schwartzenberg nicht zum Besten des Churhauses, sondern machte seine Völker dem Hause Oesterreich unterwürfig. Allein der vorerwähnte, seinem Fürsten treu gebliebene Burgsdorf, arbeitete den übeln Absichten des Schwartzenbergs immer entgegen; und ihm hat man Alles zu verdanken: denn das Churhaus konnte nur ein mäßiges Heer unterhalten, darum billigte er diese Truppenvermehrung nicht, und der Churfürst, da er es einsah, dankte dieselben mehrentheils wieder ab. 1638 musterte der Churfürst sein so mühsam zusammengebrachtes Heer bey Neustadt-Eberswalde, welches aus 2900 Reutern und 8000 Mann Infanterie bestand.

1639 den 21. Jan. wurden einige Völker abgedankt und nur 6 Infanterie- und 3 Cavallerieregimenter beybehalten, die zusammen 9200 Mann stark waren. Der Churfürst versprach zwar, diese Truppen beständig im Dienst zu behalten, dankte aber noch mehrere ab, so daß er bey seinem Tode, den 20. Nov. 1640, seinem Nachfolger, dem Churfürsten Friedrich Wilhelm den Großen, nur 3600 Mann Fußvolk und 2500 Reuter hinterließ. Sie lagen folgendergestalt vertheilt, als: 4 Compagnien in Berlin, 2 in Spandau, 4 in Cüstrin, 4 in Colberg, 1 in Pillau, 1 in Memel, 1 in Peitz, 1 in Oderberg, 1 in Driesen und 1 in Königsberg.

Dieses Fürsten weise und thätige Regierung ist die erste Grundlage zu der jetzt so furchtbaren Kriegesmacht. Der vorerwähnte Schwartzenberg, der nur für den kaiserlichen Hof arbeitete, und dessen Absichten der Churfürst einsah, fiel in Ungnade, bekam ein hitziges Fieber, und endigte nach 6 Tagen, den 4. May 1641, sein Leben; dagegen Burgsdorf den 23. Jan. 1642 vom Churfürsten, der seine Treue und biedere Thaten kannte, zum Geheimenrath, Obercommendanten aller Festungen in der Churmark, desgleichen zum Oberkämmerer erkläret ward. Fürst und Land liebte ihn, daher ihn auch die Landstände 1644 zum Deputirten und Verordneten erwählten. Dieser treue und rechtschaffene Mann starb in vorerwähntem Charakter, und als Oberster zu Roß und zu Fuß, den 1. Febr. 1652.

Ob nun gleich dieses Heer vielen Abdankungen unterworfen war, so hinterließ doch der Churfürst 1688 eine Armee von 35 Bataillone Infanterie (jedes von 4 Compagnien) 32 Esquadrone Kürassieren, 8 Esquadr. Dragonern, 18 Garnisoncompagnien, 300 Mann Artilleristen, und also überhaupt 38000 Mann.

Churfürst Friedrich III., welcher sich 1701, unter dem Namen Friedrich I., die königl. Krone aufsetzte, vermehrte die Armee mit 11 Bataillone Infanterie, 18 Esquadr. Kürassieren u. 16 Esquadr. Dragonern; da aber auch unter seiner Regierung häufige Abdankungen vorfielen, so bestand die Armee bey seinem Absterben, 1713, nur aus 38 Bat. Infanterie, 32 Esquadr. Kürassieren, 24 Esquadr. Dragonern, 18 Garnisoncompagnien u. 300 Mann Artilleristen, welche zusammen 44000 Mann ausmachten.

König Friedrich Wilhelm I. bestieg 1713 den Thron; er legte durch die weisesten und klügsten Einrichtungen im Staatswesen sowohl als in der Armee den Grund zu derjenigen mächtigen Größe und blühenden Wohlfarth, in welcher man jetzt das Königl. Preußische Haus bewundert. Er vermehrte die Armee mit 28 Bat. Infanterie, 66 Grenadierund 10 Artilleriecompagnien, mit 12 Esquadr. Kürassieren, 37 Esquadr. Dragonern, 9 Esquadr. Husaren und 2 Garnisoncompagnien, und verwandelte 16 Esquadr. Dragoner in Kürassiere. Bey seinem

1740 erfolgten Absterben hinterließ er seinem Sohn, König Friedrich II., 66 Bat. Infanterie, 66 Grenadier- und 10 Artilleriecompagnien, 60 Esquadr. Kürassieren, 45 Esquadr. Dragonern, 9 Esquadr. Husaren und 4 Garnison-Bat., daß also die Stärke der ganzen Armee mehr als 80000 Mann ausmachte.

Friedrich II. verstärkte seine Armee mehr als einer seiner Vorfahren, so, daß sie zu einer Größe gelangte, auf welche nicht nur Europa, sondern die ganze Welt ein bewunderndes Auge richtete. Er starb den 17. August 1786.

Se. jetzt regierende Majestät Friedrich Wilhelm II. fand dieses wohl eingerichtete Kriegsheer, und vermehrte es noch mit 3 leichten Infanterieregimentern, wozu schon Friedrich II. den Entwurf gemacht hatte.

1787 wurden aus den gedachten 3 leichten Infanterieregimentern, den stehenden Grenadierbat., als: 1, 4, 5, 6 u. 7, u. einigen Garnisonregimentern, als: 1, 2, 6, 8, 10 und 11, (siehe die Stamm- und Rangliste von der Armee 1786) 20 neue Füsilierbat. formirt. Die Infanterie- und Cavallerieregimenter der Armee wurden auf verschiedene Etats gesetzt, und erhielten ihre eigene Werbung. Man theilte die Infanterieregimenter in 3 Bataillone, nämlich: 1 Grenadier- und 2 Musquetierbataillone, jedes derselben zu 4 Compagnien, ein; außer Nr. 6, 15 und 50, welche den alten Fuß behielten. Zehn der besten Leute von jeder Compagnie wurden zu Scharfschützen gemacht, aus welchen gute Unterofficiere gezogen werden; sie tragen die Unterofficierpuschel am Seitengewehr und auf den Huth, und thun Gefreitendienste. Von letzterer Art befinden sich dergleichen Leute auch bey der Cavallerie. Die Pfeiffer der Grenadiere (die bey den königl. Garden ausgenommen) wurden abgeschafft. Ein Gleiches geschah bey den Dragonerregimentern mit den Tambours.

und Hautboisten, an deren Stelle sie mehrere Trompeter erhielten. Nicht minder wurden bey der schweren Cavallerie die Küraße bey Seite gelegt. Die Infanterie, welche noch keine Aufklappen auf den Röcken hatten, erhielten 1788 deren zum Ueberknöpfen; nur das Nr. 6, und die Depotbat. wurden davon ausgeschlossen; der größte Theil der Infanterie aber weiße Untermontirung, runde offene, sogenannte alte brandenburgische Aufschläge und einen stehenden Kragen. Auch schaffte er bey der Armee, (das Bataillon Nr. 6 ausgenommen) die Grenadier= und Füsiliermützen, wie auch die dreyeckigten Hüthe der Gemeinen ab, und gab ihnen dafür durchgängig egale Hüthe, welche vorne und hinten abgeknöpft und heruntergeschlagen werden können, und die beym Marsch und üblen Wetter bessere Dienste leisten. Den Unterschied machen die daran befindlichen Schilder und Puscheln, als: die Grenadiere haben eine brennende Granate mit dem Namenszuge Friedrich Wilhelm, und darauf eine lange weiße zwirnene Puschel, einer Feder ähnlich. Die Musquetiere und ehemalige Füsiliere, welche Letztere auch den Namen Musquetiere erhielten, tragen Friedrich Wilhelm im Zuge und die gewöhnliche wollene Regimentspuschel darauf. Die neuen Füsilierbataillone haben einen fliegenden Adler und die Puschel vom Bataillon; die Regimentsartilleristen aber eine ganz schwarze wollene lange Puschel, auch einer Feder gleich, und dasselbe Schild am Huth, wie das Bataillon, bey welchem sie stehen. Das Artilleriecorps hat eine umschürzte Brandkugel mit drey herausbrennenden Flammen, worauf Friedrich Wilhelm schwarz im Zuge steht, auch die bisher gewöhnliche Puschel darauf.

1788 erhielt jedes Infanterieregiment, (außer Nr. 6, 15 und 50 nicht) ein Depotbataillon von 3 Compagnien. Diese haben die Bestimmung, daß sie bey entstehendem Kriege den Abgang ihrer Regimenter durch gut exercirte Leute ersetzen. Diese Depotbataillone wurden aus ehemaligen Garnisonregimentern, nach vorhergegangener Auswahl für die Füsilierbataillone, formiret. Auch die Cavallerieregimenter haben, bey Ausbruch eines Krieges, ihre Depots.

Die Montirung dieser Depotbataillone ist bey der Infanterie mit der des Regiments in so ferne gleich, nur haben sie nicht alle Aufklappen, und die Officiermontirung hat nur blos auf den untersten Knopflöchern, auf dem Aufschlage und hinten, Stickerey; die Officiere des Depotbataillons vom Regiment Nr. 46 aber tragen Achselbänder. Die Gemeinen haben durchgehends keine Litzen auf den Röcken, keine Bleche auf den Patrontaschen und keine Seitengewehre. Auf den Knöpfen stehet die Nummer, die sich mit 1, als das erste Regiment nach der Stiftung, anfängt und bis 52 fortgeht. Zwischen diesen Nummern aber fallen bis zum 55sten Regiment Nr. 6, 15 und 50, wie oben bemerkt, weg, weil diese keine Depotbataillone haben.

Von diesen Garnisonregimentern, die zu Depotbataillone waren formirt worden, blieb die Leibcompagnie des Regiments von Bose und die Compagnie des Major von Manstein vom Regiment von Verrenhauer noch uneingetheilt. Diese stehen in Memel in Garnison und machen die Besatzung des Forts Lyck in der Spirdingssee aus.

1789 erhielten alle Feldwebel der Infanterie, Oberfeuerwerker und Feldwebel der Artillerie, auch alle Wachtmeister der Cavallerie, silberne Portepees.

In eben diesem Jahre fand es Sr. jetzt regierende Majestät gut, bey den Kürassierregimentern (außer dem Regiment Gensd'armes) dahin eine Veränderung zu treffen, daß solche aus ihren gehabten 10 Compagnien, deren jede einen Chef hatte, nunmehr

nunmehr 5 Esq. zu formiren, auch nur 5 Chefs derselben festzusetzen; doch werden diese Esq. nur dann erst unzertrennlich formirt, wenn auf irgend eine Art ein Compagniechef abgegangen ist und der älteste Rittmeister, der eigentlich zur Compagnie hätte avanciren sollen, erhält alsdann so lange eine Zulage, welche unter dem Worte: pensionirt, angedeutet ist, (siehe die Rangliste der Armee) bis er wirklich zur Esquadron gelangt.

Das königl. Preuß. Haus führet drey Orden: 1) der vom schwarzen Adler, wurde von Friedrich I. zu Königsberg, am Tage vor Seiner Krönung, den 17. Jan. 1701 gestiftet. Das Ordenszeichen ist ein goldnes blau emaillirtes in 8 Spitzen ausgehendes Kreuz, in dessen Mitte der einen Seite des Königs Name Fridericus Rex mit den beyden ersten Buchstaben F. R. zusammengezogen: in einer jeden von den 4 Mittelecken aber ein schwarzer Adler mit ausgebreiteten Flügeln vorgebildet ist, welches Kreuz jeder Ordensritter an einem orangefarbenen breiten Bande, von der linken Schulter über der Brust nach der rechten Hüfte zu, nebst einen silbernen gestickten Stern trägt. In der Mitte dieses Sterns ist ein schwarzer fliegender Adler vorgestellt, der in der einen Klaue einen Lorbeerkranz, in der andern einen Donnerkeil hält, mit dem beygefügten Symbol: suum cuique. 2) der Orden pour les Mérites, ist vom Könige Friedrich II. 1740 für wohlverdiente Officiere gestiftet worden. Es ist ein goldenes achtspitziges blau emaillirtes Kreuz, in dessen obersten Enden der Buchstabe F. mit einer königl. Krone steht. In den 3 andern Enden ist die Devise: Pour les Mérites. In den 4 Winkeln des Kreuzes sind 4 goldne Adler mit ausgebreiteten Flügeln. Es wird selbiger an einem schwarzen Bande mit einer silbernen Einfassung getragen, welches um den Hals bis auf die Brust herunter hängt. 3) durch die von Friedrich Wilhelm II. 1792 in Besitz genommene beyde fränkische Fürstenthümer, Anspach-Bayreuth, kam auch der rothe Orden an das königl. Haus. Es ist ein weiß emaillirtes, mit acht Spitzen, und oben mit einer königl. Krone versehenes Kreuz, zwischen welchen mit zackigter Goldarbeit ausgefüllte Spitzen der Brandenburgische rothe Adler, und in der Mitte die verzogenen Anfangsbuchstaben F. W. R. befindlich sind. Dieser Orden wird zwar auch einzeln an einem handbreiten, mit einer schmalen weißen Einfassung und daneben mit einem daumbreiten orangefarbenen Streif versehenen weiß gewässerten Bande, von der linken zur rechten Seite, und mit einem achteckigten dazu gehörigen Stern von Silber, in dessen Mitte der rothe Brandenburgische Adler, welcher auf der Brust das Zollernsche Schild und in den Klauen einen grünen Kranz hält, mit der Umschrift in goldnen Buchstaben: Sincere et constanter, geziert, an der linken Seite des Oberkleides an der Brust getragen; indessen ist dieser Orden auch mit dem schwarzen Adler-Orden in Verbindung, und tragen die Ritter des Letztern, gedachten erstern Orden nur an einem schmalen Bande, nach der Art vorerwehnten breiten Bandes, alsdann um den Hals.

Um diese 3 Ordens anschaulicher zu machen, sind sie in Kupfer gestochen und diesem Buche vorgesetzt. In der Rangliste mußte man erdichtete wählen, weil die Buchdruckerkunst nicht erlaubt, sie in ihrer eigentlichen Gestalt in Zeilen anzubringen.

Eintheilung,

wie jede Art von Militair in der Armee nach der Zeit und Ordnung errichtet worden ist.

1) Die Infanterieregimenter, welche vom Churfürsten Friedrich Wilhelm sind errichtet worden, machen den Anfang, und folgen bis zur jetzigen Regierung auf einander. Hinter jeder Stiftung steht ein Verzeichniß, wie viel Regimenter jeder Regent errichtet, wie sie geheißen, und wie sie noch in der Armee stehen. Hierauf folgt:
2) Die leichte Infanterie, oder Füsilierbataillone.
3) Die Feld= und Garnisonartillerie, nebst einverleibten Pontoniercorps.
4) Die besondern Corps, als: Cadets, Ingenieurs, Jäger zu Pferde, Mineurs und Invaliden.
5) Die Landregimenter.
6) Die Kürassierregimenter. ⎫ Bey einer jeden Art dieser
7) Die Dragonerregimenter. ⎬ Truppen ist ihre Entstehung und die Verschieden-
8) Die Husarenregimenter. ⎭ heit ihrer Uniformen mit angezeigt.
9) Den Beschluß macht die Beschreibung aller Montirungen der königl. Suite, und
10) Ein alphabetisches Register aller jetzt lebenden Chefs der Regimenter, Füsilierbataillone u. Corps.

Hierbey ist bey einem jeden Regiment und Bataillon zu bemerken:

a) Der Name des lebenden Chefs.
b) Die Garnisons.
c) Die Beschreibung der Uniformen von der Infanterie. Hierbey sind nur die Veränderungen der Aufklappen, Aufschläge und Kragen angezeigt; denn es ist bekannt, daß die Grenadier= und Musquetierbataillone dunkelblaue Röcke, u. von 1788 an, das Grenadierbataillon N. 6 und die Invaliden ausgenommen, weiße Untermontirung; das

Jägerregiment grüne Röcke, grüne Westen, gelblederne Beinkleider und Stiefeln; die Füsilierbataillone auch grüne Röcke, grün Unterfutter u. weiße Unterkleider, die Officiere Stiefeln, und übrigens alle Stiefeletten von Tuch oder Zwillich, tragen. Ist die Huthtresse der Officiere von Gold, so hat das Regiment gelbe, ist sie von Silber, so hat es weiße Knöpfe und dergleichen Bleche an den Hüthen. Alle Officiere der Armee, außer der Cavallerie, Artillerie, Jägerregiment und der Füsilierbataillone, tragen Ringkragen von Silber, in deren Mitte eine Emaille, um dieselbe eine erhaben gearbeitete Kriegsarmatur, und übrigens sämtlich, silberne, mit schwarzer Seide melirte Escarpen und Portepees.

d) Das Canton.
e) Der Stamm eines Regiments oder Bataillons.
f) Die Feldzüge und Thaten, welche die Regimenter und Bataillone verrichtet haben.
g) Namen der Chefs, von Stiftung des Regiments an, bis auf gegenwärtige Zeit.

Infanterie.

N. 1. Regiment v. Kunheim.
(Berlinische Inspektion.)

Garnison. Berlin.

Uniform. Die Officiere haben ponceaurothe Aufklappen, Aufschläge und Kragen. Die Klappen und Aufschläge sind mit gestickter silbernen Arbeit eingefaßt, unter jeder Klappe 2 gestickte silberne Schleifen; 2 auf der Tasche und hinten 4. Um den Huth ist eine schmale silberne Tresse. Die Montur der Gemeinen bestehet in 6 weissen, auf jeder Klappe vorn zugespitzten Bandlitzen, deren 2 über dem Aufschlag, 2 auf jeder Tasche, und 2 hinten befindlich sind.

Canton. Der Storkowische, Beeskowische, Teltowische und Zauchische Kreis, nebst den Städten: Storkow, Buchholz, Zossen, Teltow u. Beelitz.

Stamm. Dieses Regiment ist von der Garde des Churfürst George Wilhelm, welche er 1619 errichtete, und womit er 1627 nach Preussen gieng, entstanden. 1655 bestand diese Garde aus 1000 Mann, oder 5 Compagnien. 1659 wurde sie auf 4 Comp. von 462 Mann gesetzt. 1676 gab sie den Stamm zum Regim. N. 7. 1683 kam sie wieder auf 10 Comp. 1684 stieß das Regim. N. 5. dazu, und kam durch einen neuen Zuwachs auf 30 Comp. 1685 gab sie einige Comp. zu Errichtung des Regim. N. 12. ab. 1691 bestand sie aus 26 Comp. mit Einschluß einer Comp. Cadets. 1692 wieder aus 4 Bat. churmärkischer und 2 Bat. preußischer Garde. 1698 wieder aus 8 Comp., weil 1 Bat. zu dem Regim. N. 18. genommen wurde. 1703 wurde noch 1 Bat. dazu errichtet. 1705 empfingen diese Bat. den Namen: Fü=

silier= und Grenadierleibgarde. 1707 giengen die 1684 dazu gestoßenen Comp. wieder ab, woraus (siehe N. 5.) das Leibregim. errichtet ward. 1713 war diese Gren. Garde 10, und die Füsil. Garde 15 Comp. stark. Da König Friedrich Wilhelm I. seine Armee verstärkte, so nahm er verschiedene Comp. weg, die zu Errichtung der Regim. N. 23 u. 24 gebraucht wurden, die übrigen blieben der Stamm des jetzigen Regiments. Bis hieher hatte die Garde bloß Commandeurs, dessen Benennung sie aber verlohr, und mit Erlaubniß des Königs den Namen des jedesmahligen Regiments=Chefs führte.

Feldzüge. Als ehemahlige Garde, befand sich dieses Regim. 1656 in der dreytägigen berühmten Schlacht bey Warschau. 1663 half sie für den Churfürst Friedrich Wilhelm Magdeburg einnehmen. 1677 wohnte sie der Belagerung und Einnahme Stettins bey. 1686 marschirten 18 Comp. nach Ungarn zur Belagerung Ofens. 1689 und darauf folgende Jahre diente die Garde wider Frankreich, half Kayserswerth und Bonn belagern und einnehmen. 1690 standen 8 Comp. davon am Rhein, und 7 im Köllnschen. 1692 waren 2 Bat. an der Maas, 1 Bat. am Rhein, und 1 Bat. in Ungarn, welches letztere bey Waradein viel Ehre einlegte. Mit nicht weniger Ruhm fochten die andern Bat. 1692 in der Schlacht bey Steenkerken, und 1693 in dem Treffen bey Neerwinden (Landen). 1694 half ein Theil der Garde Huy bestürmen, wobey es stark litte, u. 1695 Namur belagern. 1704 marschirte 1 Bat. Grenad. und 2 Bat. Mousquet. nach der Donau, ein anderes Bat. gieng 1707 nach Braband, wo es sich 1708 bey der Eroberung von Lille (Ryssel) viel Ehre erwarb. 1709 befand sich ein Bat. beym Heere des Prinzen Eugen, und half Dornik einnehmen, fochte mit ausnehmenden Muth in der blutigen Schlacht bey Malplaquet, und trug in eben diesem Jahre zur

Eroberung Mons vieles bey. 1710 diente ein Theil der Leibgarde bey den Belagerungen von Bethüne und Aire. 1715 befand sich das Regim. Wartensleben, dessen Namen es damals führte, bey der Belagerung von Stralsund. Im ersten schlesischen Kriege war 1 Bat. 1741 unter König **Friedrich II.** in der Schlacht bey Molwitz. Der Verlust, den es litte, bestand an Todten: 1 Oberofficier, 1 Unterofficier, 1 Spielmann und 8 Gemeine. An Verwundeten: 4 Oberofficiere, 4 Unterofficiere, 2 Spielleute und 56 Gemeine. Im zweyten schlesischen Kriege fochte das Regiment 1745 in der Schlacht bey Hohenfriedberg, richtete mit Hülfe des Bayreuthischen Dragoner-Regiments 3 feindliche Regim. zu Grunde, und eroberte eine Menge Fahnen. Hatte aber dabey viele Todte und Blessirte. 1756 im October ward das Regim. zur Einschließung des sächsischen Lagers bey Pirna mitgebraucht. 1757 befand es sich in der mörderischen Schlacht bey Prag im ersten Treffen, und nachgehends bey der Belagerung dieser Stadt. In eben diesem Jahre wohnte es denen Schlachten bey Roßbach und bey Leuthen bey, so wie es auch mit zur Belagerung Breslaus und dessen Eroberung gebraucht wurde. 1758 fochten die 2 Stammgrenadiercompagnien in der zweytägigen Schlacht bey Zorndorf. 1760 half das Regiment Dresden belagern, und that in den Schlachten bey Liegnitz und bey Torgau vortrefliche Dienste. 1762 wurden die Grenadiere bey Gretha von 4000 Mann angegriffen, und wehrten sich, ohne zu weichen. Gleiche Tapferkeit bewiesen sie in der Schlacht bey Freyberg. Bey Ausbruch des Bayerischen Erbfolgkrieges 1778 marschirte das Regiment unter König **Friedrich II.** mit nach Böhmen.

Chefs:

1619 Capit. v. **Calchum**, erhielt den Abschied.
1620 — v. **Burgsdorf**, starb als Oberster.

1652 Capit. de la Cave, starb als Gen. Maj.
1657 Obr. v. Pölniz, starb als Gen. Maj.
1679 — v. Wrangel.
1684 Gen. Lieut v. Schöning, nahm als Gen. F. Marsch. Lieut. den Abschied.
1691 Gen. F. M. v. Flemming, nahm den Abschied.
1698 — — — v. Barfuß, nahm seinen Abschied.
1702 — — — Graf v. Wartensleben als Chef, dimittirt.
1723 — — — v. Glasenapp, gab es ab.
1742 Obr. Graf v. Hacke, starb als Gen. Lieut.
1754 bis 1756 ohne Command., indessen selbiges vom Obr. v. Münchow commandirt wurde.
1756 Gen. Lieut. v. Winterfeld, blieb bey Moys 1757.
1758 Gen. Maj. v. Lattorff, nahm den Abschied.
1760 — — v. Zenner, starb 1768.
1768 Obr. v. Koschenbahr, starb als Gen. Maj.
1776 — v. Bandemer, erhielt als Gen. Maj. eine Pension.
1778 Gen. Maj. v. Kalckreuth, nahm den Abschied.
1778 — — v. Bornstedt, nachheriger Gen. Lieut. nahm den Abschied mit Pension.
1792 Obr. v. Kunheim.

N. 2. Reg. Graf v. Henckel.
(Ostpreussische Inspektion.)

Garnison. Königsberg in Preußen.
Uniform. Hellziegelrothe Aufklappen u. Aufschläge, unter jeder Klappe 2 carmoisinrothe Litzen mit weissen Puscheln, und hinten 2. Die Klappen und Aufschläge der Officiere haben eine von Gold

gestickte Einfassung, und ihre Hüthe schmale goldene Treffen.

Canton. Die Aemter: Rastenburg, Barthen, Angerburg, Sperling, Lötzen, Linkuhnen, Kuckernesen, Rautenberg, Heinrichswald, Wingen, Balgarten und Baublen. Die Städte: Gumbinnen, Rastenburg, Gerdauhn und Schippenbeil.

Stamm. So wie das Regiment No. 1. so ist auch dieses 1619 aus der Garde Churfürst George Wilhelms errichtet. 1669 wurde es in so fern getheilt, daß das eine Bat. den Obr. Graf v. Dönhof, das andere den Obr. v. Flemming zum Chef bekam. 1696 aber wurden beyde Bataillone wieder vereinigt.

Feldzüge. 1656 fochte dieses Regim. unter seinem damaligen Chef, dem Fürsten Radziwil, in der Schlacht bey Warschau. 1674 marschirte es nach dem Elsaß, wo es gegen Türenne stand. 1677 befand es sich unter Churfürst Friedrich Wilhelm den Grossen bey den Unternehmungen wider die Schweden in Pommern und in Preussen. 1686 machte es den Feldzug nach Ungarn und half Ofen belagern. 1689 stand es mit vor Bonn, nachmals aber wieder in Ungarn, wo es sich 1697 in der Schlacht bey Zenta hervorthat. Im spanischen Erbfolgkriege bewies das Regim. in Italien, besonders im Treffen bey Cassano 1705 viel Muth, indem es bis über den zweyten Kanal drang. 1708 wohnte es der Belagerung von Ryssel, so wie 1715 der vor Stralsund bey. 1734 und 1735 stand es mit am Rheinstrom. 1742 befand sich das Regim. unter Friedrich II. in der Schlacht bey Chotusitz. 1744 half es Prag belagern und einnehmen. 1745 litte das Regiment in der Action bey Habelschwerd viel, indem es 12 Todte und 82 Verwundete zählte. In eben diesem Jahre wohnte es denen Schlachten bey Hohenfriedberg und Soor bey. 1757 fochte das Regiment unter Commando des Feldmarschalls Lehwald bey Groß-Jägerndorff wider die Russen. 1758 wurde es mit zur Blocade Stralsunds gebraucht, desgleichen zu der großen Schlacht bey Zorndorff. 1759 war es in den Schlachten bey Kay (Züllichau) und Kunersdorff, in welcher Letztern es großen Verlust hatte. 1760 thaten sich die Grenadiere des Regiments in der Schlacht bey Torgau sehr hervor. 1761 machte das Regim. den beschwerlichen Feldzug in Pommern und ward zur Vertheidigung Colbergs bestimmt. 1762 befand es sich unter den Befehlen des Herzogs v. Braunschweig-Bevern, welcher die Oesterreicher bey Reichenbach schlug, auch war es mit bey der 9wöchentlichen Belagerung von Schweidnitz, welche den so berühmten 7jährigen Krieg ein Ende machte.

Chefs:

1656 Fürst v. Radzivil, starb.
1669 Gen. Lieut. v. Dönhof das 1te Bat., starb.
    Obr. v. Flemming das 2te Bataill., er ging in sächs. Dienste.
1696 Obr. Graf v. Dönhof, beyde Bat., starb als Gen. Lieut.
1718 Gen. Maj. v. Roeder, starb als Gen. F. M.
1743 — — v. Schlichting, erhielt als Gen. Lieut. Pension.
1750 — — v. Canitz, erhielt als Gen. Lieut. Pension.
1769 Gen. Lieut. v. Stutterheim, starb.
1783 — — v. Anhalt, erhielt Pension.
1786 Gen. Major Graf Henckel v. Donnersmarck, jetziger General-Lieut.

N. 3. Reg. v. Thadden.
(Magdeburgische Inspection.)

Garnison. Halle.

Uniform. Blaue Aufflappen, ponceaurothe Aufschläge und Kragen. Die Officiere haben auf jeder Klappe 12 Knöpfe u. um den Huth eine schmale goldne Tresse; die Gemeinen hingegen nur 7 Knöpfe auf jeder Klappe, unter denselben 2 schwarz und weiß durchschlungene Schleifen mit Puscheln, auch hinten 2 dergleichen. Die Unterofficiere tragen das Pallaschgehänke unter der Weste.

Canton. Die Grafschaft Mansfeld, der Saalkreis, das Chatoulamt Rosenburg im ersten District des Holzkreises, das Herzogthum Magdeburg, desgleichen das Amt Weferlingen, der westerhäuser u. ermslebensche Kreis im Fürstenthum Halberstadt. Die Stadt Halle mit dessen 2 Vorstädten, Wettin, Löbegin, Könnern, Leimbach und Schraplau.

Stamm. 1665 wurde dieses aus 3 Bat. bestandene Regiment aus lauter neuen, im Reiche angeworbenen Leuten, errichtet, wovon jedes Bataillon 6 Compagnien stark war. Churfürst Friedrich Wilhelm gab es dem Obersten v. Förgel mit dem Rechte, die Officiere selbst dazu zu ernennen und ohne Anfrage bey Hofe die peinliche Gerichtsbarkeit auszuüben. Dieses Recht wurde ihm aber 1676 wieder genommen. 1685 gab das Regim. zu Errichtung des Regim. N. 12 Leute ab, so wie ihm auch 1698 ein Bat. abgenommen wurde. 1699 erhielt es durch 6 Comp. wieder einen Ersatz. 1702 gab es 2 Comp. zum Regim. N. 9, erhielt sie aber 1703 wieder. 1718 warb der G. F. M. Fürst Leopold v. Anhalt-Dessau in seinem Lande noch 1 Bat. dazu. 1787 mußte das aus 15 Musq. und 3 Gren. Comp. bestehende Regim. 6 Comp. zu Formirung der neuen Füsilier-Bataillone abgeben, ist also noch wie alle andere Infanterie-Regimenter 3 Bataillone stark, jedes zu 4 Compagnien.

Feldzüge. 1670 nahm das Regiment von der Graffchaft Regenstein Besitz. 1672 macht es seine erste Campagne unter Churfürst Friedrich Wilhelm am Rhein, um den bedrängten Holländern wider Frankreich beyzustehen. 1674 marschirte es nach dem Elsaß, und befand sich in dem Gefechte bey Türkheim. 1675 diente es bey Fehrbellin, und folgends in Pommern vor Wollgast, Usedom, Garz und Tribbesee, welche Oerter den Brandenburgern in die Hände fielen. 1676 half es Anclam, Demmin und Wollin einnehmen. 1677 ward es mit zur Belagerung und Einnahme Stettins, so wie 1678 zur Eroberung der Insel Rügen, und Belagerung Stralsunds gebraucht. 60 Mann stießen zu den Truppen, welche im härtesten Winter die Schweden aus Preußen bis nach Liefland vertrieben. 1686 befand sich das Regim. in Ungarn bey der Belagerung und Eroberung von Ofen. 1688 kam 1 Bat. in Holländische Dienste, die andern befanden sich 1689 in der Bataille bey Ordingen, bey der Einnahme von Neuß, bey der Eroberung von Rheinberg, Kayserswerth und Bonn. 1690 war das in Holländischen Diensten stehende Bat. im Treffen bey Fleury, so wie in den Gefechten bey Brüssel, Löwen und Namur. 1692 that das Regim. im Treffen bey Steenkerken auf dem linken Flügel, den Angrif, und verlohr dabey viel Leute. 1693 war es in der Schlacht bey Neerwinden. 1694 half es Mastricht u. Lüttich decken, und Huy erobern. 1695 ward es zur Belagerung und Sturm von Namur gebraucht. Im spanischen Erbfolgskriege unterstützte es die Eroberungen von Kayserswerth, Venlo, Lüttich, Cempen und Rüremonde, und die Belagerung von Rheinbergen. 1703 befand es sich bey der Einschließung von Geldern, im Sturm auf Bonn, und stieß darauf zur Reichsarmee in Franken, wo es unter dem kaiserlichen General Styrum dem Gefechte bey Höchstädt beywohnte. 1704 fochte es unter dem Prinzen Eugen in der berühmten Schlacht bey Höchstädt, so wie es auch im nemlichen Jahre bey der Einnahme von Landau gebraucht wurde. 1705 marschirte das Regim. nach Italien, wo es sich in der Schlacht bey Cassano tapfer hielt. 1706 fochte es bey Calcinato, war bey der Eroberung von Reggio, und befand sich im Treffen und beym Entsatz von Turin, nicht weniger bey den Eroberungen von Novarra, Mayland, des Passes Ghiera und Pizzighitone. 1707 stand es vor Toulon, und war bey der Einnahme von Susa. 1708 diente ein Theil des Regim. im Kirchenstaate, der übrige aber im Delphinate, und besonders bey den Eroberungen von Exilles und Fenestrelles. 1715 trat das Regim. den Marsch nach Pommern an, wo es der Belagerung von Stralsund beywohnte. Beym Ausbruch des ersten schlesischen Krieges 1740 u. 1741 wurde die 1ste u. 2te Grenadiercomp. zum Feldzuge gebraucht, und waren 1741 beym Sturm von Glogau, desgleichen in der Schlacht bey Molwitz. Im zweyten schlesischen Kriege von 1744=1745 war 1744 das Regim. mit Innbegriff der 3 Grenadiercomp. bey der Belagerung und Eroberung Prags; nicht minder 1745 in den Schlachten bey Hohenfriedberg und Soor. In der Action bey Habelschwerd waren die Grenad., so wie die 3 Musqu. Bat. in der Schlacht bey Kesselsdorf. 1756 befand sich das ganze Regim. in der Schlacht bey Lowositz. 1757 in der Bataille bey Prag waren die 3 Mousqu. Bat., so wie die 3 Grenad. Comp., und das 3te Bat. bey der Belagerung dieser Stadt. In der Schlacht bey Collin fochte das 1ste und 2te Bat. In der Attaque am Moysberge bey Görlitz waren die Grenad., so wie sich diese auch in den Schlachten bey Breslau und

Leuthen befanden. 1758 waren die Grenad. beym Ueberfall bey Hochkirch. 1759 wohnten die 3 Mousq. Bat. der Schlacht bey Kay (Züllichau) bey. 1760 wurde das ganze Regim. mit zur Belagerung von Dresden gebraucht, wo einige Piquets den Unfall hatten, aufgehoben zu werden. Drey Wochen nachher, in der bey Liegnitz vorgefallenen Schlacht, in welcher das ganze Regim. eine beyspiellose Tapferkeit bewies, und das mehreste zum Siege beytrug, söhnte sich König Friedrich II. über den Dresdner Vorfall gänzlich mit dem Regimente aus. In der noch in diesem Jahre bey Torgau vorgefallenen blutigen Schlacht befanden sich die Grenadiere. 1762 waren die 3 Bat. Mousquetiere mit in den Actionen bey Adelsbach und Leutmannsdorff, wie auch bey der Belagerung von Schweidnitz. 1792 nahm König Friedrich Wilhelm II. das ganze Regiment mit nach Frankreich wider die Franzosen und war in der Kanonade bey Valmy in Champagne.

Chefs:

1665 Obr. v. Förgel, starb.
1679 Gen. F. M. Fürst v. Anhalt-Dessau, starb.
1693 — — — Fürst Leopold von Anhalt-Dessau, starb.
1747 — — — Fürst Maximilian von Anhalt-Dessau, starb.
1751 Prinz Franz von Anhalt-Dessau, jetzt regierender Fürst, erhielt den gesuchten Abschied Ende Oct. 1757.
1758 Gen. Maj. v. Kahlden, starb an der bey Zerndorf erhaltenen Wunde.
1759 — — Fürst v. Anhalt-Bernburg, starb als Gen. Lieut.
1784 — — v. Leipziger, erhielt Pension.
1788 — — v. Thadden.

N. 4. Reg. d'Amaubrüß.
(Westpreussische Inspektion.)

Garnison. Elbing.

Uniform. Bleumourante Aufklappen, Aufschläge und Kragen. Die Officiere haben 7 runde goldne Bandschleifen auf den Aufklappen, 2 unter denselben, 3 auf den Aufschlägen, und um den Huth eine schmale goldne Tresse; die Gemeinen aber 7 schmale weisse Bandschleifen auf den Klappen, 2 breitere unter denselben, und 2 auf dem Aufschlage.

Canton. Die Aemter Gilgenburg, Preussisch-Eylau, Libstadt, Morungen, Preuß. Holland, Bohlenhof, Osterode, Hohenstein, Preuschmark, Liebmühl, und seit 1787 50 Dörfer im Amte Soldau, nebst den Städten: Preuß. Holland, Mühlhausen, Soldau und Gilgenburg.

Stamm. 1671 wurde dieses Regim. zu Berlin 8 Comp. stark aus der Cüstrinischen Garnison errichtet. 1685 gab es zur Errichtung des Regiments N. 12, und 1702 zum Regiment N. 19 Leute ab.

Feldzüge. Nach einigen Nachrichten hat das Regiment bereits in der Schlacht bey Warschau 1656 gedienet. Dies ist möglich, wenn man annimmt, daß der Stamm aus der Cüstrinischen Besatzung genommen ist. 1677 befand es sich bey der Belagerung und Eroberung von Stettin. 1686 marschirte es nach Ungarn, half Ofen belagern und erobern. 1689 stand es mit am Rhein bey der Eroberung von Bonn. 1691 marschirte es wieder mit den Brandenburgischen Hülfstruppen nach Ungarn, und focht mit ausgezeichnetem Ruhme im Treffen bey Salankemen. 1695 war es bey der Belagerung von Namur vieler Gefahr ausgesetzt. Im spanischen Erbfolgskriege diente es mit vieler Tapferkeit, besonders 1708 im Treffen bey Oudenarde und bey der Einnahme von Lille (Ryssel), nicht minder 1709 in der Schlacht bey Malplaquet, wo es die dreyfachen französischen Retranschements erstieg, und darauf Mons einnehmen half. 1715 machte es den pommerschen Feldzug wider die Schweden und verlor bey der Einnahme der Peenamünder Schanze viel Leute. 1742 stand das Regim. in der Schlacht bey Chotusitz im zweyten Treffen. 1745 wohnten die 2 Stamm=Gren. Comp. der Schlacht bey Soor bey. 1757 bewies das Regim. in der Schlacht bey Groß=Jägerndorf viel Bravheit und hatte starke Einbuße. In der zweytägigen Schlacht bey Zorndorff 1758 wurde das Regiment fast zu Grunde gerichtet. 1759 befanden sich die 2 Stamm=Gren. Comp. in den Actionen bey Torgau und bey Maxen, so wie 1762 das Regiment in der Action bey Leutmannsdorff.

Chefs:

1671 Gen. Feldzeugmeister Graf v. Dohna, starb.
1677 Obr. v. Barfuß, erhielt 1698 als Gen. F. M. das Inf. Reg. N. 1.
1698 Gen. Maj. Graf v. Dohna, erhielt als Gen. von der Inf. eine Pension.
1716 Obr. v. Bescheser, erhielt das Inf. Regim. N. 5 als Chef.
1731 Gen. Maj. v. Glaubitz, erhielt als Gen. Lieut. ein Garnison=Bataillon.
1740 Obr. v. Groeben, nahm als Gen. Maj. den Abschied.
1744 Gen. Maj. v. Polentz, erhielt 1745 das Inf. Reg. N. 13.
1745 — — Graf v. Dohna, erhielt das Inf. Regim. N. 23.
1745 — — v. Kalnein, starb als Gen. Lieut.
1757 — — v. Rautern, nahm den Abschied.
1758 — — v. Kleist, nahm als Gen. Lieut. den Abschied mit Pension.

1764 Gen. Maj. v. Thadden, erhielt das Inf. Regiment N. 33, wurde Gen. Lieut. und Gouverneur in Glatz.
1774 Obr. v. Pelkowsky, wurde 1781 General-Maj. und Commendant in Colberg.
1782 Gen. Maj. Graf v. Egloffstein, erhielt als Gen. Lieut. und Gouverneur in Preußen eine Pension.
1789 — — d'Amaudrütz.

N. 5.   Reg. v. Kalckstein.
(Magdeburgische Inspection.)

Garnison. Magdeburg.

Uniform. Ganz blaßpaille Aufflappen, Aufschläge und Kragen, unter der Klappe 2 und hinten 2 orange Schleifen mit weissen aufgenähten Puscheln. Die Officiere haben unter der Klappe 2, über den Aufschlag 2 und hinten 4 goldene gestickte Schleifen und um den Huth eine schmale goldne Tresse.

Canton. Der erste und zweyte District des Jerichowschen Kreises, der Luckenwaldische und der erste District des Holzkreises, wie auch die Städte: Magdeburg (nemlich nur ein Theil der Neustadt), Calbe, Staßfurth, Aken, Egeln, Loburg, Görtzke und Luckenwalde.

Stamm. Der Oberst v. Schöning errichtete 1672 dieses Regiment aus den in Preussen liegenden Truppen für den Churprinz Carl Aemilius von Brandenburg. 1685 wurde es mit der damaligen Garde, oder jetzigen Regiment N. 1, vereiniget, gab aber vorher eine Compagnie zur Errichtung

Stammliste.

des Regiments N. 12 ab. 1707 wurden die meisten Compagnien des Schöningschen Regiments wieder von der Garde getrennt und diese 2 Bataillone bekamen den Namen Leibregiment, dessen Commandeur der Gen. Lieutenant v. Arnim war. 1713 verlor es den Namen Leibregiment und hieß: Arnim.

Feldzüge. 1672 und 74 diente das Regiment unter seinem damaligen Chef, dem Churprinzen Carl Aemilius, im Elsaß. 1675 marschirte es zurück und wohnte im nemlichen Jahre der Schlacht bey Fehrbellin bey. 1677 war es mit bey den Truppen, die Stettin belagerten, wo es sich sehr auszeichnete. 1686 mußte es mit nach Ungarn, und der Belagerung von Ofen beywohnen. Bey den Feldzügen am Rheinstrome that sich das Regiment bey vielen Gelegenheiten hervor. Im spanischen Erbfolgekriege marschirte es 1705 mit nach Italien, wo es unter dem Fürsten Leopold von Anhalt-Dessau in den Schlachten bey Cassano und Calcinato fochte. 1707 drang es mit in der Dauphiné ein, half 1708 Exilles, Port-Louis belagern und Fenestralles bestürmen. 1715 ward es mit zum pommerschen Feldzuge und zur Belagerung von Stralsund gebraucht. Im zweyten schlesischen Feldzuge fochte es mit in den Schlachten bey Hohenfriedberg und Kesselsdorf. 1756 befand sich das Regiment in der Schlacht bey Lowositz. 1757 in der bey Prag, so wie auch bey der Belagerung dieser Stadt. Ferner in den Schlachten bey Roßbach und bey Leuthen. 1758, in der nächtlichen Schlacht bey Hochkirch wurde das Regiment aus der Linie genommen, um den Rückzug der Bataillone des rechten Flügels zu decken. 1759 fochte es in der Mordschlacht bey Kunersdorf, so wie es sich auch in der Action bey Meissen (Gorbitz) mit befand. 1760 standen die 2 Stammgrenadiercompagnien mit bey der Belagerung von Dresden, das ganze Regiment aber in den Bataillen bey Liegnitz und bey Torgau. 1762 waren die 2 Grenadiercompagnien in der Schlacht bey Freyberg, das Regiment aber wohnte der Belagerung von Schweidnitz bey. Im bayerschen Erbfolgekriege 1779 wurden die 2 Grenadiercompagnien zu einer Expedition nach Böhmen gebraucht, wo es bey Brix zu einem starken Gefechte kam. 1792 seit Ende dieses Jahres marschirte das Regiment mit nach dem Rhein.

Chefs:

1672 Churprinz Carl v. Brandenburg, starb.
1674 Oberster v. Schöning.
1707 Gen. Lieut. v. Arnim, nahm als Gen. F. M. den Abschied.
1731 — — v. Beschefer, starb.
1731 — — v. d. Golz, starb.
1739 Oberster v. Wedell, starb als General-Major an der bey Chotusitz erhaltenen Wunde.
1742 — v. Bonin, starb als Gen. Lieut.
1755 Gen. F. M. Herzog Ferdinand v. Braunschweig, legte seine Chargen nieder.
1766 Gen. Lieut. v. Saldern, starb als Gouverneur von Magdeburg.
1785 — — v. Lengefeldt, starb.
1789 — — v. Kalckstein, Ritter des schwarzen und rothen Adler-Ordens und Gouverneur in Magdeburg.

N. 6. **Grenadiergarde v. Rohdich.**
(Potsdamsche Inspection.)

Garnison. Potsdam.

Uniform. Scharlachrothe Aufschläge und Kragen, blaß paille Unterkleider; auf jeder Seite des Rocks 6 goldne, hinten zugespitzte Litzen; auf jedem Aufschlage 4 und hinten 2. Die Officiere haben auf jeder Seite 8 gestickte goldne Schleifen, 4 auf dem Aufschlage, 2 auf der Tasche, 4 hinten, und eine schmale goldne Tresse um den Huth, aber keine Kragen. Die Grenadiermützen sind etwas höher als die ehemals bey der Armee üblichen; oben sind sie roth, haben unten Dombackblech, vorne ein Schild von eben solchem Bleche mit einer goldnen Borte besezt. Die Gefäße der Pallasche sind von Domback. Die Unterofficiere haben weiße Halsbinden und tragen das Säbelgehänke unter den Westen.

Canton. Dieses Bataillon hat kein Canton, sondern wird aus den Unrangirten der Garde rekrutirt.

Stamm. 1673 wurde es als ein Regiment von den Landständen der Churmark, beym Einfall der Schweden 2 Bataillone stark für den Churprinz Friedrich errichtet. 1685 gab es Leute zur Errichtung des Regiments N. 12, und 1702 zu den Regimentern N. 8 und 19 ab. 1704 ward das dritte, und 1710 das vierte Bataillon errichtet. 1713 machte es Friedrich Wilhelm I. zum Leibregiment. Aus dem 1704 errichteten Bataillon wurde das Regiment N. 22 formirt, die andern 3 Bataillone aber blieben bis zum Tode Friedrich Wilhelms I. 1740 und hieß: das große potsdamsche Grenadierregiment. Friedrich II. trennte es im nemlichen Jahre, gab allen, welche es verlangten, den Abschied. Von den übrigen wurden die größten Leute zur Errichtung dieses Bataillons genommen, aus den ältesten aber ein Garnisonbataillon gemacht. Zu dem Stamm des Regiments N. 35 hat es auch 1740, Mannschaft gegeben.

Feldzüge. Den ersten Feldzug machte dieses Regiment 1677 nach Pommern und half Stettin belagern, so wie es auch den meisten übrigen Unternehmungen in dieser Provinz beywohnte. 1686 marschirte es zur Belagerung und Eroberung Ofens nach Ungarn. 1689 wurde es am Rheine bey den Bestürmungen von Kayserswerth und Bonn gebraucht. Ein Bataillon trat darauf im holländischen Sold, welches 1691 bey Leuse den Rückzug der Holländer deckte und zwey feindliche Regimenter zurückschlug. In der Schlacht bey Steenkerken litte es so stark, daß es den übrigen Feldzug hindurch zu dienen außer Stande war. 1695 befand es sich bey der Belagerung von Namur, 1696 bey der von Gent, 1697 aber in der Schlacht bey Oudenarde. 1702 diente es im spanischen Erbfolgkriege bey der Belagerung von Kayserswerth, 1703 bey der Einschließung von Rheinbergen. 1704 bey der Belagerung von Geldern, so wie in der großen Schlacht bey Höchstedt. 1706 stand es mit vor Menin. 1708 bey Oudenarde, bey Ersteigung der französischen Linien, bey den Eroberungen von Ryssel und Wienendael, bey dem Uebergange über die Schelde und bey der Einnahme von Gent. 1709 fochte es in der blutigen Schlacht bey Malplaquet, befand sich bey den Eroberungen vor Dornick und Mons, 1710 bey der Belagerung von Bethüne. 1711 beym Angriffe der französischen Linien und den Belagerungen von Bouchain, Douay und Aire, 1712 aber bey der von Landrecy und bey der Einnahme von Meurs. 1715 machte es den pommerschen Feldzug. 1745 fochte das Bataillon in den beyden Schlachten bey Hohenfriedberg und bey Soor.

1756 waren die Flügelgrenadiere mit in der Schlacht bey Lowositz, so wie auch 1757 diese mit zur Belagerung Prags gebraucht wurden. Im nemlichen Jahre half das Bataillon die Siege bey Roßbach und Leuthen erringen, die Flügelgrenadiere aber belagerten Breslau mit. Das Bataillon war 1758 mit bey Hochkirchs blutiger Nachtschlacht, nicht minder 1760 in den beyden Bataillen bey Liegnitz und Torgau. Seit Ende 1792 macht es den Feldzug nach dem Rhein.

Chefs:

1673 Churprinz Friedrich. Commandeur Krummensee.

1713 machte es König Friedrich Wilhelm I. zu seiner Garde. Bis 1711 waren folgende Commandeurs: v. Belling, v. Krusemark, de la Cave, v. Finckenstein.

1711 der Kronprinz, starb als König von Preußen 1740.

1740 Gen. Maj. v. Einsiedel, starb als Gen. Lieutenant.

1745 — — v. Retzow, starb als Gen. Lieutenant.

1759 — — v. Saldern, erhielt das Infanterieregiment N. 5.

1766 Oberster v. Lestwitz, gieng als General-Major mit einer Pension ab.

1779 Gen. Major v. Rohdich, jetzt Gen. Lieut., erster Kriegsminister und Präsident im Oberkriegscollegio.

N. 7. Reg. v. Owstien.
(Pommerſche Inſpektion.)

Garniſon. Stettin.

Uniform. Roſenfarbne Aufklappen, offene Aufſchläge und Kragen. Die Officiere haben breite ſilberne Treſſen um die Hüthe.

Canton. Der ganze Piritzſche, ein Theil des Saatziger, der Randowſche, Greifenhagenſche und Anclamſche Kreis; ſämmtliche Koloniſtendörfer im Pyritzer Kreiſe, auch das Dorf Braunsberg im Dabernſchen, nebſt den Städten: Damm, Pölitz, Bahn, Freyenwalde, Jacobshagen, Piritz, Wollin, Neuwarg und ein Theil von Stettin.

Stamm. Dieſes Regiment wurde 1676 aus der Garde oder jetzigen Regiment N. 1 errichtet, und bekam den Namen: Churfürſtin Dorothea. 1688 trat dieſe es dem Markgraf Carl Philipp v. Brandenburg ab. 1685 gab es Mannſchaft zum Regiment N. 12, ſo wie 1688 zu N. 20, und 1702 zu N. 19.

Feldzüge. Von 1677 bis 1693 machte dieſes Regiment die Feldzüge gemeinſchaftlich mit dem vorhergehenden Regimente N. 6. 1694 diente es in Italien, und war 1695 bey der Belagerung von Caſal. 1697 half es Ebernburg am Oberrhein belagern. 1698 beſetzte es Elbing, um die Anſprüche des Churfürſten Friedrich des III. geltend zu machen. Im ſpaniſchen Erbfolgkriege 1702 bewies es beym Sturm von Kayserswerth viel Tapferkeit. 1703 wurde es zum Bombardement von Geldern gebraucht. 1704 fochte es in der Schlacht bey Höchſtedt, und war darauf mit vor Landau. In Italien befand es ſich 1705 mit in der Schlacht bey Caſſano, imgleichen 1706 in der bey Calcinato, wie auch bey der Eroberung von Reggio, im Treffen und bey dem Entſatze von Turin. 1708 half es Ryſſel (Lille) belagern, desgleichen 1710, Aire. 1715 stand es mit vor Stralsund. 1741 war es in der Schlacht bey Molwitz, so wie 1742 in der bey Chotusitz gegenwärtig. In der bey Hohenfriedberg 1745 hatte es starken Verlust. 1756 stand es in der Schlacht bey Lowositz im ersten Treffen. 1757 fochten die Grenadiere des Regiments in der Schlacht bey Roßbach, halfen auch Prag belagern. Das Regiment hingegen bewies in der Schlacht bey Collin ungemeine Tapferkeit. 1758 litte es in der Zorndorffer Bataille viel, nicht minder 1759 in den beyden Schlachten bey Kay und Kunersdorff. 1760 stand es mit vor Dresden, so wie es auch in diesem Jahre den Actionen bey Paßberg, Strehla, Wittenberg, Harta, und der blutigsten Schlacht bey Torgau beywohnte. 1762 endigte die Schlacht bey Freyberg den siebenjährigen Krieg, zu deren Gewinn das Regiment vieles beytrug.

Chefs:

1676 hieß es Churfürstin Dorothea, Command. Oberster v. Borstel sen. dimittirt.

1687 hieß es Churfürstin Dorothea, Command. General-Major v. Borstel jun. erhielt das Infanterie-Regiment N. 20.

1688 Markgraf Philipp von Brandenburg, Command. Oberster v. Stille.

1695 Markgraf Ludwig von Brandenburg, Command. Oberster von Stille, erhielt das Infanterie-Regiment N. 20.

1711 bis 1734 waren folgende Commandeurs: Oberster v. Bredow, v. Marwitz und v. Plotho.

1734 Oberster v. Botzheim, als Chef, starb.

1737 General-Major v. Bredow, erhielt ein Garnison-Regiment.

1741 Herzog v. Braunschweig-Bevern, starb als General von der Infanterie und Gouverneur von Stettin.
1781 General-Major v. Winterfeldt, starb.
1784 — — v. d. Golz, starb als General-Lieutenant.
1789 — — v. Tiedemann, erhielt das Infanterie-Regiment N. 55.
1790 — — v. Owstien.

N. 8. Reg. v. Pirch.
(Pommersche Inspektion.)

Garnison. Stettin.

Uniform. Scharlachrothe Aufklappen, Aufschläge und Kragen, auf jeder Klappe 11 schmale weisse, mit blauen Streifen durchwürfte Litzen, 2 unter der Klappe und 2 hinten. Die Officiere haben 3 gestickte goldene Schleifen, wie ein lateinisches S unter der Klappe, 3 auf der Tasche, 3 über dem Aufschlage, 2 über jeder Falte und 6 hinten, die hinten sämmtlich mit 2 kleinen festen Puscheln versehen sind. Ihre Hüthe sind mit einer schmalen goldenen Tresse eingefaßt.

Canton. Halb Stettin, die Städte: Camin, Gülzow, Stepenitz, Massow, Freyenwalde, Jacobshagen und Zachan; der ganze Flemmingsche Kreis, das Domkapitel Camin, nebst der Probstei, Kuckelow, fast der ganze Saatziger und ein Theil des Greifenbergschen Kreises.

Stamm. Dieses Regiment ist 1677 aus den in der Mark und in Pommern liegenden Garnisonen für den Obersten v. Zieten errichtet; nach dessen

1688 erfolgtem Tode wurde es getheilt. Der General-Major Fürst Günther v. Anhalt-Zerbst erhielt das eine, und der Oberste v. Horn das zweyte Bataillon. 1697 wurde das Bataillon v. Horn bis auf 1 Compagnie reducirt. 1702 wurde das Bataillon v. Zerbst mit 12 schwachen Compagnien auf holländischen Fuß gesetzt; das Regiment N. 6 gab allein 2 Compagnien dazu ab, und gieng in Sold der Generalstaaten. 1713 kam es zurück, gab 2 Compagnien zur Errichtung des Regiments N. 21, und wurde nach preußischem Fuß auf 10 Compagnien gesetzt.

Feldzüge. 1689 wurde das Regiment zur Belagerung und Eroberung von Bonn gebraucht. 1690 stand es im holländischen Sold und besetzte Ath. 1691 befand es sich in dem scharfen Gefechte bey Leuse, belagerte 1692 Namur, diente mit vielem Ruhm im Treffen bey Steenkerken, so wie 1693 bey Neerwinden. 1697 belagerte es Ath. Im spanischen Erbfolgskriege kam das Regiment wieder in holländischen Sold, bestürmte und eroberte 1702 Kayserswerth, und belagerte Venlo. 1703 bestürmte es Bonn, und eröfnete die Laufgraben; ein Gleiches that es vor Mastricht, war auch mit bey der Einnahme von Huy. 1709 stand es mit vor Ryssel, vor Dornik und fochte in der Schlacht bey Malplaquet. 1710 belagerte und eroberte es Douay, St. Venant und Aire. 1715 diente es in Pommern. 1744 war es mit bey der Belagerung und Eroberung Prags. 1745 diente es in der Schlacht bey Hohenfriedberg, und war in diesem Jahr mit bey der Belagerung von Cosel. 1757 ward der Feldzug mit der Bataille bey Reichenberg eröfnet, welcher das Reg. mit beywohnte, imgleichen der Schlacht bey Prag und dessen Belagerung. Ferner fochte es in diesem Jahre in den Breslauer und Leuthner Schlachten, und half Breslau belagern. 1758 stand es mit vor Olmütz. In der Schlacht bey Hochkirch befand sich das Regiment auf dem rechten Flügel, wo das erste Bataillon mit dem zweyten Bataillon des Regiments N. 19 die Gärten des Dorfs mit Löwenmuth bis zu Ende der Schlacht vertheidigte, wobey es großen Verlust hatte und seinen Chef einbüßte. 1760 bewies das Regiment in der Schlacht bey Torgau, wo es im ersten Treffen stand, die größte Bravheit.

Chefs:

1677 Oberster v. Ziethen, starb.
1688 General-Major Fürst Günther von Anhalt-Zerbst das erste Bataillon, Oberster v. Horn das zweyte Bat.
1714 Fürst August von Anhalt-Zerbst, starb als General-Feld-Marschall.
1747 General-Major v. Treskow, nahm den Abschied.
1754 — — v. Amstell, blieb bey Prag.
1757 — — v. d. Hagen, genannt Geist, starb an der bey Hochkirch empfangenen Wunde.
1759 — — v. Queis, starb als General-Lieutenant.
1769 — — v. Hacke, starb als General-Lieutenant, Gouverneur von Stettin und Ritter des schwarzen Adler-Ordens.
1785 General-Lieutenant und Gouverneur von Stettin v. Keller, starb 1785.
1786 General-Major v. Scholten, starb.
1791 — — v. Pirch.

N. 9. Reg. v. Mannstein.
(Westphälische Inspektion.)

Garnisons: Hamm und Soest.

Uniform. Scharlachrothe Aufklappen und Aufschläge. Die Officiere haben um den Klappen und Aufschlägen eine von Gold gestickte Einfassung, und um den Huth eine schmale goldene Tresse; die Gemeinen aber auf jeder Klappe 6 weisse gerade Schleifen, 2 unter der Klappe, 2 auf dem oben weiß eingefaßten Aufschlage, und 2 hinten.

Canton. Der Hördische, Wettersche und Altenaische Kreis; die Städte südwärts der Ruhr: Hattingen, Plettenberg, Wetter, Nauenrade und Meinertzhagen; nordwärts der Ruhr: Camen, Unna, Hamm, Lünen, Bochum, Hörde und Soest.

Stamm. 1677 wurde dies Regiment aus den in der Churmark und Pommern liegenden Regimentern für den General-Major v. Pöllnitz, 1 Bataillon stark, errichtet. 1695 stieß 1 Bataillon v. Alt-Holstein dazu, und es wurde ein Regiment. 1697 wurde wieder 1 Bataillon reducirt. 1702 gieng es in holländischen Sold, und die Regimenter N. 3, 10 und 14 mußten ganze Compagnien zu demselben abgeben, so, daß 12 schwache Compagnien daraus entstanden. 1713 kam es wieder zurück, gab zur Errichtung des Regiments N. 21 Leute ab, und wurde 1714 auf preußischen Fuß gesetzt. 1729 gab es den Stamm zum Regiment N. 12.

Feldzüge. 1689 wurde das Regiment mit zur Belagerung Bonns gebraucht. 1692 befand es sich vor Landau. 1695 half es Namur belagern. Im spanischen Erbfolgkrieg gab es König Friedrich der I. in holländischen Dienst, wo es 1702 vor Kayserswerth, und 1703 vor Rheinbergen, so wie auch in der Schlacht bey Höchstedt, diente. 1706 stand es vor Menin. 1708 fochte es im Treffen bey

Oudenarde, so wie überall mit vielem Ruhm. 1745 war es bey Kesselsdorff. 1756 bey Lowositz. 1757 bey Reichenberg, bey Prag und nachheriger Belagerung dieser Stadt, wie auch bey Roßbach. 1758 in der Action bey Paßberg. 1759 in den Schlachten bey Kay und Kunersdorff, und in der Action bey Maxen. 1761 waren die Grenadiere des Regiments bey der Expedition nach Closter Gostyn, bey der Vertheidigung Colbergs und in dem Sturm bey Spie. 1787 waren die Grenadiere in Holland bey Ouderkerken und Düvendrecht. 1792 machte das Regiment den Feldzug nach Champagne.

Chefs:

1677 General-Major v. Pöllnitz, starb.
1683 — — v. Briquemault, starb.
1692 Oberster v. Buys, blieb bey Neerwinden (Landen).
1693 General-Major v. Schlabrendorff, wurde Gen. Lieut. und Gouverneur in Cüstrin.
1703 Oberster v. Wulffen, blieb am Schellenberge.
1704 — v. Lattorf, starb.
1708 General-Major du Troffel, starb.
1714 — — v. Heyden, trat es ab.
1719 Oberster v. Auer, starb als General-Major.
1721 General-Major du Buisson, starb.
1726 Oberster v. Schliewitz, starb.
1732 — v. Waldow, starb.
1735 — v. Leps, starb als General von der Infanterie.
1747 General-Major v. Quaadt, blieb bey Lowositz.
1756 — — v. Kleist, blieb bey Breslau.
1758 — — v. Oldenburg, starb.
1758 — — v. Puttkammer, nahm den Abschied.

1759 General-Major v. Schenkendorff, nahm den Abschied.
1763 — — v. Wolfersdorff, starb als General-Lieutenant 1781.
1782 — — v. Budberg, erhielt Pension.
1792 Oberster v. Mannstein.

N. 10. Reg. v. Romberg.
(Westphälische Inspektion.)

Garnisons: Bielefeld und Soest.

Uniform. Bleumourante Aufklappen, Aufschläge und Kragen. Die Officiere haben 7 silberne Litzen auf den Klappen, 2 unter denselben, 3 auf den Aufschlägen, und um den Huth eine schmale silberne Tresse; die Gemeinen aber weisse Litzen ohne Puschel.

Canton. Die Aemter: Ravensberg, Sparenberg, Limberg und Blothow, nebst den Städten: Bielefeld, Herford, Blothow, Enger, Binte, Halle, Oldendorf, Werther, Versmold und Burgholzhausen; im Fürstenthum Minden, die Vogtey über den Stieg.

Stamm. 1683 wurde dieses Regiment, 1 Bataillon stark, für den Prinzen von Curland in Preussen errichtet. 1685 wurde das zweyte dazu geworben. 1690 wurde es getheilt. Aus dem einen Bataillon wurde das Regiment N. 16. Das andere hingegen mit einigen Compagnien vom Regiment Spän verstärkt. 1702 gab es Mannschaft zu Verstärkung des Regiments N. 9, ab. 1713 da es wieder aus holländischen Sold zurückkam, gab es 2

Compagnien zum Regiment N. 21, und wurde auf preußischen Fuß gesetzt. 1729 gab es abermals Leute zum Regiment N. 31.

Feldzüge. 1686 bewies dies Regiment bey der Belagerung von Ofen die größte Tapferkeit, und verlohr seinen Chef, den Prinzen von Curland. 1695 befand es sich bey der Belagerung von Namur. Im spanischen Erbfolgkriege ward es zu den wichtigsten Vorfällen gebraucht. 1706 wohnte es der Belagerung von Menin bey, so wie 1709 der Eroberung von Tournay, der berühmten Schlacht bey Malplaquet und der Einnahme von Mons. 1710 half es Douay und Aire, desgleichen 1711 Bouchain belagern. Im letzten Jahre stand es bis zum Utrechter Frieden im holländischen Solde in Brabant. 1715 marschirte es nach Pommern, zur Belagerung Stralsunds. 1741 stand es mit in der Schlacht bey Molwitz, desgleichen 1742 in der bey Chotusitz. 1745 hielt es sich in der Schlacht bey Kesselsdorff sehr brav, und hatte starken Verlust. 1757 waren die Grenadiere der Bataille bey Prag gegenwärtig, das Regiment aber wurde zu dessen Belagerung gebraucht. Bey Collin fochten die Grenadiere, das Regiment hingegen war in der wichtigen Action bey Moys, ohnweit Görlitz, und in den Schlachten bey Breslau und Leuthen, nicht minder bey der Belagerung von Breslau. 1758 befand es sich mit vor Olmütz und fochte in der blutigen Nachtschlacht bey Hochkirch. 1760 wurde das 2te Bataillon bey Töpliwoda ohnweit Neisse von weit überlegener Macht angegriffen, es schlug sich aber mit der größten Tapferkeit durch. In der Mordaction bey Landshuth fochte es mit der größten Unerschrockenheit ehe es sich gefangen ergab. In diesem Jahre waren die Grenadiere in der Action bey Domstädtel und in der Schlacht bey Torgau. Das wieder errichtete Regiment war 1762 in der Action bey Leutmannsdorf, die Grenadiere aber in der Schlacht bey Freyberg. Seit 1792 macht es den Feldzug wider die Francken, und war bey der Kanonade von Valmy.

Chefs:

1683 Oberster Prinz v. Curland, blieb vor Ofen.
1685 Dessen Bruder Prinz Ferdinand, verließ den Brandenburgischen Dienst.
1690 General-Major von Heyden, nahm als General von der Infanterie den Abschied.
1703 Erbprinz Friedrich von Hessen-Kassel, welcher 1751 als König von Schweden starb, trat es ab.
1715 Dessen Bruder, General-Major Prinz George von Hessen-Kassel, verließ den Dienst als General von der Infanterie.
1730 Oberster Fürst Dietrich von Anhalt-Dessau, dankte als Gen. F. M. ab.
1750 General-Major v. Knobloch, starb.
1757 — — v. Pannewitz, erhielt eine Pension.
1759 — — v. Mosel, starb.
1768 Oberster v. Petersdorf, wurde als General-Major Commendant in Colberg.
1781 General-Major v. Stwolinsky, starb.
1787 — — v. d. Marwitz, starb.
1788 — — v. Romberg.

N. 11. Reg. Herzog v. Holstein-Beck.
(Ostpreußische Inspektion.)

Garnison. Königsberg in Preußen.
Uniform. Carmoisinrothe Aufflappen, Aufschläge und Kragen. Die Officiere haben 7 runde silberne

silberne Bandschleifen auf den Klappen, 2 unter denselben, 3 auf den Aufschlägen, und um den Huth eine schmale silberne Tresse und Bandcokarde; die Gemeinen aber 7 weisse schmale Bandschleifen auf jeder Klappe um die Knopflöcher, 2 unter derselben, und 2 auf dem Aufschlage.

Canton. Die Aemter Waldau, Taplacken, Labiau, Tapiau, Melaucken, Laukischken, Spannegeln, Seckenburg, Dantzkehmen, Stuttamt Trakkehnen, Kiauten, Dinglaucken, Gudwallen, Kussen, Budupönen, Kattenau, Waldaukadel, Szirgupönen, Grünweitschen, Plicken, Stannaitschen, Königsfelde, Buylien, Weedern, Moulinen, Brackupönen und Gerskullen, nebst denen Städten Darkehmen, Drengfurth; und einem Theile von Königsberg.

Stamm. Dieses Regiment wurde 1685 aus den Regimentern Holstein und Spän errichtet. 1688 gab es zur Errichtung des Regiments N. 20, und 1702 zur Verstärkung des Regiments N. 17, Leute ab. Der Herzog v. Holstein-Beck bekam es.

Feldzüge. 1692 wohnte das Regiment der Belagerung von Namur und 1693 dem Treffen bey Landen bey. 1696 befand es sich in Ungarn, wo es in der Schlacht bey Temeswar und 1697 in der bey Zenta fochte. 1705 marschirte es nach Italien, war in der Schlacht bey Cassano und 1706 in der bey Calcinato, nicht minder bey der Eroberung von Reggio und dem Entsatze von Turin. 1708 bewies es Tapferkeit bey den Belagerungen von Ryssel, Dornick und Mons, so wie 1709 in der grossen Schlacht bey Malplaquet. 1715 ward es mit zur Landung auf der Insel Rügen gebraucht. 1742 befand sich das ganze Regiment in der Bataille bey Chotusitz. 1745 fochten die Grenadiere des Regiments in der wichtigen Action bey Habelschwerd, so wie in der Schlacht bey Soor. Das ganze Regiment

Stammliste.

wohnte in diesem Jahre noch der Schlacht bey Hohenfriedberg bey. In der Schlacht bey Gros-Jägerndorf 1757 that das ganze Regiment vortrefliche Dienste. 1758 war es mit bey der Einnahme wie auch bey der Vertheidigung der Penamünder Schanze, ingleichen bey der Stralsunder Blokade. In der Zorndorffer Schlacht bewies das ganze Regiment viel Muth, auch war es, mit Ausschluß der Grenadiere, bey Hochkirch. 1759 waren die Grenadiere der Bataille bey Kay zugegen, dagegen in diesem Jahre die Musquetiere den wichtigen Actionen bey Meissen, Pretsch, Nossen und Maxen beywohnten. 1760 fochten die Grenadiere in der Action bey Strehla und in der blutigen Schlacht bey Torgau. 1762 half der Rest der Musquetiere Schweidnitz belagern, so wie die Grenadiere sich mit in der Schlacht bey Freyberg befanden.

Chefs:

1685 Herzog v. Holstein=Beck, trat es als Gen. Feld=Marschall ab.
1721 dessen Sohn, Prinz Friedrich v. Holstein= Beck, starb als Gen. F. M.
1749 Gen. Maj. v. Bélow, nahm als Gen. Lieut. den Abschied.
1758 — — von Rebenzisch, ward seiner Dienste entlassen.
1763 — — v. Tettenborn, erhielt als Gen. Lieut. eine Pension.
1774 — — v. Zastrow, starb.
1782 — — Jung v. Rothkirch, starb.
1785 — — v. Voß, wurde seiner Dienste mit Pension entlassen.
1790 — — Herzog v. Holstein=Beck.

N. 12. Reg. v. Kleist.
(Marck-Brandenburgische Inspektion.)

Garnison. Prenzlow.

Uniform. Hellziegelrothe Aufklappen, Aufschläge und Kragen, auf jeder Klappe 7 weisse breite Bandlitzen mit Puscheln, 2 unter denselben, 2 über den Aufschlägen und 2 hinten. Die Officiere haben auf den Klappen 7 reich gestickte goldne Schleifen, 2 unter denselben, 3 auf den Aufschlägen, 2 auf den Taschen, 6 hinten und nach der Seite zu, und den Huth mit einer schmalen goldnen Tresse besetzt.

Canton. Der Uckermärkische Kreis, nebst den Städten: Prenzlow, Templin, Strasburg und Lichen.

Stamm. Es wurde dieses Regiment 1685 zu Wesel aus den Regimentern N. 1, 3, 4, 5, 6 und 7, durch den Obristen v. Brand, für den Markgraf Philipp v. Brandenburg errichtet. 1702 gab es zur Errichtung des Regiments N. 19, 2 Compagnien ab.

Feldzüge. 1689 diente das Regiment bey den Belagerungen von Rheinbergen, Kaysersswerth und Bonn. 1690 war ein Bataillon in der Schlacht bey Fleury. 1693 fochte das Regiment im Treffen bey Neerwinden (Landen). 1694 stand es mit vor Huy, nicht minder war es 1695 bey der Eroberung von Namur. Im spanischen Erbfolgkriege half es 1702 Kaysersswerth, Venlo und Rüremonde den Franzosen entreissen. 1704 war es der Schlacht bey Höchstedt zugegen. 1705 trat es den Marsch mit nach Italien an, machte den gefährlichen Uebergang über die Lago di Gardia im Angesicht des Feindes und fochte mit ausgezeichneter Tapferkeit in der Schlacht bey Cassano. 1706 half es Turin entsetzen, bemächtigte sich in der dabey vorgefallenen

Schlacht, im ersten Angriffe des Grabens der Retranschementer. Des großen Verlustes ungerechnet, bestürmte es die französischen Linien, und machte den Ruhm der preußischen Waffen in diesen Gegenden besonders bekannt. 1707 drang es mit in die Provence und war bey der Belagerung von Toulon. 1708 rückte es mit im Delphinat ein, half Exilles und Fenestrelles erobern. 1713 mußte ein Bataillon Stettin in Besitz nehmen, das ganze Regiment aber mußte 1715 dem pommerschen Feldzuge beywohnen. 1741 befand sich das Regiment in der Bataille bey Molwitz, so wie 1742 die Grenadiere in der bey Chotusitz. 1744 war das Reg. bey der Belagerung und Einnahme Prags zugegen. 1745 that es sich in der Schlacht bey Hohenfriedberg dadurch mit hervor, daß es 7 Kanonen eroberte. In der bey Kesselsdorf bewies es auch viel Bravheit. 1757 fochte es in den Schlachten bey Reichenberg und Prag und half letzte Stadt mit belagern. Die Grenadiere wohnten den Schlachten bey Collin und Leuthen bey. Diese waren auch 1758 beym Ueberfall bey Hochkirch. 1759 zeichnete sich das Regiment durch Tapferkeit bey Kunersdorf aus, hatte aber nachher das Unglück, bey Maxen in österreichische Gefangenschaft zu gerathen. Die Grenadiere des Regiments befanden sich 1760 bey der Belagerung von Dresden und in der Schlacht bey Liegnitz. 1761 wurden sie mit zur Expedition nach Closter Gostin genommen, waren mit im Sturm bey Spie, ohnweit Colberg, so wie 1762 in der Action bey Leutmannsdorf. Seit 1792 macht es den Feldzug wider die Franzosen, und war besonders dem Feuer der Kanonade bey Valmy stark ausgesetzt.

Chefs:

1685 Marggraf Philipp von Brandenburg, starb.

1711 deſſen Sohn, Marggraf Heinrich, erhielt
das Inf. Reg. N. 42.
1741 Gen. Maj. v. Selchow, erhielt als Gen.
Lieut. eine Penſion.
1743 Erbprinz v. Heſſen=Darmſtadt, verließ
den Preuß. Dienſt.
1757 Gen. Lieut. v. Finck, ward ſeiner Dienſte
entlaſſen.
1763 Gen. Maj. v. Wunſch, ſtarb als Gen. v. d.
Inf. und Ritter des ſchwarzen
Adler=Ordens.
1788 — — v. Kleiſt.

N. 13. Reg. v. Braun.
(Berliniſche Inſpektion.)

Garniſon. Berlin.

Uniform. Weiſſe Aufklappen, Aufſchläge und Kragen, unter jeder Klappe 2 weiſſe Schleifen mit aufgenähten Puſcheln, 2 über dem Aufſchlage und 2 hinten. Die Officiere haben unter den Klappen 2 reichgeſtickte ſilberne Schleifen, 2 über dem Aufſchlage, 2 auf der Taſche und 4 hinten, ſilberne Achſelbänder, und um den Huth eine ſchmale ſilberne Treſſe.

Canton. Der Havelländiſche, Glienickeſche, Löwenbergſche und Oberbarnimſche Kreis, nebſt den Städten: Frieſack, Rienow, Plauen, wie auch der Dom zu Brandenburg und der Dom zu Havelberg.

Stamm. 1687 wurde dieſes Regiment aus lauter franzöſiſchen Refugies für den Marquis v. Varenne, 1 Bataillon ſtark, errichtet. 1689 gab es zur Errichtung des Regiments N. 15, Leute ab. 1697 wurde es bis auf 1 Compagnie reducirt. 1702 gaben alle Regimenter der Armee zu diesem Regimente Leute ab, und es ward 12 Compagnien stark, in holländischen Sold überlassen. 1713 kam es zurück, gab zu dem Regiment N. 21, Leute ab, und wurde 2 Bataillone stark, auf preußischen Fuß gesetzt.

Feldzüge. 1689 war das Regiment bey der Belagerung von Bonn und 1690 bey der von Ath. 1691 befand es sich in dem starken Gefechte bey Leuse. 1692 half es Namur belagern und fochte im Treffen bey Steenkerken. 1693 bewies es in den Schlachten bey Oudenarde und bey Landen viel Tapferkeit. Im spanischen Erbfolgekriege 1702 stand es mit vor Kayserswerth, vor Lille und Tournay. 1709 zeichnete es sich besonders bey der Belagerung und Eroberung von Dornick, so wie in der Schlacht bey Malplaquet, aus. 1715 stand es auch vor Stralsund. 1741 bewies sich das Regiment tapfer in der Schlacht bey Molwitz, so wie bey einer auf dasselbe gemachten Attake bey Lesch. 1742 that es in der Schlacht bey Chotusitz vortrefliche Dienste. In der Schlacht bey Hohenfriedberg 1745 hatte es außer seinem Chef, dem Graf v. Truchses, nur einen geringen Verlust, einen desto stärkern aber in der bey Kesselsdorf, wo es gleichfalls seinen Chef den Gen. Maj. v. Polenz einbüßte. In der Schlacht bey Lowositz 1756 war das Regiment ohne die Grenadiere und litte stark, so wie es auch auf den Rückmarsch aus Böhmen bey Solesel eine feindliche Attake tapfer abschlug. 1757 stand es in der Schlacht bey Prag auf dem rechten Flügel des zweiten Treffens, auch wurde es mit zur Belagerung dieser Stadt gebraucht. In der Schlacht bey Collin waren nur die 2 Grenadiercompagnien, in denen bey Roßbach und Leuthen aber das ganze Regiment. 1758 standen die 2 Bataillone mit vor

Schweidnitz, nicht minder bey Hochkirch. In dieser mörderischen Nachtschlacht bewiesen sie einen so hohen Grad von Tapferkeit, daß von 1400 Mann, als so stark sie vor dem Treffen waren, nur 400 Gesunde heraus kamen. In den beyden, 1759 bey Kay und Kunersdorf vorgefallenen Schlachten fochten die Grenadiere des Regiments, so wie die Musquetiere in zwey Hauptactionen, als die bey Pretsch und Hoyerswerda. 1760 half das Regiment ohne die Grenadiere, Dresden belagern, auch war es ohne diese 1762 in der Action bey Leutmannsdorf und bey der Belagerung von Schweidnitz. 1778 hatten die Grenadiere bey Jägerndorf eine scharfe Action.

Chefs:

1687 Gen. Lieut. Marquis v. Varenne, erhielt das Gouvernement in Peitz.

1715 — — v. Pannewitz, nahm den Abschied.

1722 Gen. Maj. v. Dönhof, bekam eine Pension als Gen. Lieutenant.

1740 Oberster Graf v. Truchses, blieb als Gen. Lieut. bey Striegau.

1745 Gen. Maj. v. Polentz, starb an der bey Kesselsdorf empfangenen Wunde.

1746 — — v. Schwerin, starb als General-Lieutenant.

1751 — — v. Itzenblitz, blieb bey Kunersdorf als Gen. Lieutenant.

1759 — — v. Syburg, erhielt das Infant. Reg. N. 16.

1762 der Russische Kaiser, Peter III. Das Regiment führte seinen Namen, und die Officiere bekamen Achselbänder; starb.

1763 Gen. Maj. Graf v. Lottum, starb.

1774 Obr. v. Braun, jetziger Gen. Lieut., Ritter des schwarzen und rothen Adler-Ordens, und Commendant in Berlin.

N. 14. Reg. v. Wildau.
(Ostpreußische Inspektion.)

Garnison. Bartenstein, Friedland und Schippenbeil.

Uniform. Hellziegelrothe Aufklappen und Aufschläge. Die Gemeinen haben 6 weiß und roth zickzackförmig gesetzte Litzen auf jeder Klappe, und 2 über dem Aufschlage. Die Officiere tragen unter der Klappe 2 große breite und glatte, hinten zugespitzte goldene Schleifen mit Puscheln, und 2 hinten.

Canton. Die Aemter: Brandenburg, Balga, Preuß. Eylau, Carben, Koppelbude, Karschau, Uberwangen, Bartenstein, ein Theil von Barten, Gerdauen, Tapiau und Ratangen; ingleichen die Städte: Bartenstein, Preuß. Eylau, Landsberg, Domnau, Zinten, Friedland und Nordenburg.

Stamm. 1688 wurde dieses Regiment in Preußen errichtet und dem Obr. v. Belling gegeben. 1702 gab es zu dem Regiment N. 9, Mannschaft ab.

Feldzüge. Gleich nach Errichtung 1689 mußte das Reg. nach dem Rhein zur Belagerung von Bonn marschiren, das Jahr darauf 1690 sandte es der große Churfürst nebst 6000 Brandenburgern dem Kaiser nach Ungarn zu Hülfe, wo es in den beyden Treffen bey Salankemen und Peterwaradein sich tapfer bewies. 1696 stand es in Brabant. 1698 ging es von da wieder zurück nach Preußen und nahm Elbing in Besitz. Im spanischen Erbfolgekriege 1702 trat es den Marsch nach dem Rhein an und war 1703 im Sturm vor Bonn und im Gefechte bey Höchstedt. 1704 hatte es in der großen Schlacht bey Höchstedt ansehnlichen Verlust, so wie auch bey der Belagerung und Eroberung von Landau. 1705 nahm es Fürst Leopold v. Dessau mit nach Italien, wo es in der Schlacht bey Cassano focht und nachher ein Kastell eroberte. 1706 befand es sich in dem Treffen bey Calcinato und beym Entsatze von Turin. 1711 grif es bey Chaumont, auf dem Mont de Vallon die Franzosen an, und trieb sie zurück. 1715 machte es die pommersche Campagne. 1734—35 stand es mit am Rheinstrome. Im ersten schlesischen Kriege 1742 wohnte es der Schlacht bey Chotusitz bey, so wie im zweiten denen bey Hohenfriedberg und Soor. 1757 hielt es sich in der Schlacht bey Gros=Jägerndorf sehr tapfer. 1758 bewies es in der zweytägigen Schlacht bey Zorndorf viel Muth, nicht minder 1759 in der bey Kay. Die Grenadiere des Regiments halfen 1760 Dresden belagern und zeichneten sich in der Torgauer Schlacht besonders aus. 1761 machte das Regiment die beschwerlichste Campagne in Pommern, da es mit vor Collberg stand. Endlich fochte es 1762 bey Freyberg, als der letzten Schlacht des siebenjährigen Krieges.

Chefs:
1688 Obr. v. Belling, blieb vor Bonn.
1689 — v. Brand, starb als Gen. Lieut. und Gouv. in Magdeburg.
1701 — v. Canitz, trat das Regiment ab.
1707 Prinz v. Oranien, Command. Obr. v. Canitz, starb als Gen. Maj. zu St. Benedetto.
1711 — — — Command. Gen. Lieut. Graf v. Finckenstein.
1713 Gen. Lieut. Graf v. Finckenstein als Chef, starb als Gen. F. M.
1735 Obr. v. Kleist, starb.
1738 — v. Lehwald, starb als Gen. F. M.
1768 — Reichsgraf Friedrich zu Anhalt, nahm seinen Abschied, und gieng als Gen. Maj. in sächsische, nachher in russische Dienste.
1776 Gen. Maj. v. Steinwehr, erhielt Pension.

1782 Gen. Maj. Graf Henckel von Donners=
 marck, erhielt das Infante=
 rieregiment N. 2.
1786 Obr. v. Wildau, jetziger Gen. Major.

Diese Regimenter hinterließ der Churfürst Frie=
drich Wilhelm seinem Sohn und Nachfolger.
Es waren zusammen 35 Bataillone, nämlich:

6 Bat. Garde.	2 Bat. Barfuß.
2 — Churfürstin.	2 — Zieten.
2 — Churprinz.	2 — Prinz Curland.
2 — Prinz Philipp.	2 — Belling.
2 — Anhalt.	2 — Varenne.
2 — Dörfling.*	1 — Pöllnitz.*
2 — Holstein=Beck.	1 — Cournaud.*
2 — Spähn.*	1 — Briquemault.
2 — Dönhof.	

Von diesen 35 Bataillonen wurden kurz vor sei=
nem Tode die mit einem * bezeichneten Bataillone
theils untergestochen, theils reducirt, und es blie=
ben nur noch 29 Bataillone, jedes 4 Compagnien
stark, übrig, von welchen nur noch 26 (weil die
übrigen 3 unter Friedrich 1. abgedankt und unter=
gestochen wurden) in der Armee sind, als: bey N.
1, 2 Bataillone; bey N. 2, 2 Bataillone; bey N. 3,
2 Bataillone; bey N. 4, 2 Bataillone; bey N. 5, 2
Bataillone; bey N. 6, 1 Bataillon; bey N. 7, 2
Bataillone; bey N. 8, 2 Bataillone; bey N. 9, 2
Bataillone; bey N. 10, 2 Bataillone; bey N. 11, 2
Bataillone; bey N. 12, 2 Bataillone; bey N. 13, 2
Bataillone; und bey N. 14, 2 Bataillone.

Der Nachfolger des großen Churfürsten, nachhe=
riger König, Friedrich I., verstärkte das von sei=
nem Vater ihm hinterlassene Kriegesheer durch fol=
gende neue Regimenter:

N. 15. Reg. Garde.
(Potsdamische Inspektion.)

Garnison. Potsdam.

Uniform. Die Röcke der Officiere des ersten Bataillons haben ponceauroth tuchene Aufklappen, Aufschläge und Kragen, mit einer gestickten silbernen, zwey Finger breiten Einfassung, auf jeder Klappe 7 Schleifen, 3 unter denselben, 3 auf der Tasche, auch um derselben, ausser der Einfassung, eine Tour de Poches, 3 auf der Aermelplatte, und 3 auf jedem Hintertheil; ganz massiv gegossene silberne platte Knöpfe, wovon die auf den Klappen und Aermeln klein, die übrigen aber groß sind, um den Huth eine breite gegossene silberne Lahntresse, und eine weisse Feder. Die Röcke der Unterofficiere sind denen der Officiere gleich, jedoch nur mit einer Lahntresseneinfassung, 7 geschlungene Schleifen mit Puscheln und Crepinen auf jeder Klappe, 3 unter denselben, 3 auf der Tasche, 3 auf dem Aufschlage und 1 auf jedem Hintertheil, der Huth mit einer kleingebogenen breiten Tresse besetzt. Die Gemeinen haben breite Lahntressen mit Puscheln, eben so viele wie die Unterofficiere, eine Lahntresse um den Kragen, und eine 2 Zoll breite Achseltresse, um den Huth eine kleingebogene breite Tresse.

Beym zweiten und dritten Bataillon haben die Officiere auch ponceauroth tuchene Aufklappen, Aufschläge und Kragen, mit einer silbernen Stickerey von Flittern, 7 gestickte Schleifen auf jeder Klappe, 2 unter derselben, 2 auf der Tasche, 2 auf einem runden Aufschlage, und 3 auf jedem Hintertheile; große und kleine silberne Knöpfe auf Elfenbein, und der Huth ist mit einer Bogentresse ohne Lahn besetzt. Die Gemeinen haben auf den Klappen 7 breite hinten zugespitzte Bandlitzen, 2 unter denselben, 2 auf den Taschen, 2 auf den Aufschlägen, und 1 auf jedem Hintertheil, der Huth ist mit einer geraden Tresse eingefaßt. Die Röcke der Unterofficiere haben eben soviel Litzen, aber mit Puscheln. Die Bleche der Patrontaschen aller 3 Bataillone, wie auch die Huthschilder sind stark übersilbert.

Canton. Hat keines. Alle Jahre giebt jedes Regiment, sowohl von der Infanterie als Cavallerie, 2 Mann ab, welches auserlesene schöne Leute von bestimmter Größe seyn müssen; diese machen die Unrangirten aus. Ihre Anzahl ist ungewiß. Sie werden von einem Capitain commandirt, haben rothe Aufschläge und Kragen, weisse Unterkleider und Knöpfe, und einen uneingefaßten Huth. Aus diesen Leuten wird der Abgang bey der Garde und bey dem Bataillon N. 6, ersetzt.

Stamm. Dieses Regiment wurde 1689 aus dem Regiment N. 13 errichtet. 1693 gab es das eine Bataillon, welches in Ungarn stand, zu dem Regiment N. 17, ab. 1695 stieß ein Bataillon von Dörfling dazu, und 1702 gab es 2 Compagnien zur Verstärkung des Regiments N. 17, ab. Der erste Chef war der Gen. Maj. Graf von Lottum, welcher 1718 als Gen. F. M. starb. Nach ihm bekam es der Obr. Freiherr v. Könen. Als dieser 1720 starb, ward es dem Obr. v. der Goltz gegeben, nach welchem es, als er 1731 Chef des Regiments N. 5 wurde, der Kronprinz erhielt, und es bey seiner Thronbesteigung 1740 zur Garde ernannte. Das erste Bataillon wurde fast gänzlich beybehalten; aus dem zweyten Bataillone wurde das Regiment N. 34 errichtet; dagegen wurden zu dem beybehaltenen ersten Bataillone die schönsten und größten Leute aus der ganzen Armee hinzugefügt, und daraus 3 Bataillone, so wie sie gegenwärtig noch stehen, errichtet. Nach Absterben Friedrich II. 1786 blieb es die Garde Sr. jetzt regierenden Majestät.

Feldzüge. In den ältern Zeiten, ehe das Regiment zur Garde 1740 erhoben ward, befand sich ein Bataillon desselben 1690 in Ungarn, wo es gegen die Türken in dem Treffen bey Salankemen und Peterwaradein fochte. Im spanischen Erbfolgkriege war das ganze Regiment 1702 bey der Einnahme von Kayserswerth. 1704 stritte es in der grossen Schlacht bey Höchstedt und half Landau belagern und erobern, so wie 1706 Menin. In dem Treffen bey Oudenarde 1708 stand es auf dem rechten Flügel, wo es den zweifelhaften Sieg zum Vortheil der Allürten entschied. Hierauf diente es vor Winnendäl. In der Schlacht bey Malplaquet 1709 hielt es sich ungemein tapfer. Ausserdem ward es zu den Belagerungen von Gent, Brügge und Ath gebraucht. 1715 machte es den pommerschen Feldzug. 1741 führte König Friedrich II. das erste Bataillon in die Schlacht bey Molwitz. Zu dem zweyten schlesischen Kriege 1744—45 nahm er nur ein Commando von 60 Mann mit. 1757 bewies das erste Bataillon in der Schlacht bey Collin solche Tapferkeit, als die Geschichte noch kein Beyspiel aufzuweisen hat. Es litte so stark, daß von 1000 Mann nur einige Hundert aus dieser Schlacht zurückkamen. Ausser der Grenadiercompagnie dieses Bataillons und noch 60 Mann Musquetiere, die König Friedrich der II. mit nach Roßbach nahm und die bey allen Vorfällen, wo sich der König nachher befand, zugegen waren, blieb der Rest des Bataillons, welches sich nach und nach ergänzte, während den siebenjährigen Krieg in Breslau. Als diese Stadt 1760 von Laudon belagert wurde, deren Commendant Tauenzien war, wollte das Bataillon sich eher unter den Ruinen derselben begraben lassen, als sich ergeben. Durch des Prinzen Heinrichs Ankunft wurde die Stadt gerettet. Das zweyte und dritte Bataillon, oder Regiment Garde, mit seinen Grenadieren, befand sich 1742 in der Bataille bey Chotusitz. In einem Gefechte bey Solenitz 1744 erwarben sich die Grenadiere dieser Bataillone mit denen des Regiments N. 18, so viel Ruhm, daß Friedrich der II. in seinen hinterlassenen Werken ihrer mit dem größten Lobe erwähnet. 1745 bewies das Regiment in den Schlachten bey Hohenfriedberg und Soor viel Muth. Ohne die Grenadiere war das Regiment 1757 in der Schlacht bey Roßbach, dagegen jene sich in der bey Breslau befanden. In der großen Schlacht bey Leuthen, fochte das ganze Regiment. 1758 hielt sich das Regiment beym Hochkircher Ueberfall ungemein tapfer, nicht weniger 1760 in den beyden Schlachten bey Liegnitz und Torgau. 1762 war es mit in der Action bey Burckersdorf und im Treffen bey Reichenbach.

Chefs:
1689 Gen. Maj. Graf v. Lottum, starb als Gen. Feld-Marschall.
1718 Obr. Freiherr v. Könen, starb.
1720 — v. d. Goltz, erhielt das Reg. N. 5.
1731 Sr. Königl. Hoheit der Kronprinz.
1740 Sr. Majestät Friedrich II., es erhielt den Namen Garde.
1786 Sr. Majestät Friedrich Wilhelm II.

Beym ersten Bat. waren folgende Kommandeurs:
1740 Prinz Wilhelm von Preußen, starb bey Prag als Gen. Lieut.
1743 Obr. v. Meyering, erhielt das Reg. Garde.
1744 Prinz Ferdinand von Braunschweig.
1755 Obr. v. Ingersleben, starb als Gen. Maj.
1758 Obr. v. Tauenzien, erhielt das Inf. Reg. N. 31.
1764 Prinz von Preußen, jetzt Sr. Königl. Majestät.

1765 Obr. v. Billerbeck, nahm den Abschied.
1766 Obr. Lieut. v. Laxdehn, erhielt als Gen. Maj. den Abschied.
1773 Major v. Scheelen, starb als Gen. Major.
1786 — v. Kunitzky, jetziger Obrist.

Beym Regiment waren folgende Kommandeurs:
1740 Obr. v. Bredow.
1745 — v. Schultze.
1747 — v. Meyring, erhielt das Inf. Regiment N. 26.
1749 — v. Beschwitz.
1754 — v. Meseberg.
1756 — v. Geist, starb.
1758 — v. Saldern, erhielt das Inf. Regiment N. 6.
1760 — v. Möllendorf, erhielt das Inf. Regiment N. 5.
1771 — v. Buttlar, Dim.
1776 — v. Rohdich, erhielt das Inf. Regiment N. 6.
1779 — v. Brünning, erhielt das Inf. Regiment N. 36.
1787 — v. Roeder.

N. 16. Reg. v. Hausen.
(Ostpreußische Inspektion.)

Garnison. Königsberg in Preußen.
Uniform. Hellrothe Aufklappen und Aufschläge, unter jeder Klappe zwey breite weisse Schleifen, mit rothen, schwarzen und blauen Streifen und Puscheln, und 2 hinten. Die Officiere haben auf jeder

Klappe 9 von Gold gestickte Schleifen, 2 unter derselben, 4 über dem Auffschlage, 2 auf der Tasche, 6 hinten, und der Huth ist mit einer schmalen goldenen Tresse eingefaßt.

Canton. Die Aemter: Polomen, Eychen, Czymochen, Stradaunen, Oletzko, Lyk, Johannsburg, Rhein, Seehesten, Schnicken, Aryß, Drygallen, Neuhof, ein Theil vom Amte Lötzen, Friedrichsfelde und 3 Dörfer im Ortelsburgschen: nebst den Städten: Angerburg, Lötzen, Rhein, Barthen, Nickolaycken, Lyk, Ariß, Bialla, Johannsburg und ¼ der Stadt Königsberg.

Stamm. Dieses Regiment ist 1699 aus 1 Bataillon N. 10, zu welchem noch das Pillausche Garnison-Bataillon stieß, für den Obr. Graf v. Dohna errichtet. 1702 gab es 1 Compagnie für das Reg. N. 17, ab. 1715 wurde das eine in Berlin gestandene Bataillon nach Preußen verlegt, wo es sich mit dem andern Bataillone vereinigte, und in Pillau zur Garnison blieb.

Feldzüge. Den ersten Feldzug machte das Regiment 1705 mit der Belagerung von Huy. 1708 fochte es in dem Treffen bey Oudenarde, desgleichen 1709 in der berühmten Schlacht bey Malplaquet. 1734 — 35 machte es die Campagne am Oberrhein. 1745 half das Regiment Cosel belagern und einnehmen, die beyden Stammgrenadiercompagnien hingegen befanden sich in der Bataille bey Hohenfriedberg. 1757 that das Regiment in der Schlacht bey Gros-Jägerndorf sehr brav. In der bey Zorndorf 1758 stand es im ersten Treffer und hatte ansehnlichen Verlust, so wie 1759 in den beyden Schlachten bey Kay und Kunersdorf. 1760 stand das Regiment in der Torgauer Schlacht beym Corps de Reserve. 1761 wohnte es unter dem Corps des Prinzen v. Würtemberg den beschwerlichsten Feldzug in Pommern bey. 1762 war es
mit

mit bey Bestürmung der Leutmannsdorffer Anhöhen und dann bey der Belagerung von Schweidnitz. 1778 hatte es ein Gefechte auf dem Forstberge in Böhmen.

Chefs:
1690 Obr. Graf v. Dohna, starb als Gen. F. M.
1728 — v. Flans, starb als Gen. F. M.
1748 Gen. Maj. Christoph Graf v. Dohna, starb als Gen. Lieut.
1762 — — v. Syburg, starb.
1770 Obr. v. Borck, erhielt als Gen. Maj. eine Pension.
1776 Gen. Maj. v. Buddenbrock, starb.
1782 — — v. Schott, erhielt Pension.
1785 Obr. v. Romberg, nachheriger Gen. Maj. wurde Commendant in Wesel.
1789 — v. Gillern, nachheriger Gen. Maj. erhielt Pension.
1792 Gen. Maj. v. Hausen.

N. 17. Reg. v. Brünneck.
(Pommersche Inspektion.)

Garnison. Cöslin und Rügenwalde.

Uniform. Weisse Aufklappen, Aufschläge und Kragen, auf jeder Klappe 7 weisse mit rothen Streifen durchwürkte Litzen mit Puscheln, 2 unter derselben, 2 über dem Aufschlage und 2 hinten. Die Officiere haben 7 auf jeder Klappe, 2 unter denselben, 2 über den Aufschlägen, 2 auf jeder Taschenpatte, 1 über derselben, und 4 hinten von Gold gestickte Schleifen; um den Huth eine schmale goldne Tresse.

Stammliste.

Canton. Der ganze Stolpische, ein Theil des Schlawischen Kreises; auch ein Theil im Fürstenthum Camin, und im Lauenburgschen und Bütowschen Kreise die neuerbauten Colonistendörfer; imgleichen die Städte: Cöslin, Rügenwalde, Stolpe, Leba und Bütow.

Stamm. 1693 wurde dieses Regiment aus 1 Bataillon des Regiments N. 15 errichtet, und dem Obr. v. Sydow gegeben. 1703 verkaufte er es als Gen. Maj. mit königl. Erlaubniß dem Oberschenken und Brigadier v. Grumbkow. 1702 ging es in holländischen Sold, und die Regimenter N. 11, 15 und 16, mußten Leute dazu abgeben. 1713 kam es zurück, und gab 2 Compagnien zur Errichtung des Regiments N. 21, ab. 1714 wurde es auf Preußischen Fuß gesetzt.

Feldzüge. Gleich nach Errichtung des Regiments mußte es 1694 nach Ungarn marschiren, wo es 1695 in dem Treffen bey Peterwaradein und 1697 in dem bey Zentha zugegen war. 1703 befand es sich bey Höchstedt und bey den Belagerungen von Bonn und Huy. 1704 stand es im holländischen Solde. 1705 befand es sich an der Mosel. 1706 fochte es im Treffen bey Ramillies. 1708 in der Schlacht bey Oudenarde, wo es unglücklicherweise von den Franzosen gefangen genommen, bald aber wieder ausgewechselt wurde. 1709 wohnte es der Schlacht bey Malplaquet und der Belagerung von Mons bey. 1710 stand es mit vor Douay, so wie 1715 vor Stralsund. Ausser einer Menge kleiner Vorfälle, denen das Regiment beygewohnt hat, zeichnen sich noch folgende aus, als: die Bestürmung der französischen Linien in Brabant, die Belagerungen von St. Leuwen, Winnendael, Hueskolt, Dixmuiden, Rüremonde, Kayserswerth, Venlo, Rheinbergen, Fenestrelles, Bonn, Menin, Ath Ryssel, St. Venant u. s. w. 1734 — 35 war es mit am Rheinstrome. 1742, in der Schlacht bey Chotusitz, war nur 1 Bataillon. In denen 1745 bey Hohenfriedberg und Soor, vorgefallenen Schlachten, bewies es, besonders in Lezterer, viel Tapferkeit und hatte viel Verlust. Nicht weniger war es in diesem Jahre denen zwey großen Actionen bey Habelschwerd und bey Neustadt zugegen. In der Schlacht bey Lowositz 1756 war es eines von denjenigen Regimentern, welche die mehresten Todte und Verwundete hatten. 1757 in der Schlacht bey Prag, stand das Regiment in der zweiten Linie. Die Grenadiere desselben halfen Prag belagern. In der Schlacht bey Collin fochten die 2 Bataillone Musquetiere. In der Action bey Moys war das ganze Regiment. Bey Roßbach befanden sich die Grenadiere, so wie in der Breslauer Bataille die Musquetiere. In der Schlacht bey Leuthen hielt sich das Regiment ungemein tapfer und litte stark. 1758 in der Schlacht bey Zorndorf, fochten die Grenadiere, so wie das ganze Regiment beym Ueberfall bey Hochkirch ungemeine Bravheit bewies und ansehnlichen Verlust hatte. Dem Treffen bey Kay 1759 waren die Grenadiere zugegen. 1760 wurde das Regiment nebst 1 Esquadron Dragoner vom Regiment N. 6 bey Neustadt in Oberschlesien von 5000 Feinden angegriffen, wo es sich mit beyspielloser Tapferkeit vertheidigte und dem Feinde einen Verlust von 800 Mann zuzog. Das Regiment verlor 170 Mann. Im nemlichen Jahre fochten die Grenadiere in der berühmten Action bey Landshut. Die 2 Bataillone des Regiments aber halfen den Sieg bey Torgau erringen, wo sie 4 Kanonen eroberten, aber auch einen Verlust von beynahe 1000 Mann an Todten und Verwundeten hatten. 1761 machte das Regiment den Feldzug in Pommern, wo es dem fürchterlichsten Sturme bey Spie und einem heftigen Gefechte bey Cöslin beywohnte. 1762 krönten die 2 Bataillone den Sieg bey Freyberg, die Grenadiere hingegen halfen Schweidnitz belagern.

Chefs:

1693 Obr. v. Sydow, dieser verkaufte es als Gen. Major
1703 dem Brigadier v. Grumbkow, starb als Gen. F. M.
1739 Obr. Baron de la Motte, erhielt als Gen. Lieut. das Gouvern. in Geldern.
1748 Gen. Maj. v. Jeetz, erhielt als Gen. Lieut. Pension.
1756 — — v. Manteuffel, nahm als Gen. Lieut. den Abschied.
1764 — — Freiherr v. Rosen, starb.
1772 — — v. Billerbek, starb als General-Lieut. 1785.
1786 — — Jung v. Kenitz, nahm den Abschied.
1786 — — v. Brünneck, jetziger Gen. Lieut.

N. 18. Reg. Kronprinz v. Preussen.
(Potsdamische Inspektion.)

Garnison. Potsdam.

Uniform. Rosenfarbige Aufklappen, Aufschläge, Kragen und Unterfutter, auf jeder Klappe 6 breite weisse Schleifen mit Puscheln, 2 schmale über dem Aufschlag und 2 hinten. Die Officiere haben auf jeder Klappe 7 starke silberne durchbrochene Schleifen mit Puscheln, 2 unter derselben, 2 über dem Aufschlage, 2 auf der Tasche, 4 hinten, und der Huth ist mit einer schmalen silbernen Tresse besetzt.

Canton. Die Altmark und Prignitz von Leuzen bis Wittenberg, und die Städte: Spandau, Bernau, Strausberg und Köpenick.

Stamm. 1698 wurde 1 Bataillon vom Regimente N. 1, abgenommen, und bekam den Namen Grenadier-Garde. 1706 ist das 2te Bataillon aus dem in Preußen stehenden Regimente errichtet worden. 1713 wurden aus 6 Compagnien das Regiment N. 23 gemacht; die übrigen 4 Compagnien wurden 1716 durch die 600 Mann Schweden, welche nach der Kapitulation von Stralsund Dienste nahmen, wieder auf 2 Bataillone gesetzt; es verlor aber den Namen Garde.

Feldzüge. Aus der 1709 bey Malplaquet vorgefallnen Schlacht, trug das Regiment viel Ruhm davon. 1715 diente es in Pommern. 1744 deckte das Regiment den Rückzug aus Prag und befanden sich die 2 Grenadiercompagnien mit denen vom Regiment N. 15 in dem merkwürdigen Gefechte bey Solonitz, desgleichen in der Action bey Beraun. 1745 in der Schlacht bey Hohenfriedberg richtete es ein ganzes Regiment Sachsen zu Grunde, bewies sich auch in der bey Kesselsdorf vorgefallenen Schlacht tapfer. 1757 fochte das Regiment in den Schlachten bey Reichenberg und Prag, eroberte den Ziskaberg und half die Stadt belagern. Nicht minder war es denen Schlachten bey Breslau und Leuthen zugegen und wohnte der nachherigen Belagerung Breslaus bey. In der zweytägigen Schlacht bey Zorndorf 1758 durchbrach das Regiment mit dem Bajonette die feindliche Infanterie. In der bey Hochkirch mußte das Regiment den Fortgang der Attake auf das Dorf unterstützen, wo es durch eine Kugelsaat fast zu Grunde ging. 1760 ward es mit zur Belagerung von Dresden gebraucht, auch zeigte es in den Schlachten bey Liegnitz und Torgau den Heldenmuth seiner bey Hochkirch verlornen

Cameraden. Wenige Wochen vor der Torgauer Schlacht war es auch in der wichtigen Action bey Hohen-Giersdorf. 1762 that es vorzügliche Dienste, sowohl in der Action bey Burckersdorf, als in der Schlacht bey Reichenbach. Im bayerschen Erbfolgkriege wurde das Regiment 1779, da es zu Neustadt in Oberschlesien stand, vom General Wallis, welcher ein Corps von 12,000 Mann hatte, zur Uebergabe aufgefodert. Es machte die heldenmäßigste Vertheidigung und zog sich, da die Stadt in vollem Brande stand, glücklich und ohne Verlust heraus.

Chefs:

1698 Obr. v. Pannewitz, ward Gouv. in Peitz.
1703 — v. Tettau, blieb als Gen. Major bey Malplaquet.
1709 — v. Gersdorf, erhielt als Gen. Lieut. das Gouvern. in Spandau.
1732 — v. Kröcher, erhielt ein Bataillon, nebst dem Gouvern. in Geldern.
1738 — v. Derschau, starb als Gen. Maj.
1742 Prinz August Wilhelm v. Preußen, starb.
1758 bis 1764 blieb es vacant.
1764 Prinz Friedrich Wilhelm v. Preußen, als Se. jetzt regierende Königl. Majestät. Es erhielt 1787 den Namen Regiment von Preußen.
1790 Obr. Se. Königl. Hoheit, der Kronprinz, jetziger General-Major.

N. 19. Reg. Herzog Friedrich v. Braunschweig.

(Berlinische Inspektion.)

Garnison. Berlin.

Uniform. Orange Aufklappen, Aufschläge und Kragen. Die Officiere haben 7 schmale gestickte

silberne Litzen auf den Klappen, 3 auf den Aufschlä=
gen, 3 auf den Taschen, und um den Huth eine
schmale silberne Tresse. Die Gemeinen eben solche
Klappen, 7 weisse schmale Litzen mit offenen Puscheln
auf den Klappen, 3 auf den Aufschlägen und 2 auf
den Taschen.

Canton. Die Kreise: Königsberg, Soldin,
Arenswalde, Friedberg, Dramburg und Sternberg,
nebst den Städten: Cüstrin, Soldin, Neuendamm,
Mohrin, Schiefelbein, Zehden, Driesen, Königs=
berg, Göritz, Berlinchen, Treuenbrietzen und Teupitz.

Stamm. Dieses Regiment wurde 1702 aus
den Regimentern N. 4, 6, 7 und 12, auf 12 schwache
Compagnien errichtet. Die fehlenden wurden aus
der colbergschen und cüstrinschen Garnison genom=
men, und das Regiment ging in holländischen Sold.
1703 gab es 2 Compagnien zum Regiment N. 10 ab.
Kurz darauf wurde es auf preußischen Fuß gesetzt
und dem Markgrafen Albert v. Brandenburg
gegeben.

Feldzüge. Gleich in dem Jahre seiner Stif=
tung marschirte das Regiment nach den Niederlan=
den und wohnte der Belagerung von Kaysers werth
bey. 1706 war es mit in der Turiner Schlacht.
1707 that das zweyte Bataillon die Belagerung von
Toulon mit, das erste aber stand während der Zeit
in Brabant. 1708 fochte das erste Bataillon im
Treffen bey Oudenarde, das zweyte machte die Cam=
pagne in Italien. 1709 war das ganze Regiment
in der großen Schlacht bey Malplaquet, wo es sich
sehr tapfer hielt. Das erste Bataillon half Mons
belagern, das 2te aber 1710, Aire. 1711 stand das
erste Bataillon vor Bouchain, das zweyte war bey
der Armee, so den Feind observirte. 1715 ward es
mit zur Belagerung Stralsunds und zu dem Stur=
me von Penamünde gebraucht, wo es viele Leute
verlor. 1741 that sich das Regiment beym Sturm

vor Glogau besonders hervor. In der Schlacht bey Molwitz hatte das Regiment große Einbuße. 1742 wurden die 2 Stammgrenadiercompagnien in der Schlacht bey Chotusitz gebraucht. 1744 half das Regiment Prag belagern und einnehmen. 1745 wohnte das Regiment in der Mitte des ersten Treffens der Schlacht bey Hohenfriedberg bey, so wie auch der bey Soor, wo es sehr viel Tapferkeit bewies und in letzter Schlacht viel verlor. Die Grenadiere befanden sich in der großen Action bey katholisch Hennersdorf. Den Feldzug des siebenjährigen Krieges eröfnete das Regiment 1756 mit der Einschließung des sächsischen Lagers bey Pirna. 1757 war das Regiment in der Schlacht bey Prag, wo es, da es nicht recht ins Feuer kam, wenig litte, auch half es diese Stadt belagern. Der König führte das Regiment mit in die Schlacht bey Roßbach und hernach in die bey Leuthen, in welcher letztern es vom Anfange der Schlacht bis zu Ende gar nicht aus dem kleinen Gewehrfeuer kam und fast gänzlich ruinirt wurde. Der Rest des Regiments ward mit zur Belagerung Breslaus gebraucht. In der nächtlichen Mordschlacht bey Hochkirch 1758, bewies das Regiment eine beyspiellose Tapferkeit. Das erste Bataillon nebst den Grenadieren, mußten, da sie auf den rechten Flügel standen, den heftigsten feindlichen Angrif bekämpfen. Das 2te Bataillon aber hatte, da es die mehreste Zeit auf dem Kirchhofe zwischen beyden Feuern gewesen, beständig unter dem Major v. Langen auf demselben mit solcher Wuth bis 2 Uhr Nachmittags gefochten, daß dieser tapfre Major und der Lieutenant v. Marwitz endlich der gar großen Uebermacht der feindlichen Grenadiere hat unterliegen müssen. An den braven Major zählte man 11 Blessuren, woran er nach einigen Tagen gestorben. Die Feinde liessen ihn mit vieler Auszeichnung begraben. 1759 in der blutigsten Schlacht bey Kunersdorf, hatte das Regiment die heftigsten Attaken auf die feindlichen Batterien zu machen und wurde zuletzt am Judenberge fast zu Grunde gerichtet. Einige Wochen nach dieser Schlacht, fochte das sehr geschwächte Regiment, in der Action bey Gorbitz, wo die Grenadiere des Regiments dem Feinde 11 Kanonen und 1 Fahne wegnahmen. 1760 ward es mit zu der Belagerung von Dresden gebraucht, so wie es wenig Wochen darauf sich mit in der Action bey Strehla befand. In einer Kanonade bey Wittenberg verlor das Regiment nicht wenig. In der größten Schlacht bey Torgau, wurde das 1ste Bataillon fast gänzlich ruinirt, das 2te litte, da es nicht so sehr ins Feuer kam, weniger. 1761 in dem heftigen Sturm bey Spie, ohnweit Colberg, waren die Grenadiere. 1762 waren diese auch in der Bataille bey Freyberg. Die Musquetiere hingegen befanden sich in der Action bey Burckersdorf. 1778 wohnten die Grenadiere einem Gefechte bey Weißkirch bey, die Musquetiere aber 1779 einem bey Mösnick.

Chefs:
1702 Markgraf Albert v. Brandenburg, starb
   als Gen. von der Inf.
1731 dessen Sohn, Markgraf Carl, starb als Gen.
   von der Inf.
1763 Gen. Maj. v. Tettenborn, erhielt das Inf.
   Regiment N. 11.
1763. Gen. Lieut. Herzog Friedrich v. Braunschweig, jetziger Gen. von der
   Inf. und des schwarzen und rothen Adler-Ordens Ritter.

N. 20. Reg. v. Börnstedt.
(Magdeburgische Inspektion.)

Garnison. Magdeburg.

Uniform. Scharlach Aufklappen, Aufschläge und Kragen; die Klappen sind wie die Aufschläge, mit einem weiß= und blaugestreiften fingerbreiten Bande eingefaßt. Die Officiere haben auf jeder Klappe 8 geschlungene goldne Schleifen mit offenen Puscheln, 2 unter denselben, 2 über dem Aufschlag, 2 auf der Tasche, 2 hinten, und um den Huth eine schmale goldne Tresse.

Canton. Ein Theil vom 1sten, 2ten und 3ten Distrikt des Holzkreises, der Stadt Oebisfeld, und ein Theil von Magdeburg.

Stamm. 1706 wurde dieses Regiment aus 1 Compagnie, so schon 1688 aus dem Regimente N. 7 und 11 gestiftet gewesen, 1 Bataillon stark errichtet und 1713 mit dem 2ten Bataillon, zu welchem eine Mindensche und eine Courneaudsche Freicompagnie genommen, und 3 Compagnien neu angeworben wurden, vermehrt. Der Gen. Lieut. v. Borstel war Chef.

Feldzüge. 1741 wohnte das ganze Regiment der Bataille bey Molwitz, auch der Belagerung von Brieg bey. 1744 half es Prag einnehmen. 1745 fochte das ganze Regiment in der großen Action bey Habelschwerd, nicht minder in den beyden Hauptschlachten bey Hohenfriedberg und Kesselsdorf, in welcher letztern es seinen Chef einbüßte. 1756 befand sich das ganze Regiment bey der Einnahme des festen Schlosses Tetschen und das erste Bataillon nebst den Grenadieren in der Lowositzer Schlacht. 1757 bemächtigte sich das Regiment des Postens bey Aussig, wo der Chef desselben durch einen Flintenschuß sein Leben verlor. In der Schlacht bey Collin war das ganze Regiment, wo es an 800

Mann Verlust hatte, in der bey Roßbach waren die Grenadiere. In der Bataille bey Breslau waren die Musquetiere und in der großen Schlacht bey Leuthen das ganze Regiment. 1758 ward das ganze Regiment mit zur Belagerung von Olmütz gebraucht. Bey Hochkirch fochte das Regiment, ohne die Grenadiere, mit vieler Tapferkeit und verlor an 500 Mann. 1759 bewies das Regiment ausgezeichnete Tapferkeit sowohl in der berühmten Schlacht bey Kunersdorf als in der Action bey Meissen (oder Gorbitz). 1760 waren in der Schlacht bey Liegnitz die Grenadiere, in der blutigsten Bataille bey Torgau aber, in welcher es an 600 Todte und Verwundete hatte, war das ganze Regiment. 1761 befand sich das ganze Regiment in der Action bey Saalfeld, so wie 1762 in der Action bey Freyberg, imgleichen in der Hauptschlacht bey dieser Stadt. 1779 wohnten die Grenadiere der Action bey Brix bey. Anecdote: Im ganzen siebenjährigen Kriege hat dieses Regiment bey allen Schlachten im ersten Treffen gestanden und ist vom Könige Friedrich II. zu den mehresten Vorfällen gebraucht worden.

Chefs:

1706 Gen. Lieut. v. Vorstel, starb.
1711 Gen. Maj. v. Stille, starb als Gen. Lieut.
1728 Obr. de Laujardiere, starb.
1731 — v. Grävenitz, erhielt das Infant. Reg. N. 40.
1741 — v. Voigt, starb als Gen. Maj.
1742 — v. Hertzberg, blieb als Gen. Maj. bey Kesselsdorf.
1745 Gen. Maj. v. Borck, erhielt als Gen. Lieut. eine Pension.
1756 — — v. Zastrow, blieb bey Außig.
1757 — — v. Bornstedt, erhielt Pension.
1759 — — v. Stutterheim, nahm als Gen. Lieut. seinen Abschied.

1778 — — v. Kalckſtein, nahm ſeinen Ab=
 ſchied.
1784 Obr. nachheriger Gen. Maj. v. Below, ward
 als Gen. Lieut. Gouverneur in
 Stettin.
1786 Gen. Maj. v. Bornſtedt.

Dieſe Regimenter hat Friedrich I. geſtiftet. Bey dem Antritte ſeiner Regierung fand er 29 Ba=taillone, welche er mit 11 neuen vermehrte; dem=ſelben blieben, wegen der vielen, unter ſeiner Re=gierung vorgefallenen Reductionen, nach ſeinem Tode 1713 nur 38 Bataillone, folglich 9 mehr als er gefunden hatte; nämlich:

2 Bat.	Grenadiergarde	N. 18.
3 —	Garde	— 1.
4 —	Kronprinz	— 6.
2 —	Markgraf Albert	— 19.
2 —	Markgraf Ludwig	— 7.
2 —	Anhalt	— 3.
2 —	Holſtein	— 11.
2 —	Lottum	— 15.
2 —	Alt=Dohna	— 16.
1 —	Erbprinz Heſſencaſſel	— 10.
2 —	Jung=Dohna	— 4.
2 —	Arnim	— 5.
2 —	Dönhoff	— 2.
2 —	Finkenſtein	— 14.
1 —	Varenne	— 13.
1 —	du Troſſel	— 9.
1 —	Grumbkow	— 17.
1 —	Truchſes	— 26.
1 —	Heyden	— 26.
2 —	Markgraf Heinrich	— 12.
1 —	Anhalt=Zerbſt	— 8.

Obige 38 Bataillone sind noch jetzt in der Armee, und zwar bey folgenden Regimentern:

2 Bat. bey N. 1.	2 Bat. bey N. 12.
2 — — — 2.	2 — — — 13.
2 — — — 3.	2 — — — 14.
2 — — — 4.	2 — — — 15.
2 — — — 5.	1 — — — 16.
1 — — — 6.	1 — — — 17.
2 — — — 7.	2 — — — 18.
2 — — — 8.	2 — — — 19.
2 — — — 9.	1 — — — 20.
2 — — — 10.	2 — — — 26.
2 — — — 11.	

Friedrich Wilhelm I. verstärkte die Armee durch folgende neue Regimenter:

N. 21. Reg. Herzog v. Braunschweig.
(Magdeburgische Inspektion.)

Garnison. Halberstadt und Quedlinburg.

Uniform. Scharlach Aufklappen, Aufschläge und Kragen. Die Officiere haben 7 schmale gestickte goldne Schleifen auf jeder Klappe, 2 unter derselben, 3 über dem Aufschlage, 2 auf der Tasche, 2 hinten, und um den Huth eine schmale goldne Tresse. Die Gemeinen 7 weisse schmale rotheingefaßte Banditzen mit Puscheln auf jeder Klappe, 2 unter derselben, 3 über dem Aufschlage, und 2 hinten.

Canton. Ein Theil des Fürstenthums Halberstadt, die Grafschaft Wernigerode, Ilsenburg und Hohenstein, das Stift Quedlinburg, und die Herrschaft Derenburg, nebst den Städten: Halberstadt, Gröningen, Wegeleben, Ellrich, Bleicherode, Sachsa, Beneckenstein, Quedlinburg, Werpigerode und Derenburg.

Stamm. 1713 gaben folgende aus holländischen Sold zurückgekommene neue Regimenter, als: N. 8, 9, 10, 13 und 17, jedes zwey schwache Compagnien zur Errichtung dieses Regiments ab. Der Gen. Maj. Graf v. Dönhof erhielt es.

Feldzüge. 1715 eröfnete das Regiment seinen ersten Feldzug nach Pommern, wo es Stralsund mit belagern und einnehmen half. 1741 waren die Grenadiere mit bey der Einnahme von Glogau und in der Bataille bey Molwitz. 1744 befand sich das ganze Regiment in der Action bey Beraun und der kurz darauf erfolgten Belagerung und Eroberung von Prag. 1745 fochte das ganze Regiment in der Schlacht bey Hohenfriedberg, so wie die Grenadiere in der bey Soor. In der Schlacht bey Kesselsdorf befanden sich die Musquetiere. 1756 waren die zwey Bataillone Musquetiere in der Bataille bey Lowositz. 1757 wohnte das complete Regiment der Belagerung von Prag bey. Der Schlacht bey Collin waren die Musquetiere zugegen, wo mehr als die Hälfte des Regiments zu Grunde ging. Der Action bey Moys waren die Grenadiere gegenwärtig, und litten großen Verlust. Bey Roßbach standen die Musquetiere; bey Leuthen aber die Grenadiere, nicht minder waren diese bey der Belagerung von Breslau und der Blokade bey Liegnitz. 1758 halfen die Grenadiere Schweidnitz belagern und verloren viel bey dessen Sturm, auch waren sie mit bey dem Hochkircher Ueberfall, wo sie auf dem rechten Flügel standen. 1759 wurden die Grenadiere bey Greifenberg von überlegener Macht angegriffen und zurückgeschlagen, dagegen das Regiment in einer Action beym St. Sebastiansberge sich eben so tapfer hielt, als es sich in der großen blutigen Schlacht bey Kunersdorf durch heftige Baterienangriffe hervorthat und an 700 Todte und Verwundete zählte. 1760 fochten die

Musquetiere in der mörderischen Schlacht bey Torgau. 1761 standen die Grenadiere in Pommern zur Vertheidigung Colbergs, und waren allen Angriffen auf die daselbst angelegten Verschanzungen, besonders bem heftigen Sturm bey Spie, zugegen, in welchem Letztern sie über 70 Todte und Bleßirte hatten. Seit 1792 macht es den Feldzug wider die Franzosen und war mit bey der Kanonade von Valmy in Champagne.

Chefs:
1713 Gen. Maj. Graf v. Dönhof, starb als Gen. Lieut.
1724 Obr. v. d. Marwitz, starb als Gen. von der Infanterie.
1744 Gen. Maj. v. Bredow, starb als Gen. Lieut.
1756 — — v. Hülsen, starb als Gen. Lieut. und Gouverneur von Berlin.
1767 Obr. v. Schwerin, erhielt das Reg. N. 43.
1773 Gen. F. M. Herzog von Braunschweig, Ritter des schwarzen und rothen Adler-Ordens.

N. 22. Reg. v. Klinckowsström.
(Pommersche Inspektion.)

Garnison. Stargard.

Uniform. Ponceau Aufklappen, Aufschläge und Kragen, unter jeder Klappe 2 breite weiß- und rothgestreifte, hinten zugespitzte Schleifen; 2 etwas schmälere über dem eingefaßten Aufschlag, und 2 hinten. Die Officiere haben auf jeder Klappe 7 goldne Schleifen, 2 unter derselben, 2 über dem Aufschlage, 2 auf der Tasche, 2 hinten, und um den Huth eine schmale goldne Tresse.

Canton. Ein Theil des Fürstenthums Camin, der Neu-Stettinsche Kreis, der größte Theil des Domcapituls von Colberg; im Greifenbergschen Kreise, das Dorf Papenhagen; im Schlawischen, die Gutzmirsche Mühle; wie auch die Städte: Stargard, Pollnow und Bärwalde.

Stamm. Dieses Regiment ist zwar 1713 errichtet worden, aber aus 1 Bataillon des Regiments N. 6, welches schon 1704 gestiftet. Zu diesem stieß 1 Freicompagnie des Gen. Maj. v. Dorthe, und 1 Compagnie, welche in Oderberg zur Besatzung gelegen. Der Gen. Maj. v. Borck, welchen Friedrich II. im Grafenstand erhob, wurde Chef.

Feldzüge. Die ersten Thaten verrichtete das Regiment 1745 in den beyden Schlachten bey Hohenfriedberg und bey Kesselsdorf. 1756 half es die Sachsen bey Pirna einschließen und 1757 Prag belagern, bey letztem waren nur die Grenadiere. In der Schlacht bey Collin fochten die Musquetiere und hatten starken Verlust. In den Schlachten bey Roßbach und bey Leuthen, so wie bey der Belagerung Breslaus waren die Grenadiere. 1758 wurden die Grenadiere zur Belagerung von Schweidnitz gebraucht, das Regiment aber that in der zweytägigen Schlacht bey Zorndorf vortrefliche Dienste. 1759 wohnte es der Schlacht ohnweit Kay bey, die Grenadiere aber der bey Kunersdorf. 1760 fochten die Grenadiere in der großen Action bey Landshuth mit unbeschreiblicher Tapferkeit und was nicht umkam, wurde vom Feinde gefangen genommen. Zu der Belagerung von Dresden wurden die Musquetiere gebraucht, so wie diese auch der Action bey Strehla und der großen Schlacht bey Torgau beywohnten. In Letzterer bewies es beyspiellosen Muth, indem es viele Kanonen und Fahnen eroberte. Alle Staabsofficiere bekamen vom Könige den Orden Pour les Mérites und jeder 500 Thaler an Geschenk.

1762

1762 zeigten sie bey den verschanzten Anhöhen bey Leutmannsdorf und Burckersdorf ächt pommersche Tapferkeit. Im bayerschen Erbfolgkriege 1778 war das Regiment in der Attake bey Weiskirch.

Chefs:
1713 Gen. Maj. v. Borck, starb als Gen. F. M.
1741 Fürst Moritz v. Anhalt-Dessau, starb als Gen. F. M.
1760 Gen. Maj. v. Schenckendorff, erhielt als Gen. Lieut. eine Pension.
1768 — — v. Plötz, starb.
1776 Obr. Graf v. Schlieben, starb als Gen. Lieut. und Ritter des schwarzen Adler-Ordens.
1791 Gen. Maj. v. Klinckowsström.

N. 23. Reg. v. Lichnowsky.
(Berlinische Inspektion.)

Garnison. Berlin.

Uniform. Blaue Aufklappen, scharlach Aufschläge und Kragen. Die Officiere haben 7 schmale silberne Schleifen auf den Klappen, 2 unter denselben, 3 auf dem Aufschlage, 3 auf der Tasche, 2 hinten, und um den Huth eine schmale silberne Tresse; die Gemeinen haben eben so viele weisse, vorn runde Bandlitzen, nur auf den Taschen keine.

Canton. Der Ober- und Nieder-Barnimsche und Stolpische Kreis, ein Theil des Teltowschen Kreises, nebst den Städten: Oranienburg und Liebenwalde.

Stamm. Dieses Regiment ist 1713 aus 6 Compagnien des Regiments N. 18, und aus 4 Com-

Stammliste.

pagnien des Regiments N. 1 für den Gen. Maj. v. Kamecke errichtet.

Feldzüge. 1715 landete das Regiment auf der Insel Rügen, half die Penamünder Schanze mit Sturm einnehmen und stand mit vor Stralsund. 1741 war es der Molwitzer Schlacht zugegen. 1744 befanden sich die Gren. in der Action bey Beraun, wo sie viel einbüßten. 1745 in der Schlacht bey Hohenfriedberg hatte das Regiment einen unbedeutenden Verlust, einen desto stärkern aber in der bey Soor. 1757 unter dem Herzog v. Bevern focht es in der Bataille bey Reichenberg. In der Schlacht bey Prag stand es im ersten Treffen, wo es an Todten und Verwundeten über 600 hatte, auch ward es mit zur Belagerung dieser Stadt gebraucht. Bey Roßbach war der Verlust des Regiments sehr geringe, desto stärker aber bey Leuthen. 1758, sowohl in der Schlacht bey Zorndorf als beym Hochkircher Ueberfall, bewies das Regiment, was die tapfersten Soldaten nur immer vermögen. In diesen beyden kurz auf einander folgenden Mordschlachten hatte es an 800 Todte und Verwundete. 1759 nahm das Regiment bey Friedland in Böhmen 1000 Mann Feinde gefangen und ruinirte ein großes Magazin. 1760 brauchte es der König mit zum Bombardement von Dresden. In der Bataille bey Liegnitz hatte es einen mäßigen Verlust, in der bey Torgau hingegen den stärksten, den nur ein Regiment in dieser blutigen Schlacht gehabt hat. Es zählte an Todten und Blessirten 600, worunter allein 15 Officiere waren. 1762 wurden die Grenadiere dieses und des Regiments N. 1 bey Gretha von 4000 Oesterreichern angegriffen, sie bewiesen ihnen aber, zu welchen Regimentern sie gehörten. Das Regiment wurde noch in diesem Jahre zur Belagerung von Schweidnitz mit gebraucht, so wie dessen Grenadiere den Beschluß des siebenjährigen Krieges in der

Schlacht bey Freyberg machten. 1778 befand sich das Regiment in der Action bey Weißkirch, wo es so brav that, daß viele Officiere den Orden pour les Mérites erhielten. Anecdote: Dieses Regiment hat seit seiner Stiftung lauter siegreichen Schlachten, die bey Hochkirch ausgenommen, beygewohnt. König Friedrich sagte einst, indem er im Lager bey diesem Regimente vorüber ritt, zu seinen Begleitern: „Wenn ich Soldaten sehen will, so muß ich dieses Regiment sehen."

v. Archenholz Gesch. des siebenjährigen Krieges, 2te Aufl.

Chefs:

- 1713 Gen. Maj. v. Kamecke, nahm den Abschied.
- 1716 Obr. v. Forcade, starb als Gen. Lieut. und Commendant in Berlin.
- 1729 — v. Sydow, erhielt als Gen. von der Inf. und Commendant in Berlin eine Pension.
- 1743 Gen. Maj. v. Blankensee, blieb bey Soor.
- 1745 — — Graf v. Dohna, erhielt das Regiment N. 16.
- 1748 — — v. Forcade, starb als Gen. Lieut.
- 1765 Obr. v. Puttkammer, erhielt das damalige Garn. Reg. v. Renzel.
- 1765 Gen. Maj. v. Renzel, starb als Gen. Lieut.
- 1778 — — v. Thüna, erhielt eine Pension.
- 1786 — — v. Lichnowsky, jetziger Gen. Lieutenant.

N. 24. Reg. v. Franckenberg.

(Marck-Brandenburgische Inspektion.)

Garnison: Frankfurt an der Oder.

Uniform. Ponceaurothe Aufklappen, Aufschläge und Kragen, um die Klappen eine roth und weißgekreifte Einfaſſung, auf jeder 6 eben ſolche vorn runde Schleifen, 2 unter derſelben, 2 über dem eingefaßten Aufſchlage, und 2 hinten. Die Officiere haben unter den Klappen 2 von Gold geſtickte Schleifen, 2 über dem Aufſchlage, 2 auf der Taſche, und 6 hinten. Das ganze Regiment hat, anſtatt der gewöhnlichen blechernen Schilde, dombackne auf den Patrontaſchen.

Canton. Der Züllichauſche, Croſſenſche, und ein Theil vom Cottbuſſchen Kreiſe, nebſt den Städten: Frankfurth, Beeskow, Züllichau, Croſſen, Rothenburg, Bobersberg und Cottbus.

Stamm. Schon zu Zeiten des Churfürſten Friedrich Wilhelms, exiſtirte der Stamm zu dieſem Regimente. Er beſtand aus 4 Compagnien, und die damaligen Commendanten zu Colberg, wo dieſes Bataillon in Garniſon ſtand, waren jedesmal Chefs deſſelben. 1713 wurde noch 1 Compagnie dazu errichtet. 1715 wurde dieſes Bataillon mit einem Zweiten, welches ſchon ſeit 1713 aus 1 Compagnie vom Regimente N. 1, aus 2 Freicompagnien aus Spandau, 1 Compagnie, welche Frankfurt beſetzte, und aus einer Baucompagnie von der Artillerie errichtet worden, im Lager vor Stralſund vereiniget.

Feldzüge. Der erſte Feldzug des Regiments war 1715 nach Pommern, wo es Stralſunds Belagerung mit beywohnte. 1741 ſtand es bey der Molwitzer Schlacht im erſten Treffen, wo es wenig verlor. In dieſem Jahre halfen die 2 Bataillone Neiſſe und Brieg belagern, die Grenadiere hingegen wurden vom Feinde mit überlegner Macht bey Zoten angegriffen, er ward aber von ihnen zurückgeſchlagen. 1742 rangirte das Regiment in der Schlacht bey Chotuſitz wieder im erſten Treffen, in welchem es mit noch 3 andern Regimentern eigentlich zum Schlagen kam, und folglich zum Siege das mehreſte beytrug. 1744 wurde das ganze Regiment zur Belagerung und Einnahme Prags gebraucht. Beym Ausmarsche aus Böhmen wurde die preußische Arrieregarde, bey welcher sich auch das Regiment befand, angegriffen, wo es zu einem 4 Stunden langen Feuer kam. 1745 griffen die 2 Bataillone bey Gros-Strehlitz die Feinde an, und machten einige 100 Gefangene. In der Schlacht bey Hohenfriedberg fochte das ganze Regiment, wo es an 300 Todte und Verwundete hatte. In der bey Soor waren nur die Grenadiere, welche durch grobes Geschütz großen Verlust litten. Der großen Action bey Catholisch-Hennersdorf war das ganze Regiment zugegen. 1756 wurden die 2 Bataillone Musquetiere zur Blokade der Sachsen bey Pirna mit gebraucht, die Grenadiere aber wohnten der Schlacht bey Lowositz bey. 1757 bewies das ganze Regiment in der Schlacht bey Prag, wo es auf dem linken Flügel stand, durch Eindringen in die feindlichen Linien, ungemeine Bravheit, verlor dabey an Todten und Verwundeten 540 Mann, und seinen Chef, den Feldmarschall Grafen Schwerin. In der Action bey Moys thaten die Grenadiere sich besonders hervor. Bey Roßbach standen die Musquetiere im zweyten Treffen. 1758 machten die Grenadiere die Belagerung von Olmütz mit. 1759 waren die 2 Bataillone mit bey der Expedition nach Franken, wo sie am Fichtelberge den feindlichen General Riedesel nebst 30 Officieren und 800 Gemeinen gefangen nahmen, 2 Kanonen, 4 Fahnen und 3 Standarten erbeuteten. In den beyden Schlachten bey Kay und Kunersdorf standen die 2 Bataillone wieder im ersten Treffen und mußten das heftigste Feuer der Feinde aushalten. In Ersterer hatte das Regiment einen unerhörten Verlust, er bestand überhaupt an Todten, Bleßirten und Vermißten über 900. 1760 wurden die Musquetiere mit zur Belagerung von Dresden gebraucht. Im Treffen bey Liegnitz, befand sich das ganze Regiment, so wie die Grenadiere in der blutigen Action bey Landshuth. Bey den Angriffen auf die Gebürge bey Hohengiersdorf und Dittmannsdorf that das Regiment sehr brav und so auch in der Schlacht bey Torgau, wo es vor der Schlacht aus 1286 Köpfen bestand, und aus der Schlacht mit 572 Gesunden entkam. Im Jahr 1761 traf den Grenadieren das Loos, einer Menge Actionen und Gefechte beyzuwohnen, als: der Expedition nach Kloster Gostin in Pohlen, den Gefechten bey Cößlin, Schiefelbein, Greifenberg und dem Sturm bey Spie. 1762 machten die Musquetiere die Bataille bey Freyberg mit, und wenige Wochen darauf die Action bey Döbeln. Die Grenadiere machten den Beschluß des siebenjährigen Krieges mit der Belagerung von Schweidniß. 1778 hatten diese ein Gefechte bey Nickelsberg und 1779 griffen sie die Feinde mit Vortheil bey Brix an.

Chefs:

1674 Gen. Maj. v. Schwerin, starb.
1678 Gen. Lieut. v. Dewitz, starb.
1699 — — Freiherr v. Micrander, erhielt seinen Abschied.
1713 Gen. Maj. v. Schönebeck, erhielt seinen Abschied.
1715 — — Freiherr v. Schwendy, nahm den Abschied.
1723 — — v. Schwerin, blieb als Gen. F. Marschall bey Prag.
1757 — — Freiherr v. d. Goltz, starb als Gen. Lieut. 1761.
1763 Obr. v. Diringshofen, starb als Gen. Maj.
1776 — Herzog Leopold v. Braunschweig, ertrank als Gen. Maj. in der Oder, da er Nothleidende retten wollte.

1785 Gen. Maj. v. Beville, nachheriger Gen. Lieut., erhielt mit Pension den Abschied.
1791 — — v. Franckenberg.

N. 25. Reg. v. Möllendorf.
(Berlinische Inspection.)

Garnison. Berlin.

Uniform. Scharlach Aufklappen, Aufschläge und Kragen, auf jeder Klappe 6 Schleifen von weissem Grunde mit blauen Streifen und Puscheln, 2 unter der Klappe, 2 über dem Aufschlage, und 2 hinten. Die Officiere haben unter jeder Klappe 2 geschlungene goldne Schleifen mit offenen Puscheln und Crepinen, 3 auf dem Aufschlage, 3 auf der Tasche, 2 hinten, und um den Huth eine schmale goldne Tresse.

Canton. In der Neumark, den Lebußschen und Sternbergschen Kreis, nebst den Städten gleichen Namens.

Stamm. Dieses Regiment wurde 1713 auf 2 Bataillone, welche 1715 zusammenstießen, errichtet. Das erste aus der Cüstrinschen Garnison und einer Freycompagnie aus Driesen errichtete Bataillon erhielt der Gen. Lieut. und Gouverneur in Cüstrin, Freiherr v. Schlabrendorf. Das 2te aus 2 Freycompagnien von Peitz, 2 von Memel, und 1 von Friedrichsburg gestiftete Bataillon wurde dem Gen. Lieut. v. Pannewitz gegeben. Dieser bekam 1715 das Regiment N. 13, und sein Bataillon stieß zu dem Schlabrendorffschen, mithin wurde es ein Regiment.

Feldzüge. 1715 war das Regiment vor Stralsund und ward zu Eröffnung der Trancheen gebraucht. 1741 fochte das ganze Regiment in der Schlacht bey Molwitz im ersten Treffen und hatte an Todten und Verwundeten einen Verlust von 247 Mann. In der Schlacht bey Hohenfriedberg 1745 stand es auch im ersten Treffen, litte aber keinen Verlust. In der bey Soor aber bewies es mit seinen Grenadieren so viel Unerschrockenheit im Angriffe, daß es mit 264 Todten und Verwundeten aus der Schlacht kam. 1756 wurde das Regiment zu Einschließung der Sachsen bey Pirna gebraucht. 1757 half es mit seinen Grenadieren Prag blokiren, wurde aber von da zur Schlacht bey Collin beordert, wo es an diesem blutigen Tage durch häufige Angriffe auf die steilsten Anhöhen, die vom feindlichen rechten Flügel besetzt waren, zwar die größte Tapferkeit bewies, aber dabey ein Drittheil seiner Officiere verlor und dennoch nicht zurück wich. Zu dem Roßbacher Treffen waren die Grenadiere bestimmt. In der Schlacht bey Breslau thaten die 2 Bataillone vortrefliche Dienste, indem sie die feindlichen Angriffe immer abschlugen. In der Bataille bey Leuthen schlug es die Feinde aus dem Dorfe, wovon diese Bataille den Namen führt und trug zum Siege das mehreste bey. Gleich darauf brauchte der König das Regiment zur Belagerung von Breslau und von Liegnitz. 1758 befand sich das Regiment bey dem Corps, das Olmütz belagerte, darauf wurde es vom Könige zur Schlacht bey Zorndorf geführt, die Grenadiere aber befanden sich während der Hochkircher Nachtschlacht bey Weissenberg unter dem General Retzow und deckten den Rückzug der Armee. 1759 bewiesen die Grenadiere des Regiments in der blutigsten Schlacht bey Kunersdorf durch oft wiederholte Angriffe auf feindliche Batterien, den größten Muth und ver=

loren viel Menschen. Kurz darauf zeigten sie in der Action bey Gorbitz viel Bravheit, indem sie vom Feinde 11 Kanonen und eine Fahne eroberten. In der Schlacht bey Torgau, der heftigsten deß ganzen siebenjährigen Krieges, thaten sich die 2 Bataillone durch Ersteigung feindlicher Anhöhen auszeichnend hervor, wurden aber fast zu Grunde gerichtet. 1761 mußte das Regiment zum pommerschen Feldzuge marschiren, wo es sich im Sturm auf die russischen Redouten bey Spie, auszeichnete. 1762 ward es mit zur Delogirung der Feinde von den Anhöhen bey Leutmannsdorf und Burckersdorf gebraucht und bald darauf zur Belagerung von Schweidnitz. Während diesen fochten die Grenadiere in der Freyberger Schlacht. 1779 wohnten die Grenadiere der Action bey Weißkirch bey.

Chefs:

1713 Gen. Lieut. Freiherr v. Schlabrendorf, das erste Bataillon.

— — v. Pannewitz, das zweyte Bataillon, erhielt das Reg. N. 13.

1715 — — Freiherr v. Schlabrendorf das ganze Regiment, trat es ab.

1718 Obr. Graf v. Lottum, starb als Gen. Maj.

1727 — v. Thiele, erhielt das Reg. N. 30.

1728 Gen. Maj. Graf v. Rutowsky, ging in sächs. Dienste.

1729 Obr. v. Kalckstein, starb als Gen. F. M. 1759.

1760 Gen. Maj. v. Ramin, wurde 1767 Gen. Lieut. und Gouv. in Berlin, starb.

1782 Gen. Lieut. v. Möllendorf, jetziger Gen. von der Infant., Ritter des schwarzen und rothen Adler-Ordens, Vice-Ober-Kriegs-Präsident im Ober-Kriegskollegio und Gouverneur in Berlin.

N. 26. Reg. Jung v. Schwerin.
(Berlinische Inspektion.)

Garnison. Berlin.

Uniform. Blaue Aufklappen, scharlach Aufschläge und Kragen. Die Officiere haben 7 gestickte goldne Schleifen auf der Klappe, 2 unter derselben, 3 auf dem Aufschlage, 3 auf der Tasche, 2 hinten, und um den Huth eine schmale goldne Tresse; die Gemeinen 7 vorn zugespitzte Schleifen auf der Klappe, 2 unter derselben, 2 auf dem Aufschlage, und 2 hinten.

Canton. Der Lebusische, Cotbussche und Beeskowsche Kreis, wie auch die Städte: Mühlrose, Seelow, Fürstenwalde, Beeskow und Peitz.

Stamm. Dieses Regiment wurde 1714 aus 2 schon lange vorher errichtet gewesenen Bataillonen, v. Truchses und Jung-v. Heyden, gestiftet, und dem Gen. Maj. v. Löben gegeben.

Feldzüge. 1741 bewies das ganze Regiment in der Schlacht bey Molwitz ungemeinen Muth und hatte darinn an 700 Todte und Verwundete. 1745 waren die Grenadiere in der Bataille bey Hohenfriedberg. 1756 ward das ganze Regiment mit zur Einschließung des sächsischen Lagers bey Pirna gebraucht. 1757 stand das ganze Regiment in der Prager Schlacht im ersten Treffen, wo es durch wiederholte Angriffe viel Leute verlor. In der Schlacht bey Roßbach war gleichfalls das ganze Regiment im ersten Treffen, in der bey Leuthen aber im Zweyten. 1758 deckten die 2 Bataillone die Belagerung von Olmütz. In diesem Jahre waren sie auch in der Schlacht bey Hochkirch auf dem linken Flügel. 1759 wurden die Grenadiere bey Greifenberg von 8000 Oesterreichern angegriffen, wo sie sich tapfer vertheidigten, auch wohnten sie den beyden Schlachten bey Kay und Kunersdorf bey. 1760 brauchte der König die 2 Bataillone zu der Belagerung von Dresden und zu den beyden Schlachten bey Liegnitz und Torgau, in welcher Letztern sie bey wiederholten Angriffen viel Standhaftigkeit bewiesen und zum Gewinn dieser blutigen Schlacht viel beytrugen. 1762 waren die Grenadiere der Action bey Brand zugegen, so wie die Musquetiere der Schlacht bey Freyberg. 1778 kam es bey Jägerndorf zu einer scharfen Action, welcher die Grenadiere beywohnten, nicht minder 1779 der bey Mösnick.

Chefs:

1714 Gen. Maj. v. Loeben, starb als Gen. Lieut.
1730 Obr. v. Kleist, starb als Gen. F. M.
1749 Gen. Maj. v. Meyeringk, nahm den Abschied.
1758 — — v. Wedel, ward Gen. Lieut. und wirklicher Kriegsminister.
1761 — — v. Linden, nahm den Abschied.
1764 Obr. v. Steinkeller, wurde 1771 Commendant in Berlin, starb als Gen. Maj. 1781.
1778 Gen. Maj. Alt v. Woldeck, starb als Gen. Lieutenant.
1789 — — v. Schwerin.

N. 27. Reg. v. Knobelsdorff.
(Magdeburgische Inspection.)

Garnison. Stendal und Gardelegen.

Uniform. Ponceaurothe Aufklappen, Aufschläge und Kragen; erstere sind mit einer weissen schmalen Bandborte schlangenförmig besetzt; hinter derselben stehen 9 Knöpfe, eben so sind auch die Aufschläge besetzt. Die Klappen der Officiere haben eine von Gold gestickte Einfassung, welche am Rocke ganz herunter geht. Die Aufschläge, Taschen und Falten sind eben so eingefaßt, der Huth hat eine schmale goldne Tresse, und über dem Knopfe eine goldne Cordonpuschel.

Canton. Der Saltzwedelsche, Stendalsche, Tangermündische und Arendseesche Kreis, nebst den Städten: Stendal, Gardelegen, Bismark, Apenburg und Beetzendorf.

Stamm. 1715 wurde dieses Regiment aus den auf der Insel Rügen zu Kriegsgefangenen gemachten Schweden errichtet, und dem Obr. Prinz Leopold v. Anhalt-Dessau gegeben. Die meisten Officiere, Unterofficiere, und ein Theil der Gemeinen wurden vom Regimente N. 3 und 6 genommen.

Feldzüge. 1741 war das Regiment mit bey dem Sturm und Eroberung von Glogau, desgleichen bey der bald darauf erfolgten Schlacht bey Molwitz, in welcher das erste Bataillon und die Grenadiere viel gelitten haben. 1742 fochten die 2 Bataillone im ersten Treffen des linken Flügels in der Schlacht bey Chotusitz, aus welcher kaum 400 Gesunde entkamen. 1744 waren die Grenadiere bey der Belagerung und Eroberung von Prag. 1745 waren diese auch in der Schlacht bey Hohenfriedberg. In der in diesem Jahre bey Kesselsdorf vorgefallenen Schlacht befand sich das ganze Regiment auf dem linken Flügel des ersten Treffens und hatte mit Inbegriff der Grenadiere an Todten und Verwundeten einen Verlust von 529 Mann, jedoch machte es 230 Kriegsgefangene. 1756 wurden die Grenadiere zur Blokade bey Pirna gebraucht, die 2 Bat. hingegen marschirten nach Böhmen zur Lowositzer Bataille, in welcher sie sich so vorzüglich brav gehalten haben, daß der König sämmtlichen Capitains den Orden Pour les Mérites ertheilte. Der Verlust war an Todten 50 und an Verwundeten 200 Mann. 1757 wurde das ganze Regiment zur Belagerung Prags gebraucht. In der Action bey Moys ohnweit Görlitz waren die Grenadiere und verloren ansehnlich. Der Schlacht bey Breslau wohnten die 2 Bataillone auf dem rechten Flügel bey Der Verlust darin war so groß, daß sie kaum mit 400 Mann in der Schlacht bey Leuthen fochten. In dieser verlor das Reg. mit Inbegriff seiner Grenadiere wieder 32 Todte und hatte 50 Bleßirte. Gleich darauf wurden Letztere zur Belagerung von Breslau und Liegnitz gebraucht, und 1758 zu der von Schweidnitz. Die 2 Bataillone mußten in diesem Jahre nach der Neumarck marschiren, wo sie in der Schlacht bey Zorndorf zur größten Zufriedenheit des Königs einige von den Russen gedrängte Regimenter retteten, im beständigen Vorrücken blieben und so den Feind zum weichen brachten. Die Grenadiere wohnten dem Hochkircher Ueberfall bey. 1759 hatten die Grenadiere das Unglück, von einem 8000 Mann starken feindlichen Corps bey Greifenberg angefallen, gänzlich ruinirt und gefangen zu werden. Die 2 Bataillone des Regiments waren in der Action bey Pretsch. 1761 waren die Grenadiere wieder auf 1 Compagnie errichtet, und mußten alle Vertheidigungen der Verschanzungen bey Colberg und die Hauptattake auf die Posten bey der grünen Schanze und Spie verrichten helfen. 1762 bestimmte der König das erste Bataillon zur Belagerung von Schweidnitz. 1778 — 79 machte das Regiment im bayerschen Erbfolgkriege den Feldzug unter Prinz Heinrich nach Böhmen. 1787 ward das Regiment zum holländischen Feldzuge gebraucht, wo dessen Grenadiere eine Attake bey Halbwege machten, und eine Schanze nebst 4 Kanonen eroberten, auch 60

Gefangene machten. Tags hernach eroberten sie ein feindliches Schiff mit 10 Kanonen.

Chefs:

1715 Obr. Prinz Leopold v. Anhalt-Dessau, erhielt das Reg. N. 3.
1747 Gen. Maj. v. Kleist, starb als Gen. Lieut. an der bey Lowositz 1756 empfangenen Wunde.
1757 Gen. Maj. v. d. Asseburg, erhielt Pension.
1759 — — v. Lindstädt, starb.
1764 — — v. Stojentin, starb.
1776 — — v. Knobelsdorf, jetziger Gen. Lieut. und Ritter des schwarzen und rothen Adler-Ordens.

N. 28. Reg. v. Ruts.
(Oberschlesische Inspektion.)

Garnison. Brieg.

Uniform. Chamois Aufklappen, Aufschläge und Kragen mit weissen Knöpfen, die Officiere eben dergleichen, jedoch um den Huth eine gebogene silberne Tresse.

Canton. Der Briegsche, Ohlausche und Creutzburgsche Kreis, nebst der in selbigen liegenden Städten.

Stamm. 1723 mußten alle Infanterieregimenter Leute abgeben, aus welchen für den Obr. v. d. Mosel ein Füsilierregiment errichtet wurde. 1729 gab es Leute zur Errichtung des Regiments N. 31, ab.

Feldzüge. 1744 befanden sich die Grenadiere des Regiments bey der Belagerung und Einnahme

Prags, imgleichen 1745 in der Schlacht bey Soor in welcher sie dem feindlichen Feuer stark ausgesetzt waren und großen Verlust litten. Die 2 Bataillone Musquetiere hingegen waren in der Bataille bey Hohenfriedberg, im zweyten Treffen. 1757 stand das Regiment in der Schlacht bey Prag im ersten Treffen und hatte große Schwierigkeiten zu übersteigen. Die Musquetiere des Regiments befanden sich bey der ersten österreichischen Belagerung in Schweidnitz und wurden mit zu Kriegsgefangenen gemacht. 1759 war das Regiment in der Action bey Conradswalde. 1760 bewiesen die Grenadiere des Regiments in der großen Action bey Landshuth den größten Muth. 1761 machten diese auch den beschwerlichsten Feldzug in Pommern und waren bey den verschiedenen Attaken der Collberger Verschanzungen.

Chefs:

1723 Obr. v. d. Mosel, starb als Gen. Lieut.

1733 — Graf v. Dohna, erhielt das Inf. Reg. N. 44.

1742 — v. Hautcharmoy, starb an der bey Prag 1757 empfangenen Wunde.

1758 Gen. Maj. v. Münchow, starb an der bey Leuthen empfangenen Wunde.

1758 — — v. Kreytzen, starb.

1759 — — v. Ramin, erhielt das Inf. Reg. N. 25.

1760 — — v. Thiele, nahm den Abschied mit Pension.

1770 — — v. Zaremba, starb als Gen. Lieut.

1786 — — v. Kalckstein, nachheriger Gen. Lieut., wurde Gouvern. in Magdeburg, und erhielt das Inf. Reg. N. 5.

1789 Obr. v. Gentzkow, nachheriger Gen. Maj. erhielt Pension.

1793 Gen. Maj. v. Rüts.

N. 29. Reg. v. Wendessen.
(Niederschlesische Inspektion.)

Garnison. Breslau.

Uniform. Carmoisinrothe Aufklappen, Aufschläge und Kragen. Die Officiere haben 7 goldne, hinten runde Bandschleifen auf den Klappen, 2 unter denselben, 3 auf dem Aufschlage und um den Huth eine goldne schmale Tresse; die Gemeinen, weiße mit rothen Streifen durchwirkte, hinten runde Schleifen.

Canton. Der Liegnitzer, Lübbener und Trebnitzer Kreis, nebst den darinn liegenden Städten.

Stamm. 1725 wurde dieses Regiment als ein Füsilierregiment errichtet, wozu verschiedene Regimenter die Mannschaft dazu gaben. 1729 gab es wieder zu Errichtung des Regiments N. 31, ab. 1740 wurde es in ein Musquetierregiment verwandelt.

Feldzüge. Der Schlacht bey Molwitz 1741 war nur 1 Bataillon zugegen, der bey Chotusitz 1742 aber die 2 Bataillone. 1744 halfen die Grenadiere Prag belagern und einnehmen. 1745 befanden sich die 2 Bataillone in der berühmten Action bey Neustadt in Oberschlesien, das ganze Regiment aber in der Schlacht bey Hohenfriedberg. In Letzterer kam es fast gar nicht zum Schlagen. 1757 stand das ganze Regiment in der Schlacht bey Prag im ersten Treffen, bey Collin aber im Corps de Reserve. Beym Rückzug aus Böhmen wurden die Grenadiere des Regiments ohnweit Böhmisch-Leippe von 12,000 Mann angegriffen, sie behaupteten aber ihren Posten. In der Bataille bey Breslau that das Regiment ungemein brav, verlor auch seinen Chef in selbiger. In der Schlacht bey Leuthen fochten nur die Grenadiere, in welcher sie eine Batterie erstiegen, und die darin befindlichen Kanonen eroberten,

ten, auch waren sie bey der Belagerung von Breslau. 1758 waren die Grenadiere zur Belagerung von Schweidnitz commandirt, und wohnten der Action bey Fehrbellin bey. 1759 bewies das ganze Regiment bey Kunersdorf, des heftigen feindlichen Feuers ohngeachtet, viel Standhaftigkeit. Der Action bey Gorbitz waren die Grenadiere gegenwärtig, der bey Maxen aber 1 Bataillon Musquetiere. In der Action bey Torgau zeichneten sich die Grenadiere durch Tapferkeit aus, nicht weniger 1760 in den Schlachten bey Liegnitz und bey Torgau. 1761 wurden die 2 Bataillone zur Expedition nach Pohlen zur Zerstörung der russischen Wagenburg bey Gostyn mit genommen, nicht minder machten sie noch in diesem Jahre den pommerschen Feldzug bey Colberg und in den dasigen Gegenden. 1762 wohnte 1 Bataillon der Belagerung von Schweidnitz bey.

Chefs:

1725 Obr. v. Barbeleben, starb als Gen. Lieut.
1736 — v. Borck, starb als Gen. Lieut.
1747 Gen. Maj. v. Schultz, starb als Gen. Lieut. an der bey Breslau 1757 empfangenen Wunde.
1758 — — v. Wedel, erhielt das Inf. Reg. N. 26.
1758 — — v. Knobloch, starb als Commendant von Schweidnitz.
1764 — — v. Stechow, starb als Gen. Lieut.
1778 Obr. v. Flemming, ward als Gen. Major Commendant in Breslau.
1782 Gen. Maj. v. Wendessen, jetziger General Lieut., ward 1783 Commendant in Breslau, 1791 aber Gouverneur von Neisse.

Stammliste.

N. 30. Reg. v. Wegnern.
(Pommersche Inspektion.)

Garnison. Anclam und Demmin.

Uniform. Chamois Aufklappen, Aufschläge und Kragen. Die Officiere haben 7 silberne gezackte, hinten runde Bandschleifen auf der Klappe, 2 unter derselben, 3 auf dem Aufschlage, und um den Huth eine schmale silberne Tresse, die Gemeinen eben so viele weisse wollene Bandborten.

Canton. Der Anclamsche, Treptowsche, Usedomsche Kreis, und ein Theil des Rantowschen, nebst den Städten: Anclam, Demmin, Schwienemünde, Usedom, Jarmen, Penkun, und einem Theil von Uckermünde.

Stamm. Bis 1728 bestand die Cüstrinsche Garnison aus 6 Compagnien. Zu diesen wurden von einigen Regimentern Leute abgegeben und daraus gegenwärtiges Regiment als ein Füsilierregiment 1728 errichtet, 1740 aber kam es auf den Fuß eines Musquetierregiments.

Feldzüge. 1735 mußte das Regiment den Marsch nach dem Rheinstrom antreten. 1740 wurde es zur Belagerung von Neisse gebraucht. 1742 standen die 2 Bataillone in der Schlacht bey Chotusitz auf dem rechten Flügel des ersten Treffens. 1745 befand sich das zweyte Bataillon in der großen Action bey Habelschwerd. In der Schlacht bey Hohenfriedberg war das ganze Regiment, in der bey Soor aber die Grenadiere. Die Schlacht bey Keßelsdorf erwarb dem Regimente wegen seiner darin bewiesenen außerordentlichen Tapferkeit einen unsterblichen Ruhm. Es emportirte das Dorf, wovon die Schlacht den Namen führt, eroberte daselbst 20 Kanonen, 4 Mörser, eine Fahne und ein Paar Pauken. Zum ewigen Andenken dieser That begnadigte der König alle Staabsofficiere mit dem Orden pour les

Mérites, das Regiment aber mit einem neuen Regimentssiegel, welches die eroberten Stücke mit der Ueberschrift: Bataille von Kesselsdorf, den 15. Dec. 1745 vorstellt. Zu mehrerer Darstellung ist es am Ende abgedruckt. 1756 schlossen die Grenadiere des Regiments die sächsische Armee bey Pirna ein, so wie die 2 Bataillone der Schlacht bey Lowositz gegenwärtig waren und einen Verlust von 275 Mann an Todten, Blessirten und Vermißten hatten. 1757 zeichnete sich das Regiment mit seinen Grenadieren in der Schlacht bey Prag durch Uebersteigung der schwierigsten Angriffe vorzüglich aus, mußte aber großen Verlust leiden. Den dritten Tag nach der Schlacht wurden die Grenadiere und 200 Mann vom Regimente zum Sturm des Ziskabergs kommandirt und gleich darauf zur Belagerung dieser Stadt gebraucht. Die Grenadiere des Regiments halfen die Franzosen bey Roßbach in die Flucht schlagen, so wie die 2 Bataillone Musquetiere in der Schlacht bey Breslau den feindlichen Angriffen tapfern Widerstand thaten. In der Schlacht bey Leuthen rangirten die 2 Bataillone im ersten Treffen des rechten Flügels und attakirten sogleich beym Anfang den feindlichen linken Flügel. Nach dieser Schlacht mußten sie der Belagerung von Breslau beywohnen. 1758 bewiesen die 2 Bataillone in der Schlacht bey Hochkirch, was nur Tapferkeit immer vermag, indem sie unter dem Feldmarschall Keith die verlornen Batterien wieder eroberten, aber endlich der übergroßen feindlichen Macht nachgeben mußten. Die Hälfte des Regiments ging verloren. 1759 fochten die Grenadiere in der Schlacht bey Kunersdorf so tapfer, daß sie eine russische Fahne eroberten, nicht weniger waren sie in den beyden Actionen bey Torgau und bey Meißen. Die 2 Bataillone hingegen griffen in diesem Jahre ein Corps Oesterreicher bey Böhmisch Friedland an, machten davon 1000 Gefangene und ruinirten ein großes Magazin. 1760 waren die 2 Bataillone der Belagerung von Dresden und der blutigen Schlacht bey Torgau zugegen, in welcher sie durch dreymalige Attaken auf die Siptitzer Anhöhen großen Verlust litten, aber sie dennoch einnahmen. Fast alle Officiere des Regiments waren verwundet. 1762 bewiesen sie in der Schlacht bey Freyberg den alten Heldenmuth. 1792 machte es den Feldzug wider die Franzosen und war bey der Kanonade von Valmy.

Chefs:

1728 Obr. v. Thiele, starb.
1732 — v. Jeetz, starb als Gen. F. Marschall.
1752 Gen. Maj. v. Uchtländer, starb.
1755 — — v. Blankensee, erhielt ein aus der sächsischen Armee errichtetes Regiment.
1756 — — v. Pritz, starb.
1756 — — v. Kannacher, bekam Pension.
1759 — — v. Stutterheim, erhielt als Gen. Lieut. das Inf. Reg. N. 2.
1768 Obr. v. Sobeck, starb als Gen. Maj.
1778 Gen. Maj. Teufel v. Birkensee, nahm 1781 den Abschied.
1782 — — nachheriger Gen. Lieut. v. Schönfeldt, erhielt Pension.
1792. Obr. v. Wegnern, jetziger Gen. Major.

N. 31. Reg. v. Lattorff.
(Niederschlesische Inspektion.)

Garnison. Breslau.

Uniform. Rosenrothe Aufklappen und Unterfutter, blaue Auffchläge und Kragen. Die Officiere haben um den Huth eine breite gebogene goldene Treffe.

Canton. Der Breslauer und Namslauer Kreis, mit den darinn liegenden Städten, Breslau und die Vorstädte ausgenommen.

Stamm. 1729 wurde dieses Regiment aus der von den N. 9, 10, 28 und 29 abgegebenen Mannschaft als ein Füsilierregiment errichtet, 1742 aber zu einem Musquetierregiment gebildet.

Feldzüge. 1744 wurde das ganze Regiment zur Belagerung von Prag gebraucht. 1745 wohnte es der Schlacht bey Hohenfriedberg bey. 1757 fochte das ganze Regiment in der Schlacht bey Prag, und verlor, da es zu den heftigsten Attaken kam, den dritten Theil seiner Mannschaft, die Musquetiere wurden mit zur Belagerung dieser Stadt bestimmt, die Grenadiere hingegen machten die Bataille bey Collin mit. Beym Rückzug aus Böhmen hatten die Grenadiere eine heftige Attake bey Böhmisch-Leippe auszustehen, sie wehrten sich aber tapfer, auch waren sie in der Action bey Moys, so wie in einem starken Gefechte bey Kloster-Wahlstadt. In der Schlacht bey Breslau befand sich das ganze Regiment, nicht weniger bey der Belagerung dieser Stadt. Die Grenadiere zeichneten sich in der Schlacht bey Leuthen durch Brabheit aus. 1758 halfen diese Schweidnitz blokiren und belagern, und marschirten darauf nach der Mark, wo es bey Fehrbellin zu einem starken Gefechte kam. Den im Jahre 1759 bey Kay und Kunersdorf vorgefallenen Schlachten wohnte das ganze Regiment bey und bewies, besonders in

Letzterer, so viel Muth, daß der König jedem Gemeinen 8 Groschen auszahlen ließ. Ihr Verlust an Todten und Verwundeten belief sich auf 431 Mann. In den beyden Actionen bey Gorbitz und Torgau erfochten sich die Grenadiere viel Ruhm. 1760 war die eine Hälfte des Regiments in der Schlacht bey Liegnitz, die andere beobachtete den Feldmarschall Daun. In der großen Torgauer Schlacht machte das Regiment auf die Siptitzer Anhöhen heftige Attaken und bemächtigte sich derselben. 1762 erstieg es bey Adelsbach die steilsten Anhöhen, um den Feind zu delogiren, und verlor dabey an Todten und Verwundeten gegen 300 Mann. Der Belagerung von Schweidnitz wohnten die Grenadiere bey. Anekdote: Im ganzen siebenjährigen Kriege hat das Regiment weder Kanonen noch Fahnen verloren.

Chefs:

1729 Obr. v. Dossow, nachheriger Gen. F. M. erhielt das Inf. Reg. N. 45.
1743 — v. Barenne, starb.
1744 — v. Schwerin, erhielt als Gen. Major das Inf. Reg. N. 13.
1746 Gen. Maj. v. Lestwitz, erhielt als Gen. Lieut. das Inf. Reg. N. 32.
1763 Gen. Lieut. v. Tauenzien, starb als Gen. von der Inf., Gouvern. von Breslau und Ritter des schwarzen Adler-Ordens.
1791 Gen. Maj. v. Borck, starb.
1792 Obr. v. Lattorff, jetziger Gen. Maj.

N. 32. Reg. Erbprinz v. Hohenlohe.
(Niederschlesische Inspektion.)

Garnison. Breslau.

Uniform. Chamois Aufklappen, Aufschläge und Kragen. Die Officiere haben um den Huth eine breite gebogene goldne Treffe.

Canton. Der Neisser und Münsterberger Kreis, mit den darinn liegenden Städten.

Stamm. Dieses Regiment ist 1743 aus 2 schon lange vorher gestifteten Bataillonen errichtet worden. Das erste Bataillon hat Friedrich Wilhelm I. als ein Garnison-Bataillon für den Gouverneur in Geldern, Gen. Lieut. v. Lilien, errichtet; es lag auch daselbst in Garnison. 1736 wurde es auf den Feldetat gesetzt. Das zweyte Bataillon wurde 1730 für den Gen. Maj. und Commendanten zu Lippstadt, v. Raders, aus zwey 1724 gestifteten Ostfriesischen, und aus 2 Mindenschen Garnisoncompagnien errichtet. Dieses, durch Neuangeworbene, auf 5 Compagnien gesetzte Garnison-Bataillon ward nach Lippstadt, Embden und Minden verlegt. 1739 wurde dieses Bataillon ebenfalls auf den Feldetat gesetzt. Aus diesen 2 Bataillonen entstand 1743 das neue Füsilierregiment. 1745 wurde es ein Musquetierregiment. Als es nach geendigtem 7jährigen Kriege aus der Kriegesgefangenschaft kam, wurde es durch ein damaliges sächsisches Regiment ergänzt.

Feldzüge. 1745 befand sich das Regiment in der Action bey Neustadt, die Grenadiere aber in der Schlacht bey Hohenfriedberg, so wie das Regiment bey der Belagerung von Cosel. 1757 fochte es in der Schlacht bey Prag im ersten Treffen, und litte durch grobes Geschütz ungemein, auch wohnte es der Belagerung dieser Stadt bey. In der Action bey Moys ward es gleichfalls dem Feuer sehr ausgesetzt und fast zu Grunde gerichtet. Gleiches Schicksal hatte es auch bey Breslau, wo es nur mit weniger Mannschaft aus der Schlacht kam. 1758 wurden die Grenadiere zur Belagerung von Schweidnitz commandirt, das Regiment aber war mit in der Action bey Domstädtel. 1759 war es nur 1 Bataillon stark und befand sich in der Schlacht bey Kay. Während der Kunersdorffer Schlacht deckte-es die Brücke bey Frankfurth. 1760 verrichteten die Grenadiere in der berühmten Action bey Landshut vortrefliche Dienste und gingen fast alle verloren. Die wiedererrichteten Grenadiere wohnten 1761 dem pommerschen Feldzuge und besonders den häufigen Angriffen und Vertheidigungen der Colberger Verschanzungen und dem Sturm bey Spie bey. Im bayerschen Erbfolgkriege 1779 hatte es ein scharfes Gefechte bey Zuckmantel. Seit 1792 macht es den Feldzug wider die Franzosen am Rhein, und befand sich mit in der Kanonade bey Valmy, dem Bombardement von Verdün und dem von Königsstein.

Chefs:
1723 Gen. Lieut. v. Lilien, das erste Bataillon; er erhielt den Abschied.
1724 Obr. v. Röseler, starb als Gen. Major.
1738 Gen. Maj. v. Kröcher, erhielt 1743 ein Garnisonbataillon.
1730 Gen. Maj. v. Raders, das zweyte Bataillon; starb.
1731 Obr. v. Beaufort, erhielt das Infant. Reg. N. 48.
1743 Obr. v. Schwerin, das ganze Regiment, starb als Gen. Major.
1747 — v. Treskow, starb.
1763 Gen. Lieut. v. Lestwitz, starb.
1767 bis 1770 blieb es vacant.
1770 Gen. Maj. Alt v. Rothkirch, ward Commendant in Meisse, starb 1785 als Gen. Lieut.

1786 Gen. Maj. Erbprinz v. Hohenlohe, wurde 1788 Brigadier der Füsilierbataillone in Schlesien; 1789 Inspekteur derselben; 1790 Gen. Lieut. und 1791 Gouverneur zu Breslau, auch Ritter des schwarzen und rothen Adler-Ordens.

Dieses sind die Regimenter, welche Friedrich Wilhelm I. errichtet hat. Friedrich I. hinterließ ihm 38 Bataillone, welche er nicht nur beybehielt, sondern auch noch die Regimenter N. 3, 8, 9, 10, 13 und 17, jedes mit 1 Bataillon vermehrte, und folglich 6 neue Bataillone errichtete. Ueberdies hat er noch 12 neue Regimenter (nämlich N. 21 bis 32 incl.) gestiftet. Hierbey ist anzumerken: daß die 2 Regimenter N. 22 und 23 mit unter die von Friedrich Wilhelm I. errichteten Regimenter gerechnet werden, obgleich von diesen beyden Regimentern nur 2 Bataillone als neu errichtet angesehen werden können; denn zu dem Regimente N. 22 wurde das erste Bataillon von N. 6, und zu dem Regimente N. 23, 6 Compagnien von N. 18 genommen. Beyde Bataillone aber waren schon vorher unter Friedrich I. errichtet; können folglich hier eigentlich nicht gerechnet werden.

Die von Friedrich Wilhelm I. 1740 hinterlassene, aus 66 Bataillone bestehende Regimenter, deren jedes er 1735 mit einer Grenadiercompagnie vermehrt hat, sind:

3 Bat. Garde	N. 6.	2 Bat. v. Holstein	N. 11.
2 — v. Anhalt	— 3.	2 — v. Zerbst	— 8.
2 — v. Alt Borck	— 22.	2 — Prinz Leopold	— 27.
2 — v. Röder	— 2.	2 — v. Dönhof	— 13.
2 — v. Schwerin	— 24.	2 — v. d. Marwitz	— 31.
2 — v. Glasenap	— 1.	2 — v. Flans	— 16.

2 Bat. v. Glaubitz	N. 4.	2 Bat. Pr. Dietrich	N. 10.
2 — v. Dossow	—31.	2 — J. v. Borck	—29.
2 — v. Sydow	—23.	2 — v. Bredow	— 7.
2 — v. Kalckstein	—25.	2 — Mgr. Heinr.	—12.
2 — v. Kleist	—26.	2 — v. Derschau	—18.
2 — Kronprinz	—15.	2 — v. Lehwald	—14.
2 — v. Grävenitz	—20.	2 — de la Motte	—17.
2 — v. Jeetz	—30.	2 — v. Wedel	— 5.
2 — v. Dohna	—28.	2 — Mgr. Carl	—19.
2 — v. Leps	— 9.	2 — v. Beaufort	—32.

Friedrich Wilhelm I. hat also die regulaire Infanterie mit 28 Bataillonen und 66 Grenadiercompagnien vermehret. Die oben benannten 66 Bataillone stehen noch in der Armee bey folgenden Regimentern:

2 Bat. bey N. 1.	2 Bat. bey N. 18.
2 — — — 2.	2 — — — 19.
3 — — — 3.	2 — — — 20.
2 — — — 4.	2 — — — 21.
2 — — — 5.	2 — — — 22.
2 — — — 6.	2 — — — 23.
2 — — — 7.	2 — — — 24.
2 — — — 8.	2 — — — 25.
2 — — — 9.	2 — — — 26.
2 — — — 10.	2 — — — 27.
2 — — — 11.	2 — — — 28.
2 — — — 12.	2 — — — 29.
2 — — — 13.	2 — — — 30.
2 — — — 14.	2 — — — 31.
2 — — — 15.	2 — — — 32.
2 — — — 16.	1 — — — 4.
2 — — — 17.	vormaliges Garn. Bat.

Friedrich II. behielt die von seinem Vater hinterlassene Armee völlig bey, verstärkte sie noch ansehnlicher, und errichtete nachfolgende neue Regimenter:

N. 33. Reg. v. Götzen.
(Oberschlesische Inspektion.)

Garnison. Glatz.

Uniform. Weisse Aufklappen, offene Aufschläge und Kragen. Die Officiere haben um den Huth eine breite goldne Tresse.

Canton. Die Grafschaft Glatz mit ihren Städten.

Stamm. 1734 wurde von dem Fürstl. Gesamthause Anhalt 1 Bataillon errichtet, welches als ein Contingent zu der am Rhein, gegen Frankreich im Felde stehenden Reichsarmee, stoßen mußte. Nach dem 1736 erfolgten Frieden überließen es die Fürsten v. Anhalt in Preuß. Dienste. Es wurde durch Mannschaften von dem Magdeburger Garnisonregiment, dergestalt verstärkt, daß 1 Garnisonbataillon und 1 Grenadiercompagnie daraus gemacht werden konnte. 1740 wurde es als ein Füsilierregiment, 2 Bataillone stark, auf den Feldetat gesetzt, und die Armee gab die Officiere dazu.

Feldzüge. 1745 machten die Grenadiere des Regiments die Schlacht bey Hohenfriedberg mit. 1757 fochten die 2 Bataillone in der Schlacht bey Prag im ersten Treffen und hielten sich unter ihrem Regimentschef ungemein tapfer. Der Schlacht bey Collin wohnten die Grenadiere bey, und wurden fast ruinirt. 1758 ward das Regiment mit zur Belagerung von Olmütz gebraucht. 1760 bewiesen die 2 Bataillone in der großen Action bey Landshut unter ihrem Chef die bewundrungswürdigste Tapferkeit. Was nach der hartnäckigsten Gegenwehr nicht umkam, wurde gefangen genommen. Die Grenadiere des Regiments halfen in diesem Jahre Dresden belagern, und gaben in den beyden Schlachten bey Liegnitz und Torgau Proben ihres großen Muthes. 1762 wurden sie auch mit zur Belagerung von Schweidnitz gebraucht. 1779 standen die Grenadiere in Neustadt, wo sie von 12,000 Mann unterm Grafen von Wallis angegriffen und nicht zum Weichen gebracht wurden.

Chefs:

1734 Obr. v. Schwandes.
1736 — v. Wachholtz, starb.
1736 — d'Urbaud, starb.
1739 — v. Persode, erhielt eine Pension.
1743 Gen. Maj. v. Schlichting, erhielt das Inf. Regiment N. 2.
1743 — — v. Bredow, erhielt das Infant. Reg. N. 21.
1744 Obr. Baron de la Motte Fouquet, starb als Gen. von der Infanterie.
1774 Gen. Maj. v. Thadden, erhielt als Gen. Lieut. den Abschied mit Pension.
1784 Obr. und Gen. Adjut. v. Götzen, nachheriger Gen. Major, ward 1787 Gouverneur in Glatz und 1790 Gen. Lieut.

N. 34. Regiment Prinz Ferdinand v. Preussen.

(Märkische Inspektion.)

Garnison. Ruppin.

Uniform. Ponceaurothe Aufklappen, blaue Aufschläge und Kragen. Die Officiere haben unter den Klappen 3, auf der Tasche 3, und auf dem Aufschlage 3 schmale gestickte silberne Knopflöcher, hinten einen gestickten kleinen Triangel, und um den

Huth) eine schmale silberne Tresse, mit einer großen silbernen Agraffe und schwarzen Kokarde.

Canton. Der Ruppinsche Kreis, und ein Theil von der Prignitz; auch die Städte: Ruppin, Lindow, Nauen und Rheinsberg.

Stamm. 1740 ist dieses Regiment aus dem 2ten Bataillone des Regiments N. 15 errichtet worden. Die Officiere kamen von den Regimentern N. 6 und 15. Friedrich II. gab es seinem jüngsten Bruder, dem Prinzen Ferdinand v. Preußen.

Feldzüge. 1742 eröfnete das ganze Regiment den Feldzug mit der Schlacht bey Chotusitz. 1745 fochte es vollständig bey Kesselsdorf. 1756 waren die 2 Bataillone zur Einschließung des sächsischen Lagers bey Pirna bestimmt, die Grenadiere aber wohnten der Schlacht bey Lowositz bey. 1757 ward das ganze Regiment zur Belagerung von Prag gebraucht. In der Action bey Moys waren die Grenadiere. In der Schlacht bey Breslau befanden sich die 2 Bataillone, in der bey Leuthen aber das ganze Regiment. 1758 marschirte es mit nach Mähren, wo ein Theil zur Belagerung von Olmütz, ein andrer zur Bedeckung des großen Munitionstransportes für die Belagerer gebraucht wurde. Letzterer wurde bey Domstädtel angegriffen, vertheidigte sich aber mit so vieler Bravheit, daß ein Theil der Wagen dadurch in Sicherheit kam. 1760 brauchte der König die 2 Bataillone zur Belagerung von Dresden und führte sie hernach in die Schlacht bey Liegnitz. Die vom Regimente in dieser Schlacht bewiesene ausserordentliche Tapferkeit belohnte der König damit, daß er allen Capitains den Orden pour les Mérites ertheilte und jedem 100 Friedrichsd'or schenkte. Die Grenadiere bewiesen während der Thaten des Regiments gleiche Tapferkeit in der Action bey Landshut, wo sie sich eher morden ließen, als sich ergaben. Die wiedererrichteten Grenadiere machten 1761 den Marſch nach Pohlen und halfen alba die ruſſiſchen Magazine, beſonders aber die große Wagenburg bey Goſtyn ruiniren. Von da gingen ſie zum pommerſchen Feldzuge, wo auch die 2 Bataillone ſich befanden. Bey Colberg, beſonders bey dem Sturm auf Spie, fochten die Grenadiere mit beyſpielloſer Wuth, ein Gleiches thaten auch die Musquetiere bey Fehrbezin, wo ſie mit überlegener feindlicher Macht zu kämpfen hatten und in dieſem Gefechte 100 Mann verloren. 1762 beſchloß das ganze Regiment den ſiebenjährigen Krieg mit der Belagerung von Schweidniß. Den Bayerſchen Feldzug 1778—79 machte es unter dem Prinzen Heinrich.

Chef:
1742 Prinz Ferdinand von Preußen, General von der Infanterie, auch Ritter des ſchwarzen und rothen Adler-Ordens.

N. 35. Regiment Prinz Heinrich von Preuſſen.
(Märkiſche Inſpektion.)

Garniſon. Spandau und Nauen.

Uniform. Schwefelgelbe Aufklappen, Aufſchläge und Kragen; Aufſchläge und Kragen haben eine ſchmale geſtickte ſilberne Einfaſſung, auf den Klappen 7 geſtickte ſilberne Knopflöcher mit langen Quaſten, 2 unter denſelben, 3 auf der Taſche, und 2 hinten, um den Huth eine ſchmale ſilberne Treſſe, mit Cordon, Kokarde und Agraffe. Die Gemeinen haben keine Litzen.

Canton. Es hat kein Canton, ſondern erhält aus des Königs Canton eine Anzahl Einländer.

Stamm. Dieſes Regiment iſt 1740 aus einem Theile der Leibcompagnie des Regiments N. 6 errichtet. Die Officiere wurden von den Regimentern der Armee, besonders von N. 6, genommen, der zweite Bruder Friedrichs II. Prinz Heinrich v. Preußen, wurde Chef.

Feldzüge. 1744 war dieses Regiment eins von denen, welche Prag belagern u. erobern halfen. 1745 befanden sich die Grenadiere in der Schlacht bey Soor. 1756 ward das ganze Regiment zur Blokirung des sächsischen Lagers bey Pirna gebraucht. 1757 hatte das zweyte Bat. bey Ostritz das Schicksal überfallen und geschlagen zu werden. Wenige Wochen nachher wurde das erste Bataillon bey Hirschfeld gleichfalls von 4000 Mann angegriffen, es wehrte sich aber tapfer und behauptete seinen Posten. Der Bataille bey Reichenberg wohnte das ganze Regiment bey. Bey Prag bewiesen die 2 Bataillone ausgezeichnete Tapferkeit und trugen zum Siege vieles bey. Gleiche bewiesen sie auch in der bey Collin, aus welcher Schlacht sie sehr geschwächt kamen. Der Schlacht bey Breslau war 1 Bataillon des Regiments, und die Grenadiere zugegen. Letztere hatten kurz vor derselben, nahe bey Breslau, ein starkes Gefechte, in welchem sie den Feind überwältigten und 80 Gefangene machten. Während der Schlacht griffen sie eine feindliche Verschanzung an, und eroberten sie nebst 4 Kanonen. Bey Leuthen zeichnete sich das Regiment nebst seinen Grenadieren durch die größte Bravheit aus, letztere eroberten eine große feindliche Batterie von 8 Kanonen, und wurden vom Könige reichlich beschenkt. Das ganze Regiment wurde gleich darauf zur Belagerung Breslaus gebraucht. Das sehr geschwächte Regiment konnte im Feldzuge von 1758 nur der Belagerung von Olmütz beywohnen, die Grenadiere aber bewiesen während derselben, daß ihr Muth nicht geschwächt war, indem sie die ihnen anvertrauten Geldwagen, des heftigen feindlichen Angrifs der

Domstädtel ohngeachtet, glücklich zur Armee brachten. Nach dem Rückzuge aus Mähren marschirten die Grenadiere nach der Mark, wo sie die Schweden bey Fehrbellin angriffen und viele Gefangene machten. 1759 erwarb sich das ganze Regiment in der Schlacht bey Kunersdorf durch häufige Angriffe auf die feindlichen Batterien viel Ruhm, wurde aber auch fast ruinirt. 1760 standen die Grenadiere mit vor Dresden, das Regiment aber wohnte der Action bey Hohen-Giersdorf bey. Die große Schlacht bey Torgau machte das ganze Regiment mit, und hatte, da es die ersten Angriffe thun mußte, einen beträchtlichen Verlust. 1762 half das ganze Regiment Schweidnitz belagern. 1778 hatten die Grenadiere ein starkes Gefecht bey Zuckmantel. Den bayerschen Feldzug 1778 — 79 machte es unter seinem großen Chef in Böhmen.

Chef:
1740 Prinz Heinrich von Preußen, General von der Infanterie, auch Ritter des schwarzen und rothen Adler-Ordens.

N. 36. Reg. v. Raumer.
(Potsdammische Inspektion.)

Garnison. Brandenburg.

Uniform. Weiße Aufklappen, Aufschläge und Kragen. Die Officiere haben eine breite silberne Tresse um den Huth.

Canton. Im sogenannten Fürstenthum, der ganze Belgardsche, Ostensche und Borcksche Kreis, etwas im Dawitzer Kreise; ferner die Städte: Colberg, Treptow an der Rega, Naugard, Wangerin, Polzin und Labes.

Stamm. Dieses Regiment ist 1740 in Potsdam aus den in Pommern und in der Neumark gelegenen

legenen Garnisonregimentern errichtet. Die meisten Officiere wurden aus der Armee genommen. Der Obr. v. Münchow ward Chef desselben. 1763 wurde das sächs. Regiment v. Röbel, welches noch 1 Bataillon stark war, darunter gesteckt.

Feldzüge. 1740 wurden die Grenadiere des Regiments zum Sturm von Glogau gebraucht und 1741 wohnten sie der Schlacht bey Molwitz bey. 1742 hatten die Grenadiere beym Rückzuge aus Mähren, der 6 Tage und eben so viel Nächte dauerte, beständige feindliche Attaken. 1744 ward das ganze Regiment mit zur Belagerung und Eroberung Prags bestimmt, und verlor beym Rückzuge aus Böhmen viel Leute. In der Action bey Moldau-Trin erwarben sich die Gren. durch tapfre Vertheidigung gegen ein stark überlegenes feindliches Corps viel Ehre. 1745 wohnten die Grenadiere den beyden Schlachten bey Hohenfriedberg und Soor bey, wo sie, da sie die ersten Attaken zu machen hatten, viel verloren. 1756 halfen die 2 Bataillone die Schlacht bey Lowositz gewinnen und stürmten den Ort, wovon die Bataille den Namen hat. 1757 zeichnete sich das Regiment in der Schlacht bey Reichenberg sehr aus, noch mehr aber in der bey Collin, in welcher es 7 Angriffe auf die Feinde that. Aus dieser Schlacht kam es mit 97 Mann. So schwach das Regiment in der Schlacht bey Breslau war, so bediente sich der General Ziethen doch seiner bey wiederholten glücklichen Angriffen. Nicht weniger zeigte es in der großen Schlacht bey Leuthen so viel Tapferkeit, daß selbst der König dem Regimente einen großen Theil des Sieges zuschrieb. Gleich nach dieser Schlacht verrichtete es die Belagerung von Breslau. 1758 wurde es zur Blokade von Schweidnitz gebraucht. Während der Belagerung von Olmütz eroberte das Regiment die in der Nähe dieser Vestung liegende Stadt Littau, und da sie der

Stammliste. H

achtmal stärkere Feind mit Sturm wieder erobern wollte, vertheidigte sie das Regiment mit der größten Herzhaftigkeit. 1759 fochte es in den beyden Actionen bey Hoyerswerda und Pretsch (Domitsch) und so auch bey Dohna, ohnweit Maxen, mit der ihm eigenen Herzhaftigkeit, mußte sich aber in der Capitulation mit zu Gefangenen ergeben. 1760 wurde wieder 1 Bataillon errichtet, das aber in Schweidnitz ebenfalls wieder in Gefangenschaft gerieth. 1778 hatte das Regiment ein Gefechte bey Jung=Buchau. Nota: Da während den siebenjährigen Kriege die 2 Stammgrenadiercompagnien mit denen des Regiments N. 35 schwadronirten, so haben sie auch den nemlichen Antheil an allen Vorfällen gehabt. Den bayerschen Erbfolgkrieg machte es 1778 — 79 unter dem Prinzen Heinrich.

Chefs:
1740 Ob. v. Münchow, starb als G. L.
1766 — v. Kleist, erhielt als G. L. das Gouvern. in Spandau.
1780 G. M. v. Zitzwitz, erhielt Pension.
1785 — — v. Brünneck, erhielt das Inf. Reg. N. 17.
1786 — — v. Raumer, welcher schon vorher den Abschied genommen hatte, ward 1790 G. L.

N. 37. Reg. v. Wolframsdorff.
(Niederschlesische Inspektion.)

Garnison. Glogau.
Uniform. Scharlach Auffklappen, einen einfachen blauen rothgefütterten Kragen und blaue Aufschläge. Die Officier= und Gemeinen=Mondirung ist mit einem ganz schmalen weißtuchenen Vorstoß

auf allen Näthen eingefaßt, die Officiere haben eine silberne Tresse um den Huth.

Canton. Der Glogauer, Guhrauer und Schwibusser Kreis, nebst den darinn liegenden Städten.

Stamm. 1740 wurde dieses Regiment errichtet. Ein damaliges Garnisonbataillon mußte einige Mannschaften zum Stamm geben. Die Officiere kamen von der Armee. Das Regiment ward dem Obr. v. Camas gegeben.

Feldzüge. Den ersten Feldzug verrichteten die 2 Bataillone des Regiments 1744 bey der Belagerung Prags. 1745 machte das ganze Regiment die Schlacht bey Hohenfriedberg mit, so wie die Grenadiere die Schlacht bey Soor, auch waren in diesem Feldzuge die 2 Bataillone bey der Eroberung der Festung Cosel. 1757 bewies das ganze Regiment in der Schlacht bey Prag, wo es im ersten Treffen stand, viel Herzhaftigkeit, verlor aber ungemein viel Leute. Der Schlacht bey Collin waren die Grenadiere zugegen. Bey Zittau hatten die 2 Bataillone einen heftigen feindlichen Angrif zu widerstehen. In der Action bey Moys hielten sich die Grenadiere sehr tapfer. - In der ersten österreichischen Belagerung von Schweidniz wurde das 2te Bataillon mit zu Kriegsgefangenen gemacht. Der Schlacht bey Breslau wohnten die Grenadiere bey, und der bey Leuthen das 1ste Bataillon und die Grenadiere. 1758 ward das 1ste Bataillon zur Belagerung von Schweidniz gebraucht, so wie die Grenadiere zu der von Olmüz. Bey Zorndorf fochten die 2 Bataillone im zweyten Treffen, die Grenadiere aber in der Schlacht bey Hochkirch. In der Action bey Fehrbellin fügten die zwey Bataillone den Schweden einen ansehnlichen Verlust zu, und in einer Attake bey Eilenburg zeichnete es sich an Muth aus. 1759 in der Action bey Saalfeld thaten die zwey Bataillone sehr brav und in der blutigen Schlacht bey Kunersdorf, so abgemattet sie auch durch die häufigen Angriffe waren, fochten sie dennoch bis zuletzt mit vieler Standhaftigkeit. Aus diesem blutigen Tage kam das Reg. nur mit einigen hundert Gesunden. Bey Maxen hatten die Grenadiere das Schicksal in feindliche Gefangenschaft zu gerathen. 1760 stand das erste Bat. beym Fouquetischen Corps bey Landshut, wo es nach der muthigsten Gegenwehr unterliegen mußte. 1761 hatte das Regiment eine Attake bey Breslau, war auch darauf mit bey der Expedition nach Kloster Gostyn und bey einem starken Gefechte ohnweit Cörlin. In einem andern Gefechte bey Treptow war das 2te Bataillon; das 1ste Bataillon nebst den Grenadieren standen mit vor Colberg und in den dasigen Retranschements, wo wechselseitige Angriffe und Vertheidigungen vorfielen. 1762 befanden sich die 2 Bataillone in den Attaken bey Adelsbach, Friedland, und kurz nachher bey Leutmannsdorf. Den Beschluß des siebenjährigen Krieges machten die 2 Bat. mit der 63tägigen Belagerung von Schweidniß. 1778 hatte das 1ste Bat. einige Attaken bey Staudniß u. bey Trautenbach in Böhmen. Seit 1792 macht das ganze Regiment den Feldzug am Rhein u. befand sich mit in der heftigen Kanonade bey Valmy in Champagne.

Chefs:
1740 Ob. v. Camas, starb.
1741 — du Moulin, erhielt als Gen. von der Inf. eine Pension.
1755 G. M. v. Kursel, starb.
1758 — — v. Braun, starb als G. L.
1770 Ob. v. Keller, erhielt als G. L. das Gouvern. in Stettin, u. das Inf. Reg. N. 8.
1785 G. M. v. Wolframsdorff, jetziger G. L.

N. 38. Reg. v. Vittinghoff.
(Oberschlesische Inspektion.)

Garnison. Franckenstein.

Uniform. Scharlach Aufklappen, offene Aufschläge u. Kragen. Die Officiere haben eine breite gebogene goldne Tresse um den Huth.

Canton. Der Leobschützer u. Coseler Kreis mit ihren Städten.

Stamm. 1740 gaben die in Preußen gelegenen damaligen Garn. Reg. Mannschaften zu dem Stamm dieses Reg. ab.

Feldzüge. 1744 halfen die Gren. des Regim. Prag belagern und erobern. 1745 waren sie in der Schlacht bey Soor, die 2 Bat. hingegen in der bey Hohenfriedberg. 1757 befand sich das ganze Reg. in der Schlacht bey Prag, in welcher besonders die Gren. einen Verlust von 165 Mann hatten, auch fochte das ganze Reg. in der Schlacht bey Breslau; so wie es einige Monate vorher der Kanonade zwischen Liegnitz u. Barsdorf beywohnte. 1758 standen die 2 Bat. in Dresden u. halfen die Stadt vertheidigen, die Gren. aber waren in der Schlacht bey Zorndorf, aus welcher sie mit großer Einbuße kamen. 1759 bewies das ganze Reg. in der berühmten Schlacht bey Kunersdorf, trotz der feindlichen Feuerschlünde, alle Standhaftigkeit, so wie es sich auch in der Action bey Gorbitz (Meissen) zu seinem Ruhme auszeichnete. In der Action bey Pretsch (Domitsch) waren die 2 Bat., desgleichen in der bey Maxen, in welcher sie für die Armee verloren gingen. Die Gren. wohnten in diesem Feldzuge der Action bey Torgau bey. 1760 machten die Gren. die Belagerung von Dresden mit, waren der Action bey Strehla zugegen, u. zeigten in der großen Schlacht bey Torgau, durch häufige Angriffe, so viel Muth, daß sie dabey zwey Drittheil an Leuten verloren. 1761 fochten sie in der Action bey Langensalze, und zuletzt 1762 in der Schlacht bey Freyberg. 1779 bewiesen die Gren. bey einem 6mahl stärkern feindlichen Angriff auf Neustadt, welches der Feind in Brand setzte, eine beyspiellose Tapferkeit, die ihnen viel Ehre erwarb. Seit 1792 wohnt das Reg. dem Feldzuge am Rheine bey, und stand mit in der Kanonade bey Valmy in Champagne.

Chefs:
1740 Ob. Graf v. Dohna, starb als G. L.
1749 G. M. v. Brandeis, erhielt als G. L. Pens.
1749 — — v. Zastrow, nahm den Abſch. als G. L.
1766 Ob. v. Falckenhayn, erhielt als G. L. das Gouvern. in Schweidnitz.
1781 G. M. u. G. Adjut. v. Anhalt, erhielt das Inf. Reg. N. 2.
1783 — — v. Hager, wurde Director des ersten Departem. im Ober-Kriegs-Collegio.
1790 — — v. Vittinghoff, ehemaliger Director vorerwähnten Departements.

N. 39. Reg. v. Kenitz.
(Mark-Brandenburgsche Inspektion.)

Garnison. Königsberg in der Neumark, Soldin, Pyritz.

Uniform. Chamois Aufklappen, blaue Aufschläge und Kragen. Die Officiere haben um den Huth eine breite gebogene goldene Tresse. Die Gemeinen haben keine Litzen.

Canton. In Westpreußen die Hälfte des Inowraclawschen und Brombergschen, ein Theil des Caminschen und Cronschen Kreises, im Brom=

bergschen Kreis die Städte Nackel, Mroczen, Szubin, Rynarzewo, Labuszyn und Barczyn; im Jnowraclawschen Kreis die Städte: Znyn, Gonsawa, Magillno, Wilatowa, Pakosez, Jnowracklaw und Gniewkowa.

Stamm. Dieses Regim. wurde 1740 zu Templin für den Prinzen Ferdinand von Braunschweig errichtet: die meisten dazu erforderlichen Leute stellte der regierende Herzog von Braunschweig. Die Officiere kamen theils aus der Armee, theils aus fremden Diensten.

Feldzüge. Den ersten Feldzug machten die Grenadiere 1745 mit der Bataille bey Soor. 1757 bewies das ganze Regiment in der Schlacht bey Prag viel Tapferkeit, da es unter beständigem Feuer bis nah an die Stadt avancirte und des Königs größten Beyfall erhielt. Die Schlacht bey Collin machten die Grenadiere mit, die bey Breslau und Leuthen aber die 2 Bataillone des Regiments. In Lezterer hielten sie sich so tapfer, daß sie aus dem zweyten Treffen ins erste avancirten und 14 feindliche Kanonen eroberten. 1758 standen die 2 Bataillone mit vor Ollmütz. In der Schlacht bey Hochkirch fochten die Grenadiere, die 2 Bataillone aber kamen nicht zum schlagen, sondern deckten den Rückzug des Königs. 1760 wurden die Grenadiere zur Belagerung von Dresden gebraucht, desgleichen wohnten sie der Bataille bey Liegniz bey. 1761 wurden die 2 Bataillone in ihren Cantonnirungsquartieren in Altenburg von 10,000 Feinden umzingelt, sie zogen sich aber in so guter Ordnung gegen Leipzig, daß sie nur einen Todten und einen Verwundeten hatten. 1762 ward das ganze Reg. mit zur Belagerung von Schweidniz gebraucht. 1778 hatten die Gren. ein Gefechte bey Nickelsberg. 1779 waren die 2 Bat. in der Action bey Brix. 1792 marschirte es nach Frankreich und befand sich bey der Kanonade bey Valmy und in einem Gefechte bey Limburg am Rhein.

Chefs:
1740 Herzog Ferdinand v. Braunschweig, wurde Command. der Garde.
1744 Prinz Albert v. Braunschweig, blieb bey Soor.
1745 Ob. Prinz Franz v. Braunschweig, blieb als G. M. bey Hochkirch 1758.
1758 bis 1763 blieb es vacant.
1763 Ob. Prinz Wilhelm v. Braunschweig, starb 1770 als Volontair bey der russischen Armee in Bessarabien.
1770 G. M. v. Möllendorff, erhielt als G. L. das Reg. N. 25 nebst dem Gouvern. in Berlin.
1782 — — v. Kenitz, jetziger G. L.

N. 40. Reg. Jung v. Pfuhl.
(Niederschlesische Inspektion.)

Garnison. Schweidnitz.

Uniform. Rosenfarbne Aufklappen, blaue Aufschläge u. Kragen. Die Officiere haben auf jeder Klappe 7 silberne Bandschleifen, 2 unter derselben, 3 auf dem Aufschlage, 3 auf jeder Tasche, 4 hinten, u. um den Huth eine breite gebogene silberne Tresse. Die Gemeinen haben keine Litzen.

Canton. Der Neumärksche, Goldberger und Striegauer Kreis, nebst den dazu gehörigen Städten.

Stamm. Der Herzog v. Sachsen-Eisenach errichtete 1732 ein Inf. Reg. von 3 Bat., u. gab es in kaiserliche Dienste, wo es den Feldzügen am Rhein beywohnte. Nach geschlossenem Frieden wurde es bis auf 1 Bat. reducirt, u. dieses 1740 in Preuß. Dienst überlassen. Hier ward das 2te Bat. von Rekruten aus dem Reiche errichtet, u. aus diesen beyden Bat. entstand das Regiment.

Feldzüge. 1744 machten die Gren. des Reg. die Belagerung von Prag mit, und waren das Jahr darauf 1745 in den beyden Schlachten bey Hohenfriedberg u. Soor. 1757 hielt sich das ganze Regiment in den Schlachten bey Prag und Colliñ ungemein tapfer, hätte auch in beyden Schlachten einen beträchtlichen Verlust. In der Action bey Moys sowohl, als in den Schlachten bey Breslau u. Leuthen fochten die Gren. 1758 standen die Gren. mit vor Olmütz, das Regim. hingegen ward zur Zorndorfer Bataille gezogen, und erwarb sich des Königs höchste Zufriedenheit in dieser Schlacht. Der Hochkircher Schlacht wohnten die Gren. bey. 1759 deckten die 2 Bat. während der Schlacht bey Kunersdorf die Brücke bey Frankfurt. Die Gren. aber befanden sich beym Finkischen Corps bey Maxen u. geriethen mit in Gefangenschaft. 1760 hatten die 2 Bat. beym weissen Hirsch, ohnweit Dresden, eine heftige Attake, in welcher sie über 800 Mann verloren. Der bald darauf erfolgten Schlacht bey Liegnitz wohnten die geschwächten Bat. auch bey. 1762 wurden sie zur Belagerung von Schweidnitz mit gebraucht. Den bayerschen Erbfolgkrieg machte das Reg. unter des Königs Commando.

Chefs:
1740 Herzog v. Sachsen-Eisenach, starb.
1741 G. L. v. Grävenitz, erhielt das Gouvern. von Cüstrin.
1743 G. M. v. Kreytzen, starb als G. L.
1750 — — v. Kreytzen, Bruder des vorhergehenden, nahm den Abschied.
1759 — — v. Gablentz, wurde 1764 G. L. und Commend. von Schweidnitz, starb.

1777 G. M. v. Erlach, erhielt als G. L. mit Pen=
sion den Abschied.
1791 — — v. Pfuhl.

N. 41. Reg. v. Schlaben.
(Westphälische Inspektion).

Garnison. Minden und Herford.

Uniform. Hellcarmoisinrothe Aufklappen, Auf=
schläge u. Kragen, unter jeder Klappe 2 gelbe, hin=
ten spitze Schleifen, u. 2 hinten. Die Officiere aber
Aufklappen, Aufschläge u. Kragen von carmoisin
Sammet; unter jeder Klappe 2 von Gold gestickte
Schleifen, 2 hinten, u. um den Huth eine breite ge=
bogene gold. Tresse.

Canton. Die Aemter: Raden, Reineberg,
Hausbergen, Petershagen u. Schlüsselburg, das
Stift Levern, die Städte: Minden, Haasberg, Pe=
tershagen u. Lübecke.

Stamm. Aus dem 1741 in Preuß. Dienste
überlassenen Würtembergischen Leibreg. wurde zu
Wesel, woselbst es den 12ten May 1741 einrückte,
dies Reg. für den Obr. Prinz v. Braunschweig=
Bevern errichtet. Die Officiere kamen theils aus
der Armee, theils aus fremden Diensten.

Feldzüge. 1745 machten die Gren. die Schlacht
bey Kesselsdorf mit. 1757 wohnten die 2 Bat. der
Schlacht bey Prag bey, das ganze Reg. aber war in de=
nen bey Collin u. Breslau. In der Leuthner Schlacht
befanden sich die Gren., desgleichen bey der Bela=
gerung Breslaus. 1758 halfen die Gren. Schweid=
nitz belagern, so wie das ganze Reg. mit zur Olmü=
tzer Belagerung genommen wurde. Die 2 Bat. be=
fanden sich mit in dem heftigen Gefechte bey Fehr=

bellin und in der Schlacht bey Zorndorf, wo es eigentlich Cüstrin zu besetzen hatte. Die Gren. bewiesen in der Schlacht bey Hochkirch, wo sie die Flanken des rechten Flügels zu decken hatten, ungemein viel Bravheit und erhielten vom Könige viel Lob. 1759 bey Kunersdorf hielten sich die 2 Bat., da sie im ersten Treffen standen, ausnehmend tapfer und litten einen sehr starken Verlust. Der Action bey Maxen wohnten die Gren. bey und hatten das bekannte Schicksal. 1760 fochten die 2 Bat. in den Schlachten bey Liegnitz und Torgau mit vielem Muth und büßten in Letzterer viel ein. Die wiedererrichteten Gren. machten in diesem Jahre den Feldzug nach Pommern, waren mit bey der tapfern Vertheidigung Cöslins u. entsetzten Colberg. 1761 befanden sie sich den Winter durch in Schlesien und machten im Frühjahre von Strigau bis nach Colberg in 17 Tagen einen Marsch von 52 Meilen. Hier sowohl, als in der Nachbarschaft, fielen häufige Attaken auf die Verschanzungen vor, in welchen sie sich an Beharrlichkeit u. Bravheit auszeichneten. 1762 wohnten die 2 Bat. des Reg. dem Treffen bey Reichenbach bey. Den bayerschen Erbfolgkrieg machte das ganze Reg. unter dem Prinzen Heinrich nach Böhmen. 1787 wurde es mit zu der Holländischen Expedition gebraucht, wo es beym Angriffe auf Amstelveen war. Seit 1792 ist es am Rhein und befand sich in der Kanonade bey Valmy.

Chefs:
1741 Ob. Prinz v. Braunschweig-Bevern, erhielt das Reg. N. 7.
1741 G. M. v. Riedesel, nahm als G. L. Abschied.
1746 Ob. Graf v. Wied in Neu-Wied, starb als G. L.
1765 Ob. v. Lossow, ging als G. L. mit Pens. ab.
1782 G. M. v. Woldeck, nachheriger G. L., ward Gouverneur in Wesel.
1792 Ob. v. Schladen, jetziger Gen. Maj.

N. 42. Reg. v. Hauenfeld.
(Oberschlesische Inspektion.)

Garnison. Neisse.

Uniform. Orangenfarbige Aufklappen, offene Aufschläge u. Kragen. Die Officiere haben um den Huth eine breite, gebogene gold. Tresse.

Canton. Der Beuthensche, Plessensche und Groß-Strelitzer Kreis, nebst den dazu gehörigen Städten.

Stamm. Aus der 1741 in Brieg gefangen genommenen österreichischen Freicomp. wurde für den Obr. v. Stechow ein Garnis. Reg. errichtet. Von diesem Reg. wurden gegen Ende 1741 die besten Leute zur Errichtung dieses Reg. genommen, welches der Gen. Maj. Markgr. Heinrich v. Brandenburg erhielt. Durch die 1741 von der österreichischen Armee zwey Tage vor der Schlacht bey Molwitz, in Grotkau aufgehobenen 800 Recruten, wurde es vollzählig gemacht. Der Obr. v. Puttkammer war der erste Commandeur.

Feldzüge. 1745 zeigten die Gren. des Reg. in der Schlacht bey Hohenfriedberg die ersten Proben ihrer Tapferkeit. 1757 gaben die 2 Bat. in der Schlacht bey Prag, Beweise ihrer Unerschrockenheit, indem sie im beständigen Vorrücken blieben. Die Gren. thaten ein Gleiches in der Schlacht bey Collin, aus welcher sie mit ansehnlichen Verlust kamen. 1758 wurden die 2 Bat. zur Belagerung von Olmütz mit gebraucht, und 1759 machten sie die Expedition nach Posen in Pohlen. 1760 bewies das 1ste Bat. in der großen Action bey Landshut, daß es des tapfern Fouquets nicht unwürdig war. Der in diesem Jahre vorgefallenen Belagerung von Dresden, den Schlachten bey Liegnitz u. bey Torgau, wohnten die Gren. bey. 1761 befanden sich die 2 Bat. Musq. bey der großen Wagenburgverbrennung zu

Kloster Gostyn und hierauf machten sie den Feldzug nach Colberg, wo sie sich beym Sturm auf die grüne Schanze und auf Spie sehr hervorthaten. 1762 waren sie im Treffen bey Reichenbach, die Gren. dagegen wurden mit zur Belagerung von Schweidnitz genommen. Im Bayerschen Erbfolgkriege 1779 wurden die Gren. in Neustadt, von 12,000 Mann unter dem Grafen v. Wallis, angegriffen, thaten aber eine in der Geschichte selten erhörte Gegenwehr, ohne dabey etwas zu verlieren.

Chefs:

Markgraf Heinrich v. Brandenburg war von 1741 an Chef des Reg. bis zu seinem Tode 1788. Bis dahin hat es folgende Command. gehabt:

1741 Ob. v. Puttkammer, erhielt als G. M. den Abschied.
1750 — v. Conradi, wurde im Civil placirt.
1753 — v. Schenckendorff, erhielt als G. M. das Reg. N. 22.
1760 — v. Kleist, erhielt als G. M. Pension.
1764 — v. Lettow, erhielt das Reg. N. 46.
1776 — v. Lichnowsky, erhielt das Reg. N. 23.
1786 — v. Röthen.
1789 — v. Hanenfeld, jetziger G. M. und Chef.

N: 43. Reg. Graf zu Anhalt.
(Niederschlesische Inspektion.)

Garnison. Glogau, eigentlich Liegnitz.

Uniform. Dunkelorange Aufklappen, Aufschläge und Kragen. Die Officiere haben um den Huth eine breite gebogene goldne Tresse.

Canton. Der Wohlauer, Steinnauer u. Militsche Kreis, mit ihren Städten.

Stamm. Dieses Regiment ist der Stamm der ehemaligen Stadtgarde von Breslau, welche 1741 bey Einnahme dieser Stadt das Gewehr strecken mußte. 1744 wurde es als ein Füsilierreg. auf den Feldetat gesetzt und machte noch in diesem Jahre den Feldzug nach Böhmen.

Feldzüge. 1744 deckten die Gren. den Rückzug aus Prag. 1756 eröfneten die Gren. den Feldzug mit einer Attake bey Lewin. 1757 machten die 2 Bat. des Reg. die Schlacht bey Prag, und die Belagerung dieser Stadt mit. In ersterer verloren sie über 400 Mann. Beym Rückzuge aus Böhmen ging das 1ste Bat. von einer weit überlegenen feindlichen Macht angegriffen, nach tapferer Gegenwehr, als Kriegsgefangene verloren, kurz darauf hatten auch die Gren. bey Zittau ein heftiges Gefecht. Der am Schluß dieses Feldzugs bey Breslau vorgefallenen Schlacht wohnten die Gren. und das 2te Bat. bey. 1758 wurden die Gren. zur Belagerung von Schweidnitz commandirt, und fochten auch in diesem Feldzuge in der Schlacht bey Zorndorf. 1759 befanden sich die 2 Bat. bey Paßberg (St. Sebastiansberg) so wie auch bey Himmelkron in Franken. In der in diesem Jahre bey Kunersdorf vorgefallenen mörderischen Schlacht machten sie die Avantgarde, u. eroberten gleich beym Anfange eine große feindliche Batterie. Der König war über diese Bravheit so zufrieden, daß er dem Reg. viel Lob ertheilte. Der Verlust des Reg. an Todten und Verwundeten belief sich an 550. Die Gren. wohnten in diesem Jahre einem Gefechte bey Dresden, und den beyden Actionen bey Torgau u. Gorbitz (Meissen) bey. 1760 wurden die Gren. mit zur Belagerung von Dresden gebraucht, und fochten nachher in der Action bey Strehla, in einer kleinen Action bey Wittenberg u.

endlich in der großen Schlacht bey Torgau. 1761 zeichneten sich die Gren. in der Action bey Langensalza mit Ruhm aus. 1762 wohnten die 2 Bat. der Action bey Adelsbach bey, desgleichen der Schlacht bey Freyberg, die Gren. hingegen befanden sich in diesem Jahre in dem hitzigen Gefechte bey Töplitz. 1779 hatten die 2 Bat. eine Action bey Zuckmantel.

Chefs:
1741 Ob. v. Rampusch, starb.
1742 — v. Bardeleben, starb.
1744 — v. Brandeis, wurde in diesem Jahre Commend. in Pillau.
1744 — v. Zimmernow, blieb bey Pardubitz in diesem Jahre.
1744 — v. Kalsow, nahm Abschied als G. L.
1757 — v. Kalkreuth, erhielt ein neues aus der sächsischen Armee errichtetes Regiment.
1758 G. M. v. Bredow, starb 1759.
1760 — — v. Zieten, erhielt Pension.
1767 Ob. v. Krockow, erhielt als G. M. das Reg. N. 51.
1773 G. M. v. Schwerin, starb 1775.
1776 Ob. Graf zu Anhalt, jetziger G. L. u. Ritter des schwarzen u. rothen Adler-Ordens.

N. 44. Reg. Graf zu Dohna.
(Westphällische Inspektion.)

Garnison. Wesel.

Uniform. Die Officiere haben schwarze mannschesterne Aufklappen, Aufschläge und Kragen, auf jeder Klappe 7 goldne Schleifen von Tressen, 2 größere unter denselben, 3 auf dem Aufschlage und um den Huth eine schmale goldne Tresse. Die Gemeinen haben tuchene Aufklappen, Aufschläge, u. weisse mit 2 schmalen orangefarbenen Streifen in der Mitte versehene Schleifen.

Canton. Hat keinen.

Stamm. Der Gen. Lieut. Graf zu Dohna trat 1742 sein Reg. N. 28 ab, behielt aber von jeder Comp. 10 Mann zurück, die zu dem Stamm dieses Reg. gebraucht wurden.

Feldzüge. 1745 wurden die Gren. des Reg. mit zu der Schlacht bey Kesselsdorf gezogen. 1757 befanden sich die Musq. bey der alliirten Armee u. deckten den Rückzug des Herzogs v. Cumberland, der von Hastenbeck kam. Denen Schlachten bey Collin, Breslau und Leuthen, so wie der Belagerung von Breslau wohnten die Gren. bey, und erwarben sich die Zufriedenheit des Königs. 1758 standen sie mit vor Schweidnitz und Olmütz u. fochten in der Schlacht bey Hochkirch als tapfere Soldaten. Die Musq. machten in diesem Jahre den Feldzug wider die Schweden in Pommern. 1759 hatten diese bey Reichenberg ohnweit Dresden, ein heftiges Gefechte, thaten sich auch in der Action bey Torgau hervor, u.nd halfen diese Stadt wieder erobern. Die Gren. hatten das Schicksal, bey Maxen in Gefangenschaft zu gerathen. 1760 an der Belagerung von Dresden und an den beyden Actionen bey Strehla u. Wittenberg hatten die Musq. Theil. Die wiedererrichteten Gren. aber machten diesen Feldzug in Pommern, waren bey der tapfern Vertheidigung Cößlins und bey dem Entsatze Colbergs. 1761 blieben sie in dieser Provinz, wo sie sich in den Retranchements bey Colberg, besonders im Sturme auf Spie hervorthaten. Den Bayerschen Erbfolgkrieg 1778—79 machte das Regim. unter dem Prinzen Heinrich v. Preußen.

Chefs:
1742 G. L. Graf zu Dohna, starb als G. F. M. 1749

1749 Ob. v. Jungken, erhielt 1758 als G. M. ein Garnif. Bat.
1759 — v. Hoffmann, kam in Dresden um das Leben.
1760 G. M. v. Grant, ward Commend. in Neiſſe, ſtarb.
1764 Ob. v. Britzke, erhielt als G. L. Penſion.
1778 G. M. v. Gaudi, ſtarb als G. L. und Commendant von Weſel.
1789 Ob. v. Pirch, erhielt als G. M. das Reg. N. 8.
1791 — Graf zu Dohna, jetziger G. M.

N. 45. Reg. v. Grevenitz.
(Anſpach = Bayreuthliche Inſpektion.)

Garniſon. Bayreuth und Culmbach.

Uniform. Die Officiere haben dunkelblaue Aufklappen, carmoiſinrothe ſammet Aufſchläge u. Kragen, auf jeder Klappe 7 goldne Treſſenſchleifen, 2 unter derſelben, 3 auf dem Aufſchlage, und um den Huth eine ſchmale gold. Treſſe. Die Gemeinen haben tuchene Klappen, Aufſchläge u. Kragen, auf jeder Klappe 7 weiſſe Bandlitzen ohne Puſcheln, 2 unter derſelben, und 2 auf dem Aufſchlage.

Canton. Das Fürſtenthum Bayreuth ober= u. unterhalb Gebürgs, die Amtshauptmannſchaften Hoheneck, Neuhoff und Neuſtadt an der Aiſch ausgenommen.

Stamm. Der F. M. v. Doſſow trat 1743 ſein Reg. N. 31, ab, behielt aber von jeder Comp. 10 Mann zurück, die den Stamm des gegenwärtigen Reg. ausmachen. Die Officiere kamen theils von der Armee, theils aus fremden Dienſten. 1792, als die zwey fränkiſchen Fürſtenthümer an das kö=

Stammliſte.

niglíche Haus kamen, verließ dieses Reg. seine bisher in Wesel gehabte Garnison und nahm noch in diesem Jahre solche in Bayreuth und Culmbach. Seine Einländer aus Cleve und Mark ließ es in Wesel und das Depotbataillon marschirte aus Emden nach Wunsiedel, seinem jetzigen Standquartiere.

Feldzüge. 1757 stand das Reg. zwischen Minden und Bielefeld und deckte den Rückzug der alliirten Armee. In diesem Feldzuge fochten die Gren. in den Schlachten bey Prag und bey Leuthen. 1758 standen die Gren. vor Olmütz, die 2 Bat. Musq. aber wohnten dem heftigen Gefechte bey Fehrbellin bey, so wie die Gren. der blutigen Nachtschlacht bey Hochkirch. 1759 hatten die 2 Bat. Actionen bey Aue, bey Reichenberg ohnweit Dresden, bey Pretsch, bey Torgau u. Maxen. 1760 war das auf 1 Bat. gesetzte Reg. mit in der großen Schlacht bey Torgau, in welcher es sich, des starken feindlichen Feuers ohngeachtet, mit vielem Muth vertheidigte. 1761 griffen die Gren. des Reg. ein Corps Schweden bey Neuensund mit gefälltem Bajonet an, tödteten viele, machten einige hundert Gefangene und eroberten 3 Kanonen. Das Reg. mußte in diesem Jahre den mörderischen Feldzug in Pommern mit beywohnen, wo es sich bey allen Angriffen und Vertheidigungen der bey Colberg angelegten Retranschements, durch Standhaftigkeit auszeichnete. 1762 fochte es in dem Treffen bey Reichenbach. Den Bayerschen Erbfolgkrieg 1778 — 79 machte es unter dem Prinzen Heinrich v. Preussen, auch ward es 1787 mit zum Feldzuge nach Holland genommen, wo es in verschiedenen Angriffen auf Schanzen sich viel Ruhm erwarb.

Chefs:
1743 G. F. M. v. Dossow, erhielt Pension.
1757 — — — Landgraf v. Hessen = Cassel, starb 1785.

1786 G. M. v. Eckartsberg, erhielt Abschied mit Pension.

1792 Ob. v. Grevenitz, jetziger G. M. und General-Inspecteur.

N. 46. Reg. Alt v. Pfuhl.
(Berlinische Inspektion.)

Garnison. Berlin.

Uniform. Schwarze plüschene Aufklappen, offene Aufschläge. Die Officiere haben goldne Achselbänder, und um den Huth eine breite gebogene goldne Tresse.

Canton. Den ganzen Ziesarschen Kreis, ein Theil des Zauchschen Kreises, 26 Dörfer im Havelländischen Kreise, nebst den Städten: Werder und Saarmund; in Westpreußen die Hälfte des Caminschen und Jnowracklawer Kreises, und 30 Dörfer im Cronschen Kreise; wie auch die Städte: Lobsens, Wirsitz, Wisseck; imgleichen die Klöster: Miasetzkow, Gollans, Margonin, Exsin, Sammoszin, Chodschesen, Budzin, Strzeleno, Kruschwitz, Gembice und Kwieziszewo.

Stamm. 1743 wurde dieses Reg. in Brandenburg aus im Reiche angeworbenen Rekruten, für den damaligen Erbprinzen, jetzt regierenden Herzog v. Würtemberg errichtet. Die Staabs- u. andere Officiere wurden aus der Armee genommen, einige kamen aus fremden Diensten. Der Herzog gab auch viele Leute dazu.

Feldzüge. 1745 fochten die Gren. des Reg. in der Schlacht bey Soor, das ganze Reg. aber bey Kesselsdorf, wo es, da es Batterien zu stürmen hatte, einen Verlust von 600 an Todten u. Verwundeten litte. 1757 wohnten die Gren. dem Treffen bey Reichenberg bey. In der Schlacht bey Prag befand sich das ganze Reg. in welcher es sich zu seinem Vortheil sehr auszeichnete, aber auch einen beträchtlichen Verlust hatte. Bey Breslau u. bey Leuthen befand sich 1 Bat., weil das Reg. wegen starken Verlustes, damals nur so stark war. 1758 wurde das Reg. mit zur Blokade und nachheriger Belagerung von Schweidnitz bestimmt. In diesem Feldzuge fochte es mit seinen Gren. in der Schlacht bey Zorndorf, bey welcher es des Königs größte Zufriedenheit erhielt. 1759 machten die 2 Bat. den Feldzug nach Franken, von da sie wieder zu des Königs Armee nach der Mark marschirten und der blutigen Schlacht bey Kunersdorf mit ihren Gren. beywohnten. 1760 standen die 2 Bat. unter Fouquet bey Landshut, wo es zu der großen Action kam, in welcher sie ihr Leben u. ihre Gefangenschaft sehr theuer an die Feinde verkauften. Die Gren. leisteten in den Schlachten bey Liegnitz u. bey Torgau vortrefliche Dienste u. zogen sich die Gnade des Königs zu. Das Reg. wurde nach seiner Gefangenschaft wieder auf 1 Bataillon errichtet und kam 1762 zur Belagerung von Schweidnitz, die Gren. aber machten das Treffen bey Freyberg mit. 1778 — 79 stand das Reg., im Bayerschen Erbfolgekriege, bey der Armee, die der Prinz Heinrich befehligte.

Chefs:

1743 Ob. u. Command. v. Götzen, blieb als G. M. bey Kesselsdorf.
1745 G. M. u. Command. v. Rindtorff, starb auch wenige Tage nach der Kesselsdorfer Schlacht an seinen Wunden.
1746 Ob. v. Schwerin, starb als G. M.
1750 — v. Pfuhl, starb als G. M.
1756 G. M. v. Schöning, blieb bey Prag.

1757 G. M. v. Bülow. Unter ihm verlor es den Namen Würtemberg. Er starb als G. v. d. Inf. u. Ritter des schw. A. O.
1776 Ob. v. Lettow, bekam als G. M. Pension.
1779 G. M. v. Pfuhl, jetziger G. L., des schwarzen u. rothen Adler-Ordens Ritter.

N. 47. Reg. Graf v. Herzberg.
(Oberschlesische Inspektion.)

Garnison. Glatz.

Uniform. Citronengelbe Aufklappen, offene Aufschläge und Kragen. Die Officiere haben goldne Achselbänder und eine breite gebogene gold. Tresse um den Huth.

Canton. Der Tosser, Lublinitzer und Rosenberger Kreis in Oberschlesien, nebst den darinn belegenen Städten.

Stamm. 1743 wurde dieses Reg. in Burg für den Obr. Prinz v. Hessen-Darmstadt, von 806 Mann in Mecklenburg gebrauchten kaiserl. Commissionstruppen, die der König vom Herzog v. Holstein-Gottorp kaufte, errichtet. Die Officiere wurden mehrentheils aus der Armee genommen.

Feldzüge. Die Bataille bey Kesselsdorf 1745 war die erste, der das ganze Reg. beywohnte. Den Feldzug von 1757 machten die Gren. und befanden sich in den Hauptschlachten bey Prag, Collin, Breslau, Leuthen und bey der Belagerung von Breslau. 1758 mußten die Gren. gleichfalls die Belagerung von Olmütz decken und wurden zugleich mit zur Begleitung des großen Transportes gebraucht, der bey Domstädtel angegriffen und geschlagen ward. Am Schlusse dieses Feldzuges fochten sie auch in der

Schlacht bey Hochkirch. 1759 bewiesen sich die 2 Bat. in der Schlacht bey Kunersdorf als tapfere Soldaten, das halbe Regiment ging aber dabey verloren. Gleich nach diesem Treffen stieß der Rest zum Finkischen Corps, wo es bey Maxen das Schicksal hatte, mit in Gefangenschaft zu kommen. 1760 wurde das Reg. auf 1 Bat. gesetzt. Es wohnte mit seinen Gren. in diesem Jahre der großen Schlacht bey Torgau bey. 1761 schickte der König das ganze Reg. wider die Russen nach Pommern, wo es sich mit seinen Gren. in den um Colberg angelegten Retranschements, und namentlich im Sturme auf Spie, an Muth auszeichnete. 1762 beschlossen die Gren. den siebenjährigen Krieg mit der Belagerung von Schweidnitz und der kurz vorhergegangenen Action bey Pretschendorf. Den Feldzug von 1778 bis 79 machte das Reg. unter dem Prinzen Heinrich v. Preussen. Seit 1792 befindet sich das Reg. im Feldzuge wider die Franken und war der Kanonade bey Valmy gegenwärtig.

Chefs:

1743 Ob. Prinz v. Hessen-Darmstadt, nahm als G. M. Abschied.
1747 G. M. v. Derschau, starb.
1752 — — v. Wiedersheim, erhielt ein aus Sachsen errichtetes Regiment.
1757 — — v. Rohr, blieb bey Leuthen.
1758 — — v. Grabow, ging mit Pension ab.
1764 — — Prinz v. Nassau-Saarbrück in Usingen, nahm als G. L. Abschied.
1778 — — v. Lehwaldt, erhielt als G. L. Pens.
1788 — — v. Wangenheim, erhielt Pension.
1790 — — Graf v. Herzberg.

N. 48. Reg. v. Köthen.
(Westphälische Inspektion.)

Garnison. Wesel.

Uniform. Ponceaurothe Aufklappen, Aufschläge und Kragen, auf jeder Klappe 6 weiße Bandschleifen mit orange aufgenähten Puscheln, 2 unter derselben, 2 über dem Aufschlage, und 2 hinten. Die Officiere haben auf jeder Klappe 6 breite goldne, hinten runde Bandschleifen, 2 unter derselben, 2 über dem Aufschlage, 2 auf der Tasche u. 2 hinten. Der Huth hat eine schmale goldne Tresse.

Canton. Hat keinen.

Stamm. Als 1743 das Reg. N. 32 errichtet wurde, blieben von jeder Comp. 10 Mann zum Stamm eines neuen Garnisonbataillons zurück, u. die noch fehlende Mannschaft wurde dazu angeworben. 1756 wurde dieses Bat. auf ein Füsilierreg. von 2 Bat. gesetzt, zu welchem das Reg. N. 41 viele Officiere und Gemeine abgab.

Feldzüge. 1757 standen die 2 Bat. des Reg. bey der Armee der Alliirten, wo sie mit einem Corps Franzosen bey Bielefeld ein scharfes Gefecht hatten. In diesem Feldzuge standen die Gren. bey des Königs Armee, und fochten in den beyden Schlachten bey Prag und bey Leuthen. 1758 wurden diese mit zur Belagerung von Olmütz gebraucht und waren nachher in der Hochkircher Schlacht. Die 2 Bat. hingegen waren in der Action bey Fehrbellin und vertheidigten nachher Dresden. 1759 machten die 2 Bat. den Feldzug nach Franken. Nach dessen Vollendung wurde das zweite Bat. wieder mit zur zweiten Vertheidigung Dresdens gebraucht. Ferner vertheidigten sie Torgau sehr tapfer, eroberten Wittenberg wieder, und wohnten am Schluß dieses Feldzuges einer scharfen Kanonade bey Dresden, so wie den Actionen bey Gorbitz und Pretsch bey. 1760 fochten die 2 Bat. in der Action bey Strehla, auch hatten sie nachher ein scharfes Gefechte bey Wittenberg. 1761 bey Neuensund bewiesen sich die Gren. in einem Gefechte ungemein tapfer, machten einige 100 schwedische Gefangene u. eroberten 3 Kanonen. 1762 hielten sich die 2 Bat. in der großen Action bey Brand (Freyberg) ausnehmend gut und hatten einen beträchtlichen Verlust an Todten und Verwundeten. Den bayerschen Erbfolgkrieg 1778 — 79 machte das Reg. bey der Prinz Heinrichschen Armee. 1787 machte es die holländische Campagne, in welcher es bey den Angriffen auf Ouderkerken, Wesup u. Muyden einige 30 Mann an Todten hatte.

Chefs:

1743 G. M. v. Beaufort, starb.
1743 Ob. v. Wobeser, starb als G. M.
1746 — v. Wutgenau, nahm Abschied.
1755 — v. Salmuth, war Commandeur.
1756 Erbprinz v. Hessen = Cassel, erhielt das Reg. N. 45.
1757 Ob. v. Salmuth, als Chef, nahm als G. M. Abschied.
1763 G. M. v. Beckwit, nahm Abschied.
1766 Ob. v. Eichmann, nahm als G. v. d. Inf. Abschied u. erhielt den schwarzen A. O.
1791 G. L. v. Schlieffen, Gouv. von Wesel und R. d. schwarzen A. O., nahm den Absch.
1792 G. M. v. Köthen.

N. 49. Reg. v. Borch.
(Oberschlesische Inspektion.)

Garnison. Neisse.

Uniform. Dunkelblaue Aufklappen, dunkelorange Aufschläge u. stehenden Kragen. Die Officiere haben auf jeder Klappe 7 silberne gemusterte Bandschleifen, 2 unter derselben, 3 auf dem Aufschlage, u. um den Huth eine breite gebogene silberne Tresse; die Gemeinen aber haben keine Litzen.

Canton. Der Grotkauer u. Frankensteinsche Kreis mit ihren Städten.

Stamm. 1742 wurde dieses Reg. aus dazu angeworbenen Leuten für den G. M. v. Walrave in Neisse auf 10 Comp. Pioniers u. 2 Comp. Mineurs errichtet. (s. Mineurcorps u. Pontonniers.) Bergleute vom Harz und aus dem Magdeburgischen wurden die Mineurs. Der G. M. v. Walrave fiel 1748 wegen Staats-Verrath in Ungnade, und mußte bis an seinen 1773 erfolgten Tod, in der Sternschanze bey Magdeburg sitzen. 1758 wurde das Reg. auf ein damaliges Füsilierreg. gesetzt und die 2 Mineurcomp. davon getrennt. 1787 erhielt es aus einem ehemaligen Garnisonreg. 2 Grenadiercompagnien.

Feldzüge. 1744 wohnte das Reg. der Belagerung und Einnahme von Prag bey. 1757 befand sich das 2te Bat. beym feindlichen Angriff bey Zittau. In diesem Jahre half das Reg. Liegnitz wieder einnehmen. 1758 ward es mit zur Blokade u. Belagerung von Schweidnitz gezogen. In eben diesem Jahre bewies das Reg. zur größten Zufriedenheit des Königs, in der Schlacht bey Zorndorf ausnehmende Tapferkeit, indem es zwey feindliche Batterien stürmte, 2 Haubitzen und 6 Pulverkarren eroberte. 1759 machte es den Feldzug in Pommern, wo es Dammgarten, Anclam und die Penamünderschanze einnehmen half. Noch war das Reg. in diesem Feldzuge dem Treffen bey Kay zugegen, und gleich darauf der mörderischen Schlacht bey Kunersdorf, aus welcher es, obschon mit außerordentlichem Verlust, dennoch mit dem größten Ruhme kam. 1760 kam das Reg., obgleich etwas spät, zu der Action bey Hohen=Giersdorf, in welcher es dem fliehenden Feinde 10 Kanonen und 2 Haubitzen abnahm. Den Beschluß dieses Feldzuges machte es mit der blutigen Torgauer Schlacht, in welcher es die Sipstitzer Anhöhen besetzte und einige 100 Feinde gefangen nahm. 1761 stand das Reg. unter dem Prinzen Heinrich auf den Katzenhäusern u. war der Action bey Pretschendorff 1762 zugegen. 1778 deckte das 2te Bat. den Rückzug des Königs aus Böhmen mit vieler Vorsicht.

Chefs:
1742 G. M. v. Walrave, fiel wegen Staatsverrath in Ungnade.
1748 Ob. v. Seers, nahm Abschied.
1758 G. M. v. Diericke, ging als G.L. mit Pens. ab.
1770 Ob. v. Schwarz, wurde als G. L. und Gouvern. von Neisse 1788 auf Pens. gesetzt.
1788 G. M. v. Borch.

N. 50. Bat. v. Troschke.
(Oberschlesische Inspektion.)

Garnison. Silberberg.

Uniform. Hellcarmoisinrothe offene Aufklappen, Aufschläge und Kragen, unter jeder Klappe 2 weisse, hinten spitzige Bandschleifen und 2 hinten. Die Officiere aber Aufklappen, Aufschläge u. Kragen von carmoisinrothem Sammet, unter jeder Klappe 2 von Silber gestickte Schleifen u. 2 hinten; auch Hüthe mit einer breiten, gebogenen silbernen Tresse.

Canton. Hat keinen bestimmten, dagegen erhält es seine Einländer von der schlesischen Infant.

Stamm. 1772 wurde es zu Reichenbach auf 5 Musq. Comp. u. 1 Gren. Comp. errichtet. Die meisten Officiere kamen aus dem Schweitzer=Canton Bern und aus dem Würtembergschen; 1768 waren die Officiere in Potsdam, schon complet und thaten mit der Garde Dienste. 1770 gab es der König dem aus sardinischen Diensten gekommenen Ob. v. Rossiere; 1788 wurde die Gren. Comp. auf eine Musq. Comp. gesetzt, u. bestehet also das Bat. aus 6 Comp.

Chefs:
1770 Ob. v. Rossiere, starb als G. M.
1778 G. M. v. Troschke, jetziger G. L.

N. 51. Reg. v. Hanstein.
(Westpreußische Inspektion.)

Garnison. Marienburg.

Uniform. Schwefelgelbe runde Aufschläge, Klappen u. aufstehenden Kragen. Die Officiere haben unter jeder Klappe 2 nicht sehr breite gebogene, von Silber gestickte Schleifen, 2 hinten, u. um den Huth eine breite gebogene Tresse.

Canton. Den großen u. kleinen Marienburgischen Werder; die Aemter Weißhof, Stuhm, Christburg, Tiegenhof, Carthaus, Brück, Oliva, Putzig, Starczyn, einige Dörfer der Aemter: Sobbowitz u. Subckau, nebst den dazwischen liegenden adlichen Dörfern, ferner die 7 combinirten Vorstädte von Danzig, als: Stoltzenberg, Alt= und Neu=Schottland, Langenfuhr, Schidlitz, Hoppenbruch, St. Albrecht. Die Städte: Marienburg, Stuhm, Christburg, Reiteich, Putzig u. Neustadt.

Stamm. Dieses Reg. ist 1773 zu Marienburg errichtet. Die Officiere kamen theils aus der Armee, theils aus fremden Diensten. Zum Stamm gaben viele Reg. Unterofficiere; die preuß. Reg. aber die Gemeinen, und die Rekruten aus Westpreußen sowohl, als aus dem Reiche, machten es vollzählig.

Feldzug. 1778 machte das Reg. im Bayerschen Erbfolgkriege beym Einmarsch in Böhmen die Avantgarde.

Chefs:

1773 G. M. v. Krockow. 1781 wurde er G. L., 1782 Ritter des schw. A. O., u. 1786 erhob ihn Friedrich II. in Grafenstand. Bekam als G. v. d. Inf. mit Pens. den gesuchten Abschied.
1789 Ob. v. Hanstein, jetziger G. M.

N. 52. Reg. Graf v. Schwerin.
(Westpreußische Inspektion.)

Garnison. Preußisch-Holland und Mühlhausen.

Uniform. Scharlachrothe Aufschläge, Kragen u. Klappen. Die Officiere haben unter jeder Klappe 2 gestickte silberne Schleifen, u. 2 hinten, der Huth ist mit einer breiten gebogenen silbernen Tresse eingefaßt.

Canton. 7 Aemter im Bisth. Ermeland, nämlich Mehlsack, Braunsburg, Guttstadt, Wormditt, Tollkemit, Allenstein und Wartenburg; Stadt und Amt Frauenburg, die Stadt Elbing und das ganze Elbingsche Territorium.

Stamm. Im April 1773 wurde dieses Reg. in Preuß. Holland errichtet; die Reg. der Armee gaben die Staabs- u. viele andere Officiere; der größte Theil der Officiere war aus fremden Diensten. Die Preuß. Garn. Reg. gaben Gemeine zu Unterofficieren; der erste Stamm bestand aus ausländischen Rekruten. Der König ernannte den aus Würtembergischen Diensten gekommenen Ob. v. Lengefeld, welcher schon einige Jahre in der Königl. Suite und zum G. M. daselbst avancirt war, zum Chef.

Feldzug. 1778, als der König über Nachod in Böhmen eindrang, machte das Reg. die Avantgarde.

Chefs:

1773 Ob. v. Lengefeld, erhielt das Reg. N. 5 und wurde G. L. u. Gouvern. von Magdeburg.
1785 G. M. Graf v. Schwerin, jetziger G. L.

N. 53. Reg. v. Favrat.
(Westpreußische Inspektion.)

Garnison. Braunsberg.

Uniform. Bleumourante Aufklappen, Aufschläge u. Kragen. Die Officiere haben unter der Klappe 2 große silberne, hinten runde Bandschleifen, und um den Huth eine breite gebogene silberne Tresse. Die Gemeinen haben keine Litzen.

Canton. In Ermeland, Stadt u. Amt Heilsberg, Rösseln und Seeburg. Wie auch die Städte: Bischoffstein u. Bischoffsburg. Im Michelauschen Distrikt: Stadt u. Amt Gollap, Straßburg, Lautenburg u. Löbau; nebst den Städten: Neumark u. Kurtzenick; Amt Lanckorreck, Kowalewo, Bartian und Prezistworitz.

Stamm. Dieses Reg. ist im Jun. 1773 aus Cantonisten u. Reichsrekruten für den Obr. v. Luck errichtet. Die Unterofficiere und Gemeinen zum Stamm, wurden von alten Reg. genommen.

Feldzug. Beym Einmarsche in Böhmen 1778 war es eines von denen Reg., welche bey des Königs Armee die Avantgarde machte.

Chefs:
1773 Ob. v. Luck, nahm als G. M. Abschied.
1780 — v. d. Goltz, erhielt als G. M. das Reg. N. 7.
1784 G. M. Graf v. Schwerin, erhielt das Reg. N. 52.
1785 — — v. Raumer, nahm seinen Abschied.
1786 — — v. Favrat, jetziger G. L.

N. 54. Reg. v. Bonin
(Westpreußische Inspektion.)

Garnison. Graudenz und Culm.

Uniform. Chamois Aufklappen, blaue Aufschläge u. Kragen. Die Officiere haben unter der Klappe 2 gestickte silberne Schleifen, u. um den Huth eine breite gebogene silberne Tresse. Die Gemeinen haben keine Schleifen.

Canton. Die ganze ehemalige Woywodschaft Culm, auf der andern Seite der Weichsel einige Aemter, u. die Stadt Schwetz, wie auch die Städte: Culm, Culmsee und Graudenz.

Stamm. 1773 wurde dieses Reg. errichtet. Die Officiere kamen theils aus der Armee, theils aus fremden Diensten. Zum Stamme wurden Unterofficiere aus der Magdeburgischen Inspektion gezogen, u. Gemeine gaben die an der Grenze liegenden Reg. sowohl in Preußen als Schlesien und Westphalen ab, u. lieferten auch die ausländisch. Rekruten.

Feldzug. War im Bayerschen Erbfolgkriege 1778 mit bey des Königs Armee als Avantgarde.

Chefs:
1773 Ob. v. Rohr, erhielt als G. M. eine Pension.
1784 G. M. v. Klitzing, starb.
1786 — — v. Bonin, jetziger G. L.

N. 55. Reg. v. Hollwede.
(Westpreußische Inspektion.)

Garnison. Mewa und Stargard.

Uniform. Bleumourante Aufklappen, Aufschläge u. Kragen. Die Officiere haben unter den Klappen 2 große goldne, hinten runde Bandschleifen und um den Huth eine breite gebogene goldne Tresse. Die Gemeinen ohne Besetzung.

Canton. Der Pommerellische Kreis, nebst den Städten: Mewa, Stargard, Derschau, Konitz, Friedland, Tuchel, Schlochau, Landeck, Neuenburg, Schöneck und Behrend.

Stamm. Dieses Reg. ist im Junius 1774 aus Cantonisten und Reichsrekruten errichtet worden. Fünf Officiere wurden hierzu aus der Armee genommen, die übrigen kamen aus fremden Diensten. Zum Stamm gab die Westphälische Inspektion die Unterofficiere.

Feldzug. War beym Einmarsche in Böhmen 1778 bey den 4 vorhergehenden Regimentern.

Chefs:

1774 Ob. Prinz v. Hessen-Philippsthal, nahm als G. M. Abschied.
1780 — v. Blumenthal, starb als G. M.
1784 — v. Koschenbahr, nahm als G. M. mit Pension Abschied.
1790 G. M. v. Tiedemann, erhielt 1792 Abschied mit Pension.
1792 — — Graf v. Brühl, starb auf der Reise zum Regiment.
1792 — — v. Hollwede.

Diese vorstehende Reg. hinterließ Friedrich II. seinem Nachfolger Friedrich Wilhelm II.

Leichte Infanterie.

Jägerregiment zu Fuß.

(Mark-Brandenburgische Inspektion.)

Garnison. Mittenwalde, Belitz, Zossen u. Müncheberg.

Uniform. Zeisiggrüne Röcke, Aufklappen und Westen, gelbe lederne Beinkleider und Stiefeln. Auf den Röcken ponceaurothe Aufschläge u. Kragen, nebst gelben Achselbändern, und am Seitengewehr grüne Portepees. Die Officiere haben goldene Achselbänder, Hüthe ohne Tressen mit einem Cordon, goldener Agraffe u. weissem Federbusch. 1789 bekamen die Jäger auch Hüthe nach Art der Infanterie, nur ohne Einfassung, dagegen aber einen grünen Federbusch. Ihre Waffen sind Büchsen u. Cartuschen.

Canton. Dem Regimente sind die Königlichen und Städte-Unterförsterssöhne obligat und es wird damit completirt.

Stamm. 1740 wurde es auf 50 bis 60 Mann errichtet, wegen gut geleisteter Dienste aber vermehrte es der König Friedrich II. von 1756 bis 1760 auf 800 Mann. 1760 wurde das Corps gefangen, 1761 aber wieder errichtet und 1763 bis auf 300 Mann reducirt, welche ein Bat. von 5 Comp. machten. 1778 kam eine sechste Comp. dazu, 1786 aber noch viere, so, daß das Reg. jetzt aus 10 Compagnien oder 2 Bataillonen bestehet.

Feldzüge. Im siebenjährigen Kriege wurden die Jäger als ein damaliges Bataillon zu verschiedenen Corps der Armee vertheilt, jedoch waren sie immer bey des Königs Armee u. wohnten 1757 der Prager, Breslauer u. Leuthner Schlacht bey, in welchen sie sich sehr zu ihrem Vortheil auszeichneten, und den Feinden großen Abbruch thaten. 1758 standen sie mit vor Olmütz, und bewiesen in der in diesem Feldzuge bey Hochkirch vorgefallenen Schlacht, daß es ihnen nicht an Tapferkeit gebrach. 1760 wurden sie zur Belagerung von Dresden gezogen und fochten darauf in der Action bey Strehla. 1778 — 79 machten sie den Bayerschen Erbfolgkrieg mit, so wie 1787 zwey Comp. zur holländischen Campagne genommen wurden. Seit 1792 befindet sich das 1ste Bat. am Rhein und war mit in der Kanonade bey Valmy.

Chefs:
1740 Major, Chevalier de Chafot, war ihr erster Commandeur, starb.
1750 Ob. v. d. Osten, starb.

1751

1751 Ob. v. Aweyde, starb.
1756 Maj. Hartwig, starb als Ob.
1758 — Baader, wurde entlassen.
1759 Capit. v. Gaudi, bekam als Flügeladjutant das Kommando.
1760 Maj. des Granges. Unter ihm gerieth das Corps in Kriegsgefangenschaft.
1761 Gen. Adjut. v. Anhalt. Unter ihm wurde, es wieder formirt.
1778 Ob. des Granges, als Chef, nachher G. M., wurde auf Pension gesetzt.
1790 Ob. v. Voß, jetziger G. M.

Füsilierbataillone.

Sämmtliche Bat., so in 6 Brigaden eingetheilt sind, (siehe Rangliste) haben grüne Röcke, dergl. Unterfutter u. weisse Unterkleider. Die Officiere haben bey einigen Bat. plüschene Aufklappen u. s. w.; daher wird nur die Veränderung der Couleur von den Aufklappen, Aufschlägen, Kragen u. Knöpfen angezeigt. Die Officiere tragen Stiefeln, Hüthe ohne Tressen mit einem weissen Federbusch, einem Cordon, einer Kokarde u. Agraffe, worin ein fliegender Adler von Gold oder Silber (je nachdem die Knöpfe weiß od. gelb sind,) schwarze Halsbinden, weder Spontons noch Ringkragen. Die Unterofficiere haben auf den Aufschlägen goldne od. silberne Tressen (welche sich auch nach den Knöpfen richten,) und um den Huth gleichfalls eine Tresse. Die Röcke der Gemeinen sind nicht besetzt: sie tragen Stiefeletten, der Huth ist mit einer weissen Schnur eingefaßt, an demselben ein fliegender Adler u. eine schwarz, grün und gelb melirte Puschel. Sie haben keine Cantons,

Stammliste. K

sondern werden aus der Armee mit Einländern ergänzt. Die Ausländer werben sie selbst.

N. 1. Bat. v. Schencke.
(Magdeburgische Inspektion.)

Garnison. Halle.

Uniform. Hellgrüne tuchene Aufklappen, Aufschläge, Kragen und gelbe Knöpfe.

Stamm. 1787 ist dieses Bat. aus 4 Comp. des Infanteriereg. N. 3 formiret worden, welches schon 1665 errichtet gewesen.

Feldzüge. In so fern dieses Bataillon seinen Stamm aus dem Reg. N. 3 herleitet, hat es Antheil an allen kriegerischen Thaten der Musquetiere oberwehnten Reg. 1787 war das Bat. mit bey der Expedition nach Holland, wo es zur Eroberung der Schanzen zwischen Amsterdam u. Amstelveen hauptsächlich viel beytrug. Seit 1792 macht es den Feldzug wider die Franken, u. wohnte der Kanonade bey Valmy in Champagne bey.

Chefs:

1787 Maj. v. Langelair, wurde Command. des Reg. N. 46, nachher aber Assessor beym 6ten Departement des Ober-Kriegs-Collegii.

1789 — v. Schencke.

N. 2. Bat. v. Renouard.
(Anspach-Bayreuthische Inspektion.)

Garnison. Bayreuth.

Uniform. Pfirsichblüthene tuchene Aufklappen, Aufschläge, Kragen u. gelbe Knöpfe.

Stamm. 1787 wurde es aus 2 Comp. des Infanteriereg. N. 3 und aus 2 Comp. eines ehemaligen Grenadierbat., welches in Treuenbrießen in Garnison stand, errichtet.

Feldzüge. Dieses Bat. macht in Ansehung seiner, im zweyten schlesischen sowohl; als in dem siebenjährigen Kriege geleisteten tapfern Dienste, die nemlichen Ansprüche, die bey den Musquetieren des Infanteriereg. N. 3, als des jetzigen Füsilierbataillons N. 5 angeführet sind. Die 2 Comp. vom Reg. N. 3 waren 1787 mit bey dem holländischen Feldzuge u. halfen Gorkum einnehmen. Jetzt macht es den Feldzug wider die Franken am Rhein und eroberte in der Action bey Hochheim eine Kanone.

Chef:
1787 Major v. Renouard.

N. 3. Bat. v. Thiele.
(Ostpreußische Inspektion.)

Garnison. Rösseln.

Uniform. Weisse tuchene Aufklappen, Aufschläge, Kragen und gelbe Knöpfe.

Stamm. Dieses Bat. leitet seinen Stamm aus 4 Comp. des damaligen Garnisonreg. v. Bose her, welches schon 1714 errichtet war.

Feldzüge. 2 Comp. haben den beyden Hauptschlachten 1759 bey Kunersdorf und 1760 bey Torgau, so wie der Action bey Saalfeld 1761 beygewohnt.

Chef:
1787 Ob. Lieut. v. Thiele, jetziger Oberster.

N. 4. Bat. v. Lieberoth.
(Westpreußische Inspektion.)

Garnison. Bromberg.

Uniform. Bleumourante tuchene Aufklappen, Aufschläge, Kragen und gelbe Knöpfe.

Stamm. 1787 ist dieses Bat. aus 2 Compagnien des damaligen Garnisonreg. v. Pirch, so 1715 aus 2 Comp. des gewesenen leichten Infanteriereg. v. Arnould, welches 1786 errichtet wurde, formirt.

Feldzüge. Zwey Comp. davon wohnten 1757 der Schlacht bey Gros-Jägerndorf und 1758 der Belagerung von Schweidnitz bey.

Chef:

1787 Ob. Lieut. v. Lieberoth, jetziger Oberster.

N. 5. Bat. v. Borcke.
(Potsdammische Inspektion.)

Garnison. Treuenbrietzen.

Uniform. Dunkelgrüne tuchene (die Officiere plüschene) Aufklappen, Aufschläge, Kragen und gelbe Knöpfe.

Stamm. Es ist dieses Bat. 1787 aus 4 Comp. des ehemaligen Grenadierbat. N. 1, welches in den Kriegen sich unter den Namen Byla, Wangenheim, Carlewitz u. Bock rühmlichst hervorthat, formiret worden. Die erste Comp. war 1715, die 2te 1740 und 2 Comp. 1742 errichtet.

Feldzüge. 1744 war es als ehemaliges Grenadierbataillon mit bey der Belagerung u. Eroberung von Prag, wo es beym Ausmarsche auf der Brücke, unter beständigem Feuer, und mit Verlust vieler Leute, die zurückziehende Armee deckte. 1745 ward es mit zur Belagerung von Cosel gezogen. 1757 in dem Treffen bey Reichenberg bewies das Bat. so viel Bravheit, daß es der Herzog v. Braunschweig-Bevern, als commandirender General, dem Könige ausnehmend rühmte. In der Schlacht bey Prag mußte es den ersten Angrif machen und blieb sofort im avanciren. Es verlor einige 100 Mann an diesem blutigen Tage. Nachdem das Bat. einige Tage der Blokade von Prag beygewohnt hatte, zog es der König zu seiner Armee. Es fochte in der Schlacht bey Collin, wo es den feindlichen rechten Flügel sogleich angrif, zurückschlug und sich von den Batterien Meister machte. Das Bat. ging hier fast zu Grunde. In den Schlachten bey Breslau u. bey Leuthen bewies es seine gewöhnliche Tapferkeit. In Ersterer bemächtigte es sich einer feindlichen Verschanzung, machte 72 Mann zu Gefangenen und eroberte 4 Kanonen. Nachher wurde es zur Belagerung von Breslau gezogen. 1758 mußte das Bataillon den großen Transport nach Olmütz begleiten, wo es bey Domstädtel (Bautsch) zu einer blutigen Action kam, bey welcher das Bat. die Geldwagen glücklich rettete. In diesem Feldzuge machte es auch die blutige Schlacht bey Hochkirch mit, in welcher es sich gegen 14 feindliche Bat. auf das hartnäckigste wehrte, dabey aber einen Verlust von 250 Todten und Blessirten litte. 1759 hatte das Bat. nebst noch 3 andern bey Conradswalde gegen 8000 Feinde zu fechten und schlug sie in die Flucht. 1760 stand das Bat. auf den schlesischen Gebürgen, wo beständige Attaken u. Kanonaden vorfielen. In der Schlacht bey Torgau kam das Bat. gleich zum Schlagen, traf aber auf eine feindliche Batterie, deren Kanonen sogleich 200 Mann zu Boden streckten. 1761 mußte es die beschwerliche Wintercampagne in Pommern machen, wo es alle die um Colberg liegende Retranschements vertheidigen u. auch attakiren half. 1762 wohnte es der Action bey Harta bey. 1778 — 79 machte es den Bayerschen Erbfolgkrieg mit und war in dem starken Gefechte bey Zuckmantel.

Chef:
1787 Maj. v. Borcke, jetziger Ob. Lieut.

N. 6. Bat. v. Rembow.
(Ostpreußische Inspektion.)

Garnison. Königsberg in Preußen.

Uniform. Orangefarbne tuchene Aufklappen, Aufschläge, Kragen und gelbe Knöpfe.

Stamm. Das Bat. ist 1740 von den Grenad. des ehemaligen Garnisonreg. N. 1 und 2 errichtet, ward nachmals ein stehendes Grenadierbat., bis es 1787 auf den Fuß eines Füsilierbat. gesetzt wurde.

Feldzüge. 1745 focht das Bat. in der Schlacht bey Soor. 1757 bewies es sich in der bey Gros-Jägerndorf ungemein brav und wurde nachher zur Blokade von Stralsund genommen. 1758 ward es zu der Zorndorffer Bataille gezogen, auch hielt es sich 1759 in der Schlacht bey Kunersdorf sehr gut, nicht minder in der Action bey Langensalza. 1760 kam es in der Schlacht bey Torgau gleich Anfangs ins Feuer, u. büßte viel Leute ein. 1762 war es mit in dem Treffen bey Freyberg und nachher in der Action bey Töplitz.

Commandeurs vom Grenadierbataillon:
1745 M. v. Katte, starb.
1753 — v. d. Heyde, wurde Commendant der Festung Friedrichsburg und nachher von Colberg.
1755 M. v. Lossow, erhielt das Inf. Reg. N. 41.
1765 Ob. v. Natalis, wurde Command. des Reg. N. 39.
1766 M. v. d. Hardt, als Oberster.
1779 Ob. v. Hacke, erhielt Pension.

1780 M. v. Klingsporn, starb als Ob. L.
1785 Ob. Herzog v. Hollstein-Beck, Command.
Chefs als Füsilierbataillon:
1787 — Herzog v. Hollstein-Beck, wurde Brigadier der Ostpreuß. Füsil. Bat. u. G. M.
1789 M. v. Rembow, jetziger Ob. L.

N. 7. Bat. v. Schultz.
(Oberschlesische Inspektion.)

Garnison. Reichenbach.

Uniform. Pfirsichblüthfarbene tuchene Aufklappen, Aufschläge, Kragen und weiße Knöpfe.

Stamm. 1787 ist es aus 4 Comp. des damaligen Garnisonreg. v. Heuckingk, welches 1741 errichtet wurde, formirt.

Chefs:
1787 Ob. v. Schmidhenner, wurde Commendant in Glatz.
1788 Ob. L. v. Schultz, jetziger Oberster.

N. 8. Bat. v. Hanff.
(Oberschlesische Inspektion.)

Garnison. Namslau.

Uniform. Hellgrüne tuchene Aufklappen, Aufschläge, Kragen und weiße Knöpfe.

Stamm. Zur Formirung dieses Bat. wurden 4 Comp. von einem ehemaligen Garnisonreg., das schon 1741 errichtet, und dessen letzter Chef der Gen. Maj. v. Saß war, genommen.

Chefs:
1787 Ob. v. Plüskow, wurde zum Regim. N. 47 versetzt.
1790 M. v. Hanff.

K 4

N. 9. Bat. v. Prosch.
(Oberschlesische Inspektion.)

Garnison. Patschkau.

Uniform. Paille tuchene Aufklappen, Aufschläge, Kragen und weisse Knöpfe.

Stamm. Es wurde dieses Bat. aus dem ehemaligen Grenadierbat. N. 6, errichtet. Es waren die Gren. von 2 Garnisonreg., deren Stiftungszeit 1741 war. Auf den Grenadieretat wurden sie 1753 gesetzt, und 1787 auf den gegenwärtigen.

Feldzüge. Die vorzüglichsten Thaten, welche von diesem Bat. bekannt sind, bestehen in Beywohnung vieler Hauptschlachten, als: 1757 der bey Prag u. dessen Belagerung, der Colliner, Breslauer u. Leuthner Schlachten, wie auch der Belagerung von Breslau. 1758 stand es mit vor Olmütz und fochte in den Schlachten bey Zorndorf u. Hochkirch mit möglichster Tapferkeit. 1759 zeichnete es sich in der bey Kunersdorf durch Standhaftigkeit bey den schwierigsten Angriffen aus. 1761 musste es den überaus beschwerlichen Feldzug in Pommern beywohnen, wo es in den um Colberg angelegten Verschanzungen, Vertheidigungen und Angriffe zu machen hatte, und sich im Sturme auf Spie hervorthat. 1762 hatte es ein Gefechte bey Bischofswerda, so wie 1778 eines bey Lewien.

Chefs als ehemaliges Grenadierbataillon:
1753 M. v. Plötz, nahm als Ob. Abschied.
1757 — v. Rohr, erhielt den Abschied.
1759 — v. dem Busch, erhielt als Ob. Pension.
1764 — v. Zabeltitz, starb als Ob.
1764 — v. Gillern, wurde 1787 Ob. und Chef des nunmehrigen Füsil. Bat., nachher aber erhielt er das Reg. N. 16.
1789 — Jung v. Diebitsch, starb.
1789 — v. Prosch.

N. 10. Bat. v. Martini.
(Oberschlesische Inspektion.)

Garnison. Breslau.

Uniform. Paille tuchene Aufklappen, Aufschläge, Kragen und gelbe Knöpfe.

Stamm. Ehemals war es ein stehendes Grenadierbat., dessen letzter Chef der Obr. v. Larisch war. Es wurde 1753 aus 4 Comp. von 2 Garnisonreg. formiret, 1787 aber kam es auf den Fuß eines Füsilierbataillons.

Feldzüge. 1760 fochte es in der großen Action bey Landshut mit vieler Tapferkeit und hatte das Schicksal, in Gefangenschaft zu gerathen. 1761 ward es wieder errichtet und wohnte der berühmten Expedition nach Pohlen bey, wo es bey Höblin ein starkes Gefechte hatte und darauf die große Wagenburg bey Gostin mit attakirte und sie in Brand steckte. In diesem Jahre machte es den Winterfeldzug in Pommern, hielt sich in der Action bey Cörlin u. nachher in den Angriffen und Vertheidigungen der um Colberg angelegten Verschanzungen, besonders im Sturme auf Spie, ungemein brav. Auch war es 1793 in der Action bey Hochheim und eroberte 2 Kanonen.

Chefs:
1753 Maj. v. Rhaden, starb.
1759 — v. Koschenbahr, blieb bey Landshut.
1760 — v. Hachenberg, starb als Ob.
1776 — v. Lentzke, erhielt Pension.
1780 — v. Larisch, wurde Obr. Lieuten. und zum Inf. Reg. N. 27 versetzt.
1788 — Alt v. Diebitsch, erhielt als Ob. L. den Abschied.
1791 — v. Forcade, nahm Abschied.
1792 — v. Martini.

N. 11. Bat. v. Deſſauniers.
(Oſtpreußiſche Inſpektion.)

Garniſon. Heilsberg.

Uniform. Weiſſe tuchene Aufklappen, Aufſchläge, Kragen und weiſſe Knöpfe.

Stamm. 1787 iſt dieſes Bat. aus 4 Comp. des ehemaligen Garn. Reg., deſſen letzter Chef der Ob. v. Berrnhauer war, formiret worden.

Feldzüge. In ſo fern dieſes Bat. ſeinen Stamm von einem alten Garn. Reg. herleitet, ſo hat es mit Antheil an folgenden Vorfällen: Es befand ſich 1757 in der Schlacht bey Gros-Jägerndorf. 1758 bey der Belagerung von Schweidnitz. 1759 wurde es bey Freyburg ohnweit Schweidnitz unter dem Major v. Francklin von 4000 Mann angegriffen, es vertheidigte aber ſeinen Poſten u. legte beſondere Ehre ein. 1760 fochte das 4te Bat. mit vieler Tapferkeit in der großen Action bey Landshut. Im Bayerſchen Erbfolgkriege 1778 wehrte ſich ein Commando von 100 Mann in einer Redoute gegen 1 Bataillon Oeſterreicher und trieb es zurück.

Chef:
1787 Ob. L. v. Deſſauniers, jetziger Oberſter.

N. 12. Bat. Graf zu Anhalt.
(Oſtpreußiſche Inſpektion.)

Garniſon. Königsberg in Preußen.

Uniform. Orangefarbene tuchene Aufklappen, Aufſchläge, Kragen und weiſſe Knöpfe.

Stamm. Dieſes Bat. leitet ſeinen Urſprung von den 2 Gren. Comp. des ehemaligen Garn. Reg. N. 11, welche ſchon 1743 errichtet waren, her. 1745 wurden ſie auf den Feldetat geſetzt. 1775 gab das damals ſtehende Gren. Bat. N. 4 zwey Comp. dazu, woraus das Gren. Bat. N. 7 als gegenwärtiges entstand. 1787 wurde es zum Füsil. Bat. gemacht.

Feldzüge. 2 Comp., als der älteste Stamm, waren 1745 mit in der Schlacht bey Soor. 1757 wohnten sie der Schlacht bey Gros-Jägerndorf, 1758 der bey Zorndorf und 1759 der bey Kunersdorf bey. 1760 befanden sie sich in der Action bey Strehla und in der Schlacht bey Torgau. 1762 hatten sie ein Gefechte bey Töplitz, und endigten den Feldzug mit dem Treffen bey Freyberg.

Chefs:
1745 Herzog v. Holstein-Beck, war Command. eines Gren. Bat., wovon die 2 Stammcomp.
1775 Ob. v. Bähr, Chef des Gren. Bat. sowohl, als des 1787 auf gegenwärtigem Fuß gesetzten Bat. Erhielt als G. M. Pension.
1788 — Graf zu Anhalt.

N. 13. Bat. v. Thadden.
(Niederschlesische Inspektion.)

Garnison. Jauer.

Uniform. Chamois tuchene Aufklappen, Aufschläge, Kragen und weisse Knöpfe.

Stamm. 2 Comp. von dem ehemaligen Garn. Reg. N. 10, welches bereits 1743, und 2 Comp. von dem leichten Inf. Reg. v. Chaumontet, welches 1786 errichtet war, machen seit 1787 gegenwärtiges Füsil. Bat. aus.

Feldzug. Dieses Bat. befindet sich mit unter denen, welche seit 1792 den Feldzug nach Frankreich und am Rhein machen, wo es der Kanonade bey Valmy und 1793 der Action bey Hochheim, wobey es 2 Kanonen eroberte, beygewohnt hat.

Chef:
1787 Major v. Thadden.

N. 14. Bat. v. Polliz.
(Niederschlesische Inspektion.)

Garnison. Bunzlau.

Uniform. Schwarze tuchene (die Officiere plü‑ schene) Aufklappen, Aufschläge, Kragen und gelbe Knöpfe.

Stamm. 1787 wurden 4 Comp., von dem 1786 errichteten leichten Infanterieg. des G. M. v. Chaumontet genommen, und daraus dieses Bataillon formiret.

Chef:
1787 Ob. v. Polliz, jetziger G. M.

N. 15. Bat. v. Rühle.
(Niederschlesische Inspektion.)

Garnison. Löwenberg.

Uniform. Chamois tuchene Aufklappen, Auf‑ schläge, Kragen und gelbe Knöpfe.

Stamm. Hat mit dem vorhergehenden Bat. gleiche Stiftungszeit und Stamm.

Chefs:
1787 M. v. Schurf, wurde Command. des De‑ pot‑Bat. vom Reg. N. 35.
1788 — v. Forcade, erhielt das Bat. N. 10.
1791 — v. Rühle.

N. 16. Bat. v. Oswald.
(Westpreußische Inspektion.)

Garnison. Koniz.

Uniform. Schwarze tuchene (die Officiere plü‑ schene) Aufklappen, Aufschläge, Kragen und weisse Knöpfe.

Stamm. 1787 wurde es aus 4 Compag. des 1786 vom G. M. v. Arnould errichteten leichten Infanterieregiments errichtet.
     Chefs:
1787 Ob. v. Kümpel, erhielt Pension.
1789 Maj. v. Oswald.

N. 17. Bat. v. Hinrichs.
   (Westpreußische Inspektion.)
Garnison. Guttstadt.
 Uniform. Bleumourante tuchene Aufflappen, Aufschläge, Kragen und weiße Knöpfe.
 Stamm. Hat mit dem vorhergehenden Bat. gleiche Stiftungszeit und den nemlichen Stamm.
     Chefs:
1787 Ob Lieut. Freiherr v. Walbrunn, starb.
1788 Maj. v. Hinrichs, jetziger Ob. Lieut.

N. 18. Bat. v. Müffling.
   (Magdeburgische Inspektion.)
Garnison. Magdeburg.
 Uniform. Carmoisinrothe tuchene (die Officiere sammetne) Aufflappen, Aufschläge, Kragen und weiße Knöpfe.
 Stamm. 1787 wurde es aus 4 Comp. des bereits 1786 errichteten leichten Inf. Reg. des Ob. v. Müller formirt.
 Feldzug. Dieses Bat. ist seit 1792 zum Feldzuge nach Frankreich und am Rhein befehligt, und stand mit in der Kanonade bey Valmy in Champagne.
     Chefs:
1787 Ob. Lieut. v. Willhelmi, starb.
1788 Maj. v. Müffling.

N. 19. Bat. v. Ernest.
(Magdeburgische Inspektion.)

Garnison. Magdeburg.

Uniform. Carmoisinrothe tuchene (die Officiere sammetne) Aufklapppen, Aufschläge, Kragen u. gelbe Knöpfe.

Stamm. Ist mit dem vorhergehenden in allem gleich.

Feldzug. Macht den nemlichen des vorhergehenden Bataillons.

Chef:
1787 Maj. v. Ernest, jetziger Ob. Lieut.

N. 20. Bat. v. Legat.
(Magdeburgische Inspektion.)

Garnison. Magdeburg.

Uniform. Dunkelgrüne tuchene (die Officiere plüschene) Aufklappen, Aufschläge, Kragen und weiße Knöpfe.

Stamm. 1787 ist dieses Bat. aus 2 Comp. des leichten Inf. Reg. des Ob. v. Müller, so schon 1786 errichtet wurde, und aus 2, 1787 neu dazu geworbenen Compagnien, formiret.

Chef:
1787 Maj. v. Legat, jetziger Ob.

Feld-Artillerie-Corps, bestehend aus 4 Regimentern und 3 reitenden Compagnien.

Garnison. Berlin.

Uniform. Die Officiere haben dunkelblaue Aufklappen, Aufschläge u. Kragen, auf jeder Klappe 7 gestickte goldne Schleifen, 2 unter derselben, 3 auf dem Auffschlage, 3 auf der Tasche, 2 hinten, u. um den Huth eine schmale goldne Tresse. Die Feuerwerker haben 7 goldne Bandlitzen auf jeder Kläppe, 2 unter derselben, 3 auf der Tasche, 2 auf dem Auffschlage, u. 2 hinten. Die Unterofficiere sind den Feuerwerkern ähnlich, nur daß sie auf der Tasche u. hinten keine Litzen haben. Die Bombardiere haben nur 2 goldne Litzen unter der Klappe, 2 auf dem Auffschlage u. eine schmale Achseltresse, den Pulverflaschriem überzufnöpfen. Die Gemeinen haben keine Litzen.

Canton. Die Städte: Trebin, Mittenwalde, Sommerfeld, Zielenzig, Drossen, Fehrbellin, Pritzerbe, Werben, Möckern, Charlottenburg, Alt-Landsberg, Bisenthal, Müncheberg, Freyenwalde, Wrietzen, Oderberg, Ziesar, Mörenberg, Neuwedel, Bernstein, Callis, Plathe, Regenwalde; in Westpreußen ein Theil des Cronschen und Caminschen Kreises, in welchen 270 Dörfer und nachstehende Städte: Filehne, Schloppe, Tietz, Märfsch-Friedland, Jastro, Schneidemühl, Schönlank, Radolin, Teutsch-Crone, Uscz, Czarnikow, Vansburg, Zempelburg, Camin, Flatau u. Krojanck; 1787 erhielt es den Brombergschen Kreis, dazu gehöret: die Stadt Bromberg nebst ihren Vorstädten u. Vorwerken, Fordon, Schulitz, nebst Stadt-Vorwerk u. Stadt-Holländerey, Pohlnisch-Coronowa. Das Amt Bartelsee, Coronowa und Wtellnow, Misozewitz, u. alle zu diesem Kreise gehörige adeliche Dörfer, Vorwerke und Mühlen, der Inowracklawsche Kreis, und 10 Dörfer aus dem Amte Iniffowo.

Stamm. Als Churf. George Wilhelm 1627 mit seinen Völkern nach Preußen marschirte, um es vor den Schweden und Pohlen zu decken, nahm er zwar schon Artillerie mit, so aus 41 Mann bestand; allein Churf. Friedrich Wilhelm unterhielt ein größeres Corps Artillerie, welches 1676 aus 300 Mann bestand, in kleinen Vestungen zerstreuet lag, und von dem Ob. v. Schördt commandirt wurde. Er nahm 1677 den Abschied. Ihm folgte der Ob. v. Weyler, starb 1690 als G. M. Sein Sohn, der Ob. v. Weyler, war sein Nachfolger. 1695 wurde der Markgr. Philipp v. Brandenburg zum Gen. Feldzeugm. ernannt. Unter diesem kam das Corps auf 9 Comp. 1698 folgte auf dem Ob. v. Weyler, welcher das Corps unter dem Markgr. commandirt hatte, der Ob. v. Schlund. 1704 ward die 10te Comp. errichtet. 1705 wurde der Ob. v. Schlund verdächtiger Correspondenz wegen in Verhaft genommen. Sein Nachfolger war der Ob. v. Kühlen. Der Markgr. starb 1711, und der Ob. v. Kühlen wurde zum G. M. u. Chef ernannt, 1715 aber vor Stralsund erschossen. An dessen Stelle kam der Ob. v. Linger. 1716 bestand die Artillerie aus 10 Comp.; die in Minden stehende Compag. wurde unter 4 andere, in Vestungen liegende Comp. vertheilt, u. diese bekamen den Namen: Garnisonartillerie, die übrigen 5 Comp. wurden nach Berlin gezogen, vermehrt, u. Feldartillerie genannt, 1713 ward die 6te Comp., u. 1741 das 2te Bat., näml. 1 Bombardier= u. 5 Canoniercomp. errichtet u. dem Ob. v. Holtzmann als Chef gegeben. 1741 kam der G. F. M. Graf v. Schmettau aus Kaiserl. Diensten; ward Gen. Feldzeugm. u. starb 1751. Linger starb 1755 als Gen. v. der Inf., und der Ob. v. d. Osten wurde Chef des 1sten Bat.; er blieb 1757 bey Breslau. Sein Nachfolger war 1758 der Ob. v. Dieskau. Dieser wurde zum Generaldirecteur u. Inspecteur über die sämmtl. Artilleriemagazine ernannt. 1758 sind 2 neue Comp., eine in Dresden, die andere in Greifswalde errichtet. 1759 starb der Ob. v. Holtzmann. 1760 bestand die Artillerie aus 14 Comp. Im Jan. 1762 nahm der

König

König eine ansehnliche Vermehrung vor, u. setzte das Corps auf 6 Bat., jedes 5 Comp. stark. Der Ob. v. Dieskau, welcher im näml. Jahre G. M. wurde, blieb Chef der 3 erstern Bat., der Ob. v. Moller wurde Chef der 3 letztern; starb aber im Nov. desselben Jahres. Nach dem Kriege 1763 musterte der König das Artilleriecorps. Auf seinem Befehl wurden aus allen Comp. die Leute, welche schon vor 1756 gedient hatten, gezogen, u. unter die 2 ersten Bat. gegeben; dagegen diese den Comp. ihre jungen Leute abgaben. Der G. M. v. Dieskau blieb Chef; doch wurde die Artillerie in 3 Reg. getheilt. 1772 ward das 4te Reg. errichtet. Die 1782 und 1783 errichteten Comp. wurden 1787 vom 1sten Reg. ausgezogen, woraus die 3 reitenden Comp formiret sind. Der Ob. v. Anhalt ist Commandeur derselben u. stehet in Friedenszeiten für immer, mit 1 Capit., 2 Lieut., 6 Unterofficieren u. 60 Kanoniren, welche alle Jahre abgelöset werden, in Potsdam.

Feldzüge. Bey ausbrechenden Kriegen wird die sämmtliche Feldartillerie in der Armee vertheilt. Es ist also nicht möglich bey jedem Reg. oder Bat. zu bestimmen, wo, und bey welcher Gelegenheit es sich in den geführten Kriegen namentlich befunden hat. Soviel ist von der preußischen Artillerie sattsam bekannt, daß sie bey allen Vorfällen ganz vortreffliche Dienste geleistet, u. oft, wie z. B. bey Roßbach, Leuthen, besonders bey Zorndorf, den Ausschlag zum Siege gegeben hat. Die reitende Artillerie ist bey der preußischen Armee seit 1759 die erste und einzige in Europa gewesen, und ihr Nutzen hat sich zum Nachtheil der Feinde bey vielen Actionen bestätiget. Das österreichische Haus hat diese Erfindung nach dem siebenjährigen Kriege nachgeahmt.

Stammliste.   L

Das erste Artillerieregiment in Berlin.
Chefs:
1762 Ob. v. Dieskau, starb 1777 als G. L., Gen. Inspecteur und Direkteur der sämmtlichen Artillerie, wie auch R. d. schw. A. O.
1777 G. M. v. Holtzendorf, starb als Gen. Inspecteur und Directeur der sämmtlichen Artillerie, 1785.
1785 Ob. v. Dittmar, wurde 1787 Director des 3ten Depart. im Ober-Kriegscollegio, Gen. Inspecteur u. Director der sämmtlichen Artillerie, starb 1792 als G. M.
1792 — v. Meerkatz, Chef des Reg. und jetziger Generalmajor.

Das zweite Artillerieregiment in Breslau.
Chefs:
1762 Ob. v. Moller, starb noch in diesem Jahre.
— — v. Kitscher, starb.
1770 — v. Lüderitz, starb.
1778 — v. Höfer, starb.
1785 — v. Dittmar, erhielt das 1ste Reg.
— — v. Pritzelwitz, starb.
1787 — v. Bardeleben.

Das dritte Artillerieregiment in Berlin.
Chefs:
1763 Ob. v. Winterfeldt, wurde 1776 nach Neisse als Commandeur der in Schlesien befindlichen Artillerie versetzt.
1776 — v. Holtzendorf, wurde Chef des 1sten Reg. und des ganzen Corps.

1777 Ob. v. Meerkatz, starb.
1786 — v. Moller, jetziger Gen. Maj. General=
Inspecteur der sämmtl. Artillerie und
Direktor beym 3ten Depart. im Ober=
Kr. Coll.

Das vierte Artillerieregiment in Berlin.

Stamm. Dieses Reg. wurde 1772 auf 10 Comp. errichtet, bekam aber keine Bombardiere. Die Ge= meinen hatten statt der Pulverflasche über der ei= nen Schulter einen ledernen weiß angestrichenen Riemen, an welchem eine Pistole hing, über der andern aber eine Schippe und Hacke. 1782 ver= lor es diese Armatur und erhielt an deren Stelle, wie die andern Regimenter, Pulverflaschen, auch Bombardiere. Eine gewisse Mannschaft von jeder Compagnie lernt sappiren. Dieses Regiment hat keinen Chef, sondern Commandeur. Diese sind ge= wesen:

1772 Ob. v. Pritzelwitz war Command. des 1sten
und der Ob. v. Möller des 2ten Bat.
Als dieser 1779 Command. des 1sten Reg.
wurde, blieb der Ob. v. Pritzelwitz
allein Command. Dieser erhielt 1785
das 2te Reg.
1785 — v. Meerkatz, wurde 1792 Chef des 1sten
Reg.
1792 — v. d. Lochau.

Garnisonartillerie.

Die 4 Comp., welche 1716 unter dem Namen: Garnisonartillerie, von dem Feldartilleriecorps ab= gesondert wurden, lagen in Pillau, jetzt aber in

Königsberg, Stettin, Wesel u. Magdeburg. 1771 wurde die 5te Comp. in Collberg errichtet und 1784 kam eine neue Comp. nach Graudenz. Nach Schlesiens Eroberung wurde 1742 zu Breslau eine starke Comp. errichtet, von welcher alle schlesische Festungen mit Commando's besezt wurden. 1748 wurde das Commando in Neisse auf eine Comp. stark, gesezt. 1750 ward aus dem Commando in Glaz gleichfalls eine Comp. errichtet und eine ganz neue kam nach Schweidnitz. 1756 wurde aus dem Commando in Cosel gleichfalls eine Comp. und 1771 aus denen in Breslau und Glogau gleichfalls Comp. formirt. 1782 kam eine ganz neue Comp. nach Silberberg.

Pontonniere.

Garnison. Berlin.

Uniform. Die Montirung der Pontonniere ist der der Artillerie gleich.

Stamm. 1715 bestanden sie aus einem Capitain, 2 Unterofficieren, einem Klempnermeister und 20 Pontonnieren. 1716 wurden sie, bis auf den Cap., 2 Unterofficiere und 4 Gemeine abgedankt. 1725 wurden noch 20 Mann dazu geworben, und standen in Berlin bei der Artillerie, bis 1742 eine neuerrichtete Mineurcomp. dazu kam, mit welcher sie vereiniget wurden. 1744 wurden sie wieder von den Mineuren getrennt; 1756 wurden sie vermehrt; 1763 aber wieder bis auf den Cap., Prem. Lieut., 3 Unterofficiere u. 24 Mann, reducirt. 1773 wurden sie von den Mineuren gänzlich abgesondert und erhielten Artilleriemontirung. 1787 wurden sie mit 2 Sec. Lieut., 3 Unterofficieren und 24 Mann vermehrt. Ihre Chefs sind Capitaine.

Das Ingenieurcorps.

Garnison. Berlin, Potsdam und in Festungen.

Uniform. Dunkelblaue Röcke mit schwarzen Manschester-Aufklappen, Aufschlägen und Kragen, auf jeder Klappe 7 silberne gestickte Schleiffen, 2 unter derselben, 3 auf dem Aufschlage, 3 auf der Tasche und 2 hinten, schwarz Unterfutter, versilberte Knöpfe, grüngelbe Unterkleider und Stiefeln, um den Huth eine breite ausgebogene silberne Tresse mit Cordon und Agraffe. Ausserdem ist ihnen erlaubt, eine Interimsuniform ohne Stickerey, desgleichen den Huth ohne Tresse, bloß mit Cordon und Agraffe, zu tragen.

Stamm u. Chefs. Von diesem Corps hat man Nachricht, daß folgende Chefs bey dem Churbrandenb., nachher königl. Ingen. Corps gestanden, als: G. M. de Chiese, Ob. v. Blesendorf, Ob. de Cayard, G. M. du Trossel, G. M. v. Bodt, G. M. de Montargues. 1741 ward das Corps vermehrt, u. erhielt den G. M. v. Walrave zum Chef, welcher zugleich das 1742 zu 10 Pionier- u. 2 Mineurcomp. neu errichtete Reg. N. 49 erhielt; dieser fiel 1748 in Ungnade, und ihm folgte der G. M. v. Seers als Chef des Corps u. erwähnten Reg.; er ward 1757 seiner Dienste entlassen. Die 10 Comp. Pioniere bekam der G. M. v. Diericke 1758 als ein Füsil. Reg. und die 2 Mineurcomp. wurden unter dem Ob. v. Castilhon abgesondert. Dem Ing. Corps ward der Ob. v. Balbi vorgesetzt, der aber 1758 Alters wegen, sein Tractament bis zu seinem 1779 erfolgten Tode behielt. Von 1758 bis 1788 hat dies Corps keinen declarirten Chef gehabt, sondern die jüngern Officiere jeder Festung standen unter dem ältern, und diese wieder unmittelbar unter dem Könige. 1787 wurde ihr Gehalt von Sr. jetztreg. Maj. ansehnlich vermehrt u. das Corps nach den 3 Hauptländern, als: 1) Preußen und Pommern, 2) der Mark, Magdeburg u. Westphalen, und 3) Schlesien u. Glatz, in eben so viele Brigaden vertheilt; 1789 aber der G. M. v Regler zum Chef des Corps, und Director des 4ten Departements im Ober=Krieges= Collegio ernannt, starb 1792.

Die Ingenieurakademie.

1788 ließen Sr. jetztreg. Maj. eine Ingenieuraka= demie in Potsdam errichten, in welcher 18 Eleven in der Ingenieurkunst Unterricht erhalten, deren jede 6, den geschicktesten unter ihnen gleichsam zu ihrem Befehlshaber haben; er führt daher den Titel: Con= ducteur, erhält auch wohl zur Belohnung seines Fleisses u. Conduite das Portepee. Nach dem Be= fehl Sr. Königl. Majestät, kann niemand Eleve in dieser Akad. werden, ohne vorher im Berlinschen Cadettenhause gewesen zu seyn. Der Abgang des Ing. Corps wird daraus ersetzt. Der erste Direc= tor ist der Obl. v. Scheel, v. d. Armee, der zweyte Director war der M. v. Winanckow, vom Ing. Corps. Letzterer starb 1790, u. ihm folgte der M. v. Borghesi.

Das Mineurcorps.

Garnison. Glatz, Neisse und Graudenz.

Uniform. Dunkelblaue Aufklappen, orange= farbige Aufschläge und stehende Kragen. Die Of= ficiere haben auf jeder Klappe 7 goldene gemusterte Bandschleifen, 2 unter derselben, 3 auf dem Auf= schlage und um den Huth, eine breite, gebogene gol= dene Tresse. Die Gemeinen aber haben keine Litzen.

Stamm. Die Errichtung dieses Corps war 1742 mit dem Inf. Reg. N. 49 zugleich. 1758 wurden die 2 Comp. Mineure davon genommen, 1772 eine dritte, und 1783 eine vierte Comp. dazu errichtet, welche ihre eigne Chefs erhielten, als:
1758 Ob. v. Castilhon, erhielt eine Pension.
1789 — v. d. Lahr.

Besondere Corps.
Das adeliche Cadettencorps.

Garnison. Berlin, Potsdam, Stolpe u. Culm.
Uniform. Ponceaurothe offene Aufschläge, Kragen u. Klappen; citrongelbe Unterkleider. Die Cadetten in Berlin haben um den Aufschlag und um die Hüthe, die Unterofficiere um denselben, auch auf der Klappe, eine nicht ganz schmale silberne Bandtresse. Die Unterofficiere in Stolpe u. Culm, haben dergl. Tressen nur allein um die Hüthe. Die Cadetten in Potsdam sind von den übrigen Cadetten in Absicht der Montur dadurch unterschieden, daß sie rothe Unterkleider u. keine Tressen, aber weisse Bandborten um den Aufschlag, u. die Unterofficiere auch dergl. auf den Klappen haben. Die Officiere haben auf jeder Klappe 6 von Silber geschlungene Schleifen, 2 unter derselben, 2 auf dem Aufschlage, 2 auf der Tasche, 4 hinten, u. um den Huth eine breite, gebogene, silberne Tresse. Dieses Corps ist eine Pflanzschule künftiger Officiere.

Stamm. Friedrich I. unterhielt in Berlin, Magdeburg u. Collberg 3 Cadettencorps, aus welchen Friedrich Wilhelm I. ein Corps machte u. solches nach Berlin verlegte. Friedrich II. hat die Verfügung getroffen, daß auch im Potsdamschen Wahsenhause unbemittelte adeliche Kinder, welche für das eigentliche Cadettencorps noch zu jung sind, erzogen, u. zur Aufnahme unter die Cadetten in Berlin ꝛc. zubereitet werden. Es befinden sich also gegenwärtig in Berlin, nachdem das Pagen=Institut unterm 1. März 1790 dem Cadettencorps einverleibt worden, 252, in Potsdam 40, in Stolpe 96, u. in Culm 100; in allen diesen adel. Erziehungsanstalten also überhaupt 488 Cadetten, von welchen besonders die in Berlin, in allen zur Bildung eines Officiers erforderlichen Kenntnissen, unterrichtet, auch zum Soldatendienst gewöhnet, u. mit allem Nöthigen auf Königl. Kosten anständig versehen; nachher aber unter die Reg. als Freycorporale, auch als Officiere, gegeben werden. — Der erste Stamm war in Collberg; er bestand aus 60 bis 70 Cadetten, welche von dem Gouverneur u. Gen. Lieut. v. Micrander den Capitainen der dasigen Garnison zur Disciplin übergeben, 1716 aber nach Berlin gezogen, u. bis auf 110 vermehrt wurden. Ihr erster Command. war der Ob. Finck v. Finckenstein. 1719 stießen auch die Magdeb. Cadetten dazu; nun war das Corps 150 Mann stark. Es wurde abermals mit 50 Junkern vermehrt, 1720 in 4 Comp. getheilt, u. im näml. Jahre geschah die letzte Vermehrung mit 36 jungen Edelleuten. Der Ob. v. Finckenstein starb 1727. Ihm folgte der Ob. v. St. Sauveur; starb 1731. Sein Nachfolger war der Ob. v. Milagsheim; nahm 1739 den Abschied. An seine Stelle kam der Ob. v. Oelsnitz, welcher 1753 mit Tode abging. Ihm folgte der Ob. v. Wulfen; dieser starb 1757. Hierauf kam 1759 der G. M. v. Buddenbrock. 1769 ließ der König eine neue Cadettenschule in Stolpe anlegen, wovon der Maj. v. Eckardt jetzt Director ist. 1776 wurde in Culm eine ähnliche Erziehungsanstalt angelegt, und der Maj. v. Grumbkow ist jetzt Director derselben. Der G. M. v. Buddenbrock starb 1781 als G. Lieut. 1782 bekam es der Ob. v. Plötz, welcher schon seit 1757 eine Pension gehabt hatte; er starb noch in demselben Jahre, worauf der G. M. v. Mosch jetziger G. L. folgte.

Akademie militaire zu Berlin.

Sie wurde 1765 vom König Friedrich II. gestiftet. Ihr Zweck ist: 15 junge einländische Edelleute durch den ausgesuchtesten Unterricht, und eine vorzüglich gute Erziehung, dahin zu bringen, daß sie zu den ersten militairischen und andern Stellen im Staate gebraucht werden können. Diese 15 Eleven werden aus dem Königl. Cadettencorps zu Berlin genommen, und nur solche gewählt, welche sich durch gute Naturgaben dazu schicken. König Friedrich II. entwarf selbst den Plan, die Instructionen für die Lehrer und für die Gouverneure. Der verstorbene Professor Sulzer erhielt den Auftrag, das Detail davon auszuarbeiten, und in Verbindung mit dem damaligen Chef des Königl. Cadettencorps, dem Gen. Lieut. v. Buddenbrock einzurichten und zu dirigiren. Um diese in ihrer Art einzige Anstalt gemeinnütziger zu machen, erlaubte der verstorbene König, daß ausser den bestimmten 15 Eleven, auch andere vom einländischen und auswärtigen Adel, gegen die mäßige Pension von 400 Thlr. jährlich, und nach erhaltenen speciellen Erlaubniß Sr. Majestät, davon Nutzen ziehen können. Alle Wissenschaften, welche in den eben angeführten Zweck passen, werden in drey besondern Classen, meist in französischer, (welche die Hauptsprache des Hauses ist,) vorgetragen. Für jede derselben sind zwey Jahre bestimmt, daß also der Aufenthalt eines Königl. Eleven sechs Jahre dauert, nach deren Verlauf er als Officier in ein Regiment placirt wird. Zur moralischen Führung sind 5 Gouverneure angesetzt, deren jeder 3 oder 4 Eleven unter seiner besondern Auffsicht hat. Der jedesmalige Chef des Cadettencorps ist auch zugleich Chef der Akademie militaire. Im Jahr 1771 wurde noch ein Sousdirector angesetzt. 1791 wurden in der innern Einrichtung dieser guten Anstalt, auf Befehl des jetztregierenden Königs Maj. verschiedene Verbesserungen eingeführt. Das Ob. Kriegs=Colleg. erhielt die oberste Direction, der Obr. Lieut. v. Wulffen vom Königl. Cadettencorps, wurde als Inspecteur angesetzt, und dem alten Reglement noch ein neues beygefügt.

Die Uniform der Gouverneure, welche nicht Officiere gewesen sind, ist: ein scharlachrother Rock mit hellgelbem Unterfutter, Aufschlägen und Kragen, dergleichen Unterkleider, und um den Huth eine breite gebogene goldene Tresse. Diejenigen aber, welche in der Armee gedient haben, tragen die Officier=Uniform, zu welcher sie besondere Erlaubniß haben. Die Eleven und Pensionaire tragen dunkelblaue Röcke mit rothem Unterfutter, silbernen Knöpfen, blauen Aufschlägen und Kragen, hellgelbe Unterkleider, und eine schmale silberne Tresse um den Huth.

Feldjägercorps zu Pferde.

Garnison. Cöpenick.

Uniform. Zeisiggrüne Röcke und Westen, ponceaurothe offene Aufschläge, Kragen u. gold. Achselbänder, gelbe lederne Beinkleider u. Stiefeln. Die Officiere haben auf jeder Seite 8 goldne, breite gestickte Schleifen, 2 auf dem Aufschlage, 2 auf der Tasche, 4 hinten, u. um den Huth eine breite gebo=

gene golb. Treffe. Die Jäger haben Hüthe ohne Treffen, aber grüne mit Silber durchflochtene Cordons, auch eben solche Portepees.

Stamm. Es werden meistentheils Förster- oder Jägersöhne unter dieses Corps genommen. Statt der Unterofficiere haben sie 6 Oberjäger. Dieses Corps ist 1740 auf 60 Mann errichtet. 1744 wurde es mit 112 Mann verstärkt; es besteht also jetzt (die Oberjäger mit eingeschlossen) aus 172 Mann, die von Rittmeistern commandirt werden. Im Frieden u. im Kriege werden sie als Couriere gebraucht. Ihr erster Oberbefehlshaber war 1740 der G. M. Graf v. Hacke. (Gewöhnlich war der erste Gen. Adjut. Friedrich II. auch zugleich Hofjägermeister.)

Chefs:

1740 G. M. Graf v. Hacke.
1750 — — u. Gen. Adjut. v. Buddenbrock.
1754 Ob. v. Ingersleben, blieb bey Breslau als Gen. Maj.
1757 — v. Wobersnow, blieb als G. M. bey Kay.
1759 — v. Krusemarck, erhielt als G. M. das Reg. Gensd'armes.
1768 G. M. v. Anhalt, bekam das Reg. N. 33.
1784 Obr. v. Hanstein.
1787 — v. Geusau, wurde G. M. u. zum 3ten Depart. des Ob. Kr. Coll. gesetzt.
1790 — v. Bischofswerder, jetziger Gen. Maj.

Garde-Invaliden in Werder bey Potsdam.

So wie die Königl. Garden zu Pferde u. zu Fuß ein Reservecorps haben, so haben sie auch ein Corps Ausrangirte oder Invaliden, welches von Fried. Wilh. I. 1730 gestiftet wurde. Nur Invaliden des

Reg. Garde u. die der alten Grenadiergarde, jetziges Bat. v. Rohdich, haben an dieser Versorgung Antheil. Die vom 1sten Bat. Garde u. von der Garde du Corps werden bey ihnen selbst verpflegt. Das Standquartier dieses Corps ist die kleine Stadt Werder bey Potsdam. Es besteht aus 1 Capit., 2 Feldwebeln, 31 Unterofficieren, 477 Gemeinen u. 14 Spielleuten. Diese Invaliden genießen das volle Tractament, nur keine Montirungsstücke. In Friedenszeiten haben sie Postirungswachten um Potsdam, in Kriegszeiten aber, Potsdam und die Königl. Schlösser zu besetzen. Diejenigen, die gar keine Wachen thun, haben das halbe Tractament. Bey dessen Stiftung 1730, setzte ihnen **Friedrich Wilhelm I.** einen Capitain zum Befehlshaber.

Das Invalidencorps bey Berlin.

Dunkelblaue offene Aufklappen, Aufschläge u. Unterkleider. Die Officiere haben eine schmale gold. Tresse um den Huth. — Als das Invalidenhaus bey Berlin 1748 erbauet war, mußten alle Reg. ihre verwundeten u. unvermögenden Leute dahin senden, aus welchen 3 Comp., jede 200 Mann stark, errichtet wurden. Sie erhalten, wie die Feldreg., Montirungsstücke u. Tractament, freyes Quartier, Holz u. Licht. Die, welche noch gesunde Hände und Füsse haben, verrichten den Dienst zur Sicherheit des Hauses.

Commandeurs:
1748 Ob. v. **Feilitsch**, starb.
1768 — v. **Dämcke**, starb.
1775 — v. **Dizelsky**, starb.
1779 — v. **Pelchrzim**, starb als Gen. Maj.
1788 — v. **Reineck**, starb.
1791 — v. **Arnim**.

Invalidencorps in den Provinzen.

Garnison. Trebin, Drossen, Mansfeld, Bublitz und Schwienemünde.

Se. jetztreg. Maj. fanden beym Antritt der Regierung, für gut, da das vorstehende Invalidenhaus für die zahlreiche Armee zu klein ward, nachstehende Invalidencomp. zu errichten. Den 16. Jul. 1788 wurde mit der ersten Comp. der Anfang gemacht, worauf die andern folgten; sie sind in kleine Städte einquartiret u. behalten ihr Tractament. — Ihre Montirung besteht in dunkelblauen Röcken, Westen, Hosen, carmoisinroth tuchenen Aufschlägen u. weissen Knöpfen; die Officiere haben eine schmale silb. Tresse um den Huth; die Gemeinen weisse Schnüre, aber keine Schilde.

Landregimenter.

Das erste heißt das Berlinische, das zweyte das Königsbergische, das dritte das Magdeburgische, und das vierte das Stettinische Landregiment.

Friedrich II. ließ 1742 aus den Freycomp., welche in kleinen Festungen gelegen hatten, ein Reg. von 2 Gren. und 10 Musq. Comp. errichten, welches den Namen: Neu-Garnisonreg. bekam. Dieses Reg. hatte keinen Chef, u. lag vor dem Kriege 1756 in Peitz, Tempelburg, Cüstrin, Meurs, Spandau, Reppen u. Fort Preußen bey Stettin in Garnison, wurde aber 1763 reducirt.

Ohne dieses sind noch 4 Reg., welche nur bey entstehendem Kriege zusammenkommen. Staabs- u. andere Officiere, auch Unterofficiere u. Tamboure, erhalten das halbe Tractament; die Gemeinen aber nichts, weil diese nicht eher, als im Nothfalle von den Landständen geliefert werden. Bei diesen Reg.

Stamm. Der Fürst v. Anhalt-Dessau hat dieses Reg. 1666 zu 6 Comp. stark errichtet, 1689 noch 3 Comp. dazu angeworben u. so ward es auf 3 Esq., jede von 3 Compag. gesetzt. 1691 gab es Mannschaft zu Errichtung des Reg. N. 9, ab. 1718 kam es auf 5 Esq., jede von 2 Comp. Die Mannschaft dazu wurde von dem vertheilten Reg. von Heyden genommen.

Feldzüge. 1672 marschirte das Reg. den Holländern nach den Niederlanden zu Hülfe. 1674 diente es im Elsaß, ging aber von da bald zurück nach der Mark Brandenburg, wo es 1675 die Schweden bey Fehrbellin schlagen half. Noch in diesem Jahre machte es den Feldzug nach Pommern, wo es den Schweden Greiffenhagen abnahm und 1677 Stettin mit belagerte. 1686 ging der Zug nach Ungarn vor Ofen, von da wieder nach dem Rhein. Hier stand es 1689 mit vor Bonn. 1691 fochte es in der Schlacht bey Steenkerken und in der darauf folgenden Action bey Leuse. 1693 war es in dem Treffen bey Neerwinden, in welchem es fast gänzlich zu Grunde ging. In den darauf folgenden beyden Jahren stand es vor vielen brabantischen Festungen. Im spanischen Erbfolgkriege war es außer vielen Belagerungen, 1706 in der Schlacht bey Ramellies, 1708 in der Schlacht bey Oudenarde, in der bey Wynendael, wo es die feindliche Bedeckung von Ostende angriff und zurück schlug. Hierauf half es Ryssel (Lille) u. Gent einnehmen. 1709 bewies das Reg. in der Schlacht bey Malplaquet viel Tapferkeit und verlor ansehnlich, bald darauf half es Dornik belagern u. einnehmen. 1715 machte es den pommerschen Feldzug, wo es der Landung auf der Insel Rügen zugegen war. 1742 fochte das Reg. in der Schlacht bey Chotusitz. 1745 in denen bey Soor, Hohenfriedberg u. bey Kesselsdorf. 1757 war es den Schlachten bey Prag, Collin, Breslau

Breslau u. Leuthen zugegen. 1758 wohnte es der mörderischen Nachtschlacht bey Hochkirch bey. 1759 war es in den beyden Schlachten bey Kay und Kunersdorf, in welcher Letztern es sich durch Bravheit ungemein auszeichnete. 1760 that das Reg. in der Schlacht bey Torgau vortrefliche Dienste. 1762 machte es die Schlacht bey Freyberg mit. Im bayerschen Erbfolgkrieg 1778 — 79 war es bey des Königs Armee.

Chefs:
1666 Fürst v. Anhalt=Dessau, starb als Gen. Feld=Marschall.
1693 G. M. Graf v. Schlippenbach, starb als Gen. von der Cavallerie.
1723 — — v. Bredow, trat es ab.
1724 Ob. v. Buddenbrock, starb als G. F. M.
1757 G. M. v. Krockow, starb.
1759 — — v. Schlabrendorff, starb 1765.
1765 — 1768 blieb es vacant.
1768 Ob. v. Röder, starb.
1781 G. M. v. Apenburg, erhielt Pension.
1784 — — v. Bohlen, bekam als G. L. Pension.
1787 — — v. d. Gröben, wurde Chef des 5ten Depart. im Ober=Kriegs=Collegio.
1788 Ob. v. Dolffs, jetziger G. M.

N. 2. Reg. v. d. Marwitz.
(Mark=Brandenburgische Inspektion.)

Garnison. Kyritz, Perleberg, Zehdenick, Wusterhausen, Wittstock, Gransee und Pritzwalck.

Uniform. Dunkelcarmoisinrothe Aufschläge, Kragen u. Chemisets. Die Collets, so statt weiß, citronengelb, sind mit einer carmoisinrothen, die

Stammliste. M

Chemisets aber mit einer weissen Borte besetzt, an deren Stelle haben die Officiere eine breite silberne Tresse.

Canton. Ein Theil des Ruppinschen und Havelländischen Kreises, nebst den Städten: Kyritz, Wittstock, Perleberg, Pritzwalck, Wusterhausen, Gransee, Zehdenick und Cremmen.

Stamm. 1666 wurde es für den Ob. Grafen v. Küssow errichtet. 1674 erhielt es den Namen; das Churprinzliche, nachher das Kronprinzliche Reg. 1691 gab es Mannschaft zur Errichtung des Reg. N. 9. 1718 wurde es auf 5 Esq. gesetzt. Bis 1731 führte es den Namen Kronprinz und hatte Commandeurs.

Feldzüge. 1674 machte das Reg. den Feldzug nach dem Elsaß, wo es das Schloß Weßelsheim eroberte. Das Jahr darauf ging es zurück und fochte 1675 in der Schlacht bey Fehrbellin. 1677 marschirte es nach Pommern, war allda vor Stettin, landete sodann auf der Insel Rügen, und vertrieb nachher im Winter die Schweden aus Preußen. 1686 machte es den Zug nach Ungarn, u. stand mit vor Ofen. 1689 marschirte es nach dem Unterrhein, wo es Bonn belagern half. 1692 und 93 war es wieder am Oberrhein. 1694 befand es sich in Brabant vor Luxemburg, Tournay u. Tirlemont. 1709 wohnte es mit Ruhm der Schlacht bey Malplaquet bey. 1715 trat es den Marsch zum pommerschen Feldzuge an. 1742 bewies es in der Schlacht bey Chotusitz viel Tapferkeit, indem es sich durch das erste u. zweite feindliche Treffen hieb u. 2 ungarische Reg. ruinirte. 1745 hieb das Reg. bey Hohenfriedberg ein sächsisches Reg. nieder, auch befand es sich in diesem Jahre mit in der Schlacht bey Soor. 1756 wohnte es der Schlacht bey Lowositz bey. 1757 half es Prag belagern u. fochte in diesem Feldzuge in den Schlachten bey Collin u. Breslau. 1758 richtete das Reg. in der Schlacht bey Zorndorf unter den Russen ein großes Blutbad an und die nemliche Tapferkeit bewies es auch 1759 in der bey Kunersdorf. 1760 stand es mit vor Dresden, so wie es auch den Schlachten bey Liegnitz u. Torgau zugegen war und sich in selbigen mit Muth auszeichnete. 1762 fochte es in dem Treffen bey Reichenbach u. half sodann Schweidnitz belagern. Den bayerschen Erbfolgkrieg 1778 — 79 machte es unter dem Prinzen Heinrich.

Chefs:

1666 Ob. Graf v. Küssow, starb.
1670 — v. Strauß, blieb als G. M. in Ungarn.
1672 — Prinz Friedrich, Chur= nachher Kronprinz, erhielt das Inf. Reg. N. 15.
1731 — Prinz Aug. Wilh. v. Preußen, ältester Bruder König Friedrich II. starb.
1758 — Prinz Heinrich v. Preußen, zweyter Sohn des vorhergehenden, starb.
1767 — v. Wirsbitzky, starb als G. M.
1778 G. M. v. Weyher, starb.
1782 — — v. Saher, starb.
1783 — — v. Backhoff, wurde Direktor des 2ten Depart. im Ober=Kriegs=Collegio.
1789 G. L. v. d. Marwitz.

N. 3. Leibregiment.
(Magdeburgische Inspektion.)

Garnison. Schönebeck, Salze, Wannsleben, Calbe, Alsleben, Frosa, Egeln.

Uniform. Dunkelblaue Aufschläge, Kragen u. Chemisets; Collets und Chemisets sind mit einer blauen sammet Borte besetzt, worin eine weisse Strei=

se, wie weisser Spiegel ist; statt dessen haben die Officiere eine breite goldne Tresse.

Canton. Der dritte District des Holzkreises, und die Städte: Schönebeck, Frohse, Salze, Hammersleben, Mansfeld und Gerbstädt.

Stamm. 1672 wurde dieses Regim. von dem Ob. v. Below errichtet u. Leibreg. genannt. 1691 gab es Mannschaft zum Reg. N. 9. 1718 kam es auf 5 Esq.

Feldzüge. 1675 bewies das Reg. in der Schlacht bey Fehrbellin die ersten Proben seiner Tapferkeit. 1677 half es Stettin, 1689 Bonn u. 1695 Namur belagern. 1706 marschirte es wieder nach Brabant zur Belagerung von Ath. 1708 wohnte es der Schlacht bey Oudenarde bey, und half darauf Lille belagern. 1709 stand es mit vor Tournay u. Mons, und fochte in der großen Schlacht bey Malplaquet. 1710 war es mit bey den Belagerungen von Douay, Aire, Landrecy u. Quesnoy. 1715 verrichtete es den pommerschen Feldzug. 1745 leistete das Reg. in der Schlacht bey Kesselsdorf vorzügliche Dienste. 1756 that es sich in der Schlacht bey Lowositz sehr hervor. 1757 zeichnete es sich in den Schlachten bey Prag, Collin und Roßbach auf das rühmlichste aus u. erwarb sich des Königs höchste Gnade. 1759 nahmen 2 Esq. des Reg. mit Hülfe zweyer Gren. Comp. bey St. Sebastiansberg 2000 Mann nebst den commandirenden General gefangen, eroberten 3 Kanonen, 3 Fahnen u. 3 Standarten. 1760 war es mit bey dem Bombardement von Dresden, darauf in den Schlachten bey Liegnitz u. Torgau. In ersterer erbeutete es 7 Fahnen u. 5 Kanonen. Den bayerschen Erbfolgkrieg 1778 — 79 verrichtete es unter dem Prinzen Heinrich. Seit 1793 ist es wieder die Franken am Rhein marschirt.

Chefs:
1672 Ob. v. Below, wurde versetzt.

1673 G. M. Graf v. Promnitz, ging in sächsische Dienste.
1679 Ob. v. Sydow, starb.
1680 — v. Dewitz, wurde G. L. und Gouv. von Colberg.
1695 G. L. v. Wangenheim, starb.
1709 G. M. v. Hackeborn, starb als G. L.
1719 G. L. v. Bredow, wurde Gouvern. in Peitz.
1725 — — v. Dewitz, starb.
1736 Ob. v. Wreech, trat es als G. L. ab, u. starb am nämlichen Tage.
1746 G. M. v. Katzler, wurde Commandeur der Gensd'armes.
1747 — — v. Katte, nahm als G. L. Abschied.
1758 — — Freyherr v. Lentulus, nahm als G. L. Abschied mit Pension.
1778 — — v. Merian, erhielt Pension.
1782 — — v. Koßboth, jetziger G. L.

N. 4. Reg. Bar. v. Mengden.
(Oberschlesische Inspektion.)

Garnison. Neustadt in Oberschlesien, Oberglogau und Krappitz.

Uniform. Schwarze Auffschläge, Kragen und Chemisets. Collets, Auffschläge und Chemisets sind mit einer weissen, mit blauen Caros durchwürkten, Borte besetzt. Die Officiere haben eine breite goldne Tresse.

Canton. Der ganze Neustädtische Kreis in Oberschlesien.

Stamm. 1672 ist es aus den ehemals sogenannten Hof-Staabs- oder Küchendragonern errichtet worden und erhielt den Namen: Leibdragonerreg. 1713 verlor es diesen Namen. 1718 wurde es auf 5 Esq. als ein Küraſſierregim. geſetzt.

Feldzüge. 1675 diente es mit vieler Ehre in der Schlacht bey Fehrbellin. 1677 machte es den pommerſchen Feldzug, wo es Stettin belagern, im folgenden Jahre die Inſel Rügen einnehmen und die Schweden aus Preußen verjagen half. 1686 war es mit zur Belagerung von Ofen, 1689 aber zu der von Bonn gebraucht. 1703 fochte es in der Schlacht bey Nördlingen u. war nachher bey den Belagerungen von Bonn und Geldern. 1704 bewies es in der Schlacht bey Höchſtedt ausnehmenden Muth, hatte darinn großen Verluſt und büßte 2 Standarten ein. 1715 marſchirte es nach Pommern. 1742 machte es die Schlacht bey Chotuſitz mit. 1745 war es in der berühmten Action bey Neuſtadt, ſo wie auch in den beyden Schlachten bey Hohenfriedberg und Soor. 1757 wohnte es denen bey Prag, Breslau und Leuthen bey. 1758 hatte es mit in der feindlichen Attake, auf den großen Munitionstransport für Olmütz, bey Domſtädtel und Bautſch zu fechten, ſo wie auch in dieſem Jahre in der Schlacht bey Hochkirch. 1760 zeigte es in der bey Torgau viel Bravheit u. beſchloß den ſiebenjährigen Krieg 1762 mit dem Treffen bey Freyberg. Den bayerſchen Erbfolgkrieg 1778 — 79 machte es unter des Königs Befehlen.

Chefs:
1672 Ob. v. Grumbkow, trat es ab, an
1684 — Graf zu Dohna, blieb vor Ofen.
1686 — v. Wreech, trat es als G. L. ab, an
1713 G. M. v. Blanckenſee, wurde G. L. und
        Gouv. in Colberg.
1733 Ob. v. Geßler, erhielt als G. F. M. Penſion.
1757 G. M. v. Schmettau, ſtarb.
1764 — — v. Woldeck-Arneburg, erhielt Penſ.
1769 — — v. Arnim, erhielt als G. L. Penſion.
1785 — — Baron v. Mengden, jetziger G. L.

N. 5. Reg. Prinz Ludwig v. Würtemberg.

(Pommersche Inspektion.)

Garnison. Treptow a. d. Rega, Belgard, Dramburg und Cörlin.

Uniform. Hellblaue Auffschläge, Kragen und Chemisets. Collets, Auffschläge u. Chemisets sind mit einer weissen, mit hellblauen Caros durchwürkten Borte besetzt; an deren Stelle haben die Officiere eine breite goldne Tresse.

Canton. Der ganze Schiefelbeinsche, u. der größte Theil des Dramburgschen Kreises, nebst den Städten: Schwedt, Angermünde, Falkenberg und Neustadt-Eberswalde.

Stamm. Dieses Reg. wurde 1683 aus einer von dem Brigadier v. Iselstein commandirten Freicomp. errichtet, durch Neuangeworbene auf ein Reg. von 6 Comp. gesetzt, auch 1687 bis 10 Comp. verstärkt. 1688 wurden von demselben 4 Comp. zur Errichtung des Reg. N. 6, und 1691 eine Comp. zu N. 9 genommen. 1718 ward es durch Leute von dem Wartenslebenschen Reg. auf 5 Esq. verstärkt.

Feldzüge. 1686 marschirte das Reg. zur Belagerung von Ofen. 1689 diente es vor Bonn, 1702 half es Kaymserswerth und Venlo einnehmen. 1704 hielt es sich in der berühmten Schlacht bey Höchstedt ungemein tapfer und eroberte eine französische Standarte. 1715 machte es den Feldzug nach Pommern. 1741 fochte es in dem Treffen bey Molwitz, desgleichen 1742 bey Chotusitz. 1745 erwarb es sich in den Schlachten bey Hohenfriedberg, Soor und Kesselsdorf ungemein viel Ruhm. 1757 wohnte es der Schlacht bey Prag und dessen Belagerung bey, und bewies nachher in den Schlachten bey Breslau und Leuthen die größte Tapferkeit. 1758 ward es mit zur Belagerung von Schweidnitz gezogen und zeichnete sich iu diesem Jahre in der Schlacht bey Zorndorf an Herzhaftigkeit aus. 1759 hielt es sich in den Schlachten bey Kay, Kunersdorf u. in der Action bey Meissen, seines Verlustes ohngeachtet, ungemein standhaft. 1760 kam es mit zum Bombardement von Dresden, desgleichen zu den Schlachten bey Liegnitz und Torgau, in welchen beyden es 14 Kanonen und 13 Fahnen eroberte. 1762 war es in der Action bey Brand (Freyberg) so wie in der Schlacht bey Freyberg. Den bayerschen Erbfolgkrieg 1778 machte es in der Armee des Prinzen Heinrich.

Chefs:
1683 G. M. v. Briquemault, starb.
1693 Markgr. Philipp v. Brandenburg, starb als G. L.
1711 Markgr. Friedrich v. Brandenburg, Sohn des vorigen. Bis zu seinem Tode 1771 hatte das Regiment folgende Commandeurs:
— G. M. v. Bredow.
1718 Ob. v. Rochow, wurde Chef des Reg. N. 8.
1742 G. M. Graf v. Podewils, nahm Abschied.
1753 — — v. Lüderitz, blieb bey Lowositz.
1756 Ob. v. Krosigk, blieb bey Collin.
1757 — v. Zieten, blieb bey Zorndorf.
1758 G. M. v. Aschersleben, starb.
1761 Ob. v. Löllhöfel, wurde 1771 G. M. und Chef des Reg., starb.
1780 G. M. v. Mauschwitz, starb.
1782 — — Prinz Ludwig v. Würtenberg, jetziger G. L.

N. 6. Reg. Herz. v. Sachsen-Weimar.
(Magdeburgische Inspektion.)

Garnison. Aschersleben, Kroppenstädt, Oschersleben.

Uniform. Hellziegelrothe Aufschläge, Kragen und Chemisets. Die Collets, Aufschläge u. Chemisets sind mit einer weiß u. rothbunt durchwürkten Borte besetzt. Die Officiere haben eine breite goldne Tresse.

Canton. Der Osterwickfche und Halberstädtsche Kreis, nebst den Städten: Aschersleben, Oschersleben, Osterwick, Kroppenstädt, Schwanebeck, Dardesheim und Ermsleben.

Stamm. 1688 ward dieses Reg. aus 4 Comp. des Reg. N. 5 gestiftet, zu welchen noch 2 Comp. in Westphalen angeworben wurden. 1691 gab es wieder 1 Comp. zur Errichtung des Reg. N. 9 ab, und warb sich dafür 1 Comp. in Halberstadt an. Seine ersten Standquartiere waren im Clevischen. 1718 wurde es auf 5 Esq. gesetzt, zu welchen es die Rekruten aus dem Dessauischen erhielt. Seit dieser Zeit steht es im Halberstädtischen. 1759 kam das Reg. bey Maren in die Gefangenschaft. Es wurden 5 neue Comp. errichtet, zu welchen noch 5 vom Reg. N. 7 stießen, so daß das Reg. 1760 wieder 5 Esq. stark war. 1761 wurden sie wieder vom Reg. N. 7 getrennt und auf eigene 5 Esq. gesetzt, die aus Rekruten und Genesenen formiret wurden.

Feldzüge. 1686 trat das Regim. in holländischen Sold und leistete bey vielen Vorfällen, besonders bey der Belagerung von Namur 1695 vortreffliche Dienste. Im spanischen Erbfolgkriege erwarb es sich 1702 bey der Belagerung von Kayserswerth, so wie 1704 in der Schlacht bey Höchstedt ungemein viel Ruhm. Es verlor zwar in dieser berühmten Schlacht eine Standarte, eroberte dagegen aber wieder 2 Fahnen. 1705 fochte es in der Schlacht bey Cassano. 1715 marschirte es zum pommerschen Feldzuge, so wie 1734 zu dem am Rheinstrome. 1744 half es Prag belagern u. erobern. 1745 bewies es in der Schlacht bey Kesselsdorf ausgezeichnete Tapferkeit u. eroberte eine Fahne. 1757 hielt es sich in den Schlachten bey Prag, Collin, Breslau und Leuthen so brav, daß es sich, besonders in letzterer Schlacht, des Königs größte Zufriedenheit erwarb. 1758 ward es mit zur Belagerung von Olmütz gezogen. In der Schlacht bey Hochkirch warf das Reg. allein eine ganze Linie österreichischer Infanterie über den Haufen, machte 500 Gefangene und eroberte 1 Fahne, auch deckte es den Rückzug der Armee. 1759 gerieth es bey Maxen in die Kriegsgefangenschaft. 1760 fochte es wider die Russen in Pommern, machte 1761 verschiedene Expeditionen nach Pohlen. 1762 war es in der Bataille bey Reichenbach und ward nachher zur Einschließung von Schweidnitz gebraucht. 1778 stand das Regim. im bayerschen Erbfolgkriege unter den Befehlen des Prinzen Heinrich. 1787 machte es die holländische Campagne, so wie es seit 1792 die wider die Franken macht und sich mit in der Kanonade bey Valmy befunden hat.

Chefs:
1688 G. M. Marquis du Hamel, ging in fremde Dienste.
1702 — — Graf de l'Ostange, starb.
1704 Ob. du Portail, trat es ab, u. erhielt das Reg. N. 12.
1716 G. L. Erbprinz Gustav v. Anhalt = Dessau, starb.
1737 G. M. Prinz Eugen v. Anhalt = Dessau, verließ den preußischen Dienst.
1742 — — v. Stille, starb.
1753 — — Freyherr v. Schönaich, nahm Absch.

1759 G. M. v. Vasold, nahm Abschied.
1769 — — v. Seelhorst, starb.
1779 — — Freyherr v. Hoverbeck, starb.
1781 Ob. v. Rohr, erhielt als G. M. das Drag. Regiment N. 6.
1787 — reg. Herzog Carl August v. Sachsen-Weimar, jetziger G. M. und Ritter des schwarzen u. rothen Adler-Ordens.

Diese 6 Kürassierreg. hat der Churf. Friedr. Wilh. errichtet, u. seinem Nachfolger Friedrich III., erstem Könige v. Preußen, nachstehende 32 Esq. hinterlassen:

2 Esq. Garde du Corps.   3 Esq. Spän.
2 — Grand Musquetairs.   3 — Briquemault.
1 — Grenadiers zu Pferde.   3 — du Hamel.
3 — Leibregiment.   3 — Lüttwitz.
3 — Churprinz.   3 — Pr. Heinrich v.
3 — Anhalt.   Sachs.-Barby.
3 — Dörfling.

Hiervon stehen noch 25 Esq. bey folgenden 5 Reg.:
5 Esquadr. bey N. 1.   5 Esquadr. bey N. 5.
5 — — — — 2.   5 — — — — 6.
5 — — — — 3.

Friedrich I. hat folgende Regimenter errichtet:

N. 7. Reg. v. Borstell.
(Magdeburgische Inspektion).

Garnison. Salzwedel, Angermünde, Seehausen, Werben und Arendsee.

Uniform. Citrongelbe Aufschläge, Kragen u. Chemisets. Collets, Aufschläge u. Chemisets sind mit einer weiß- u. gelbgestreiften Borte besetzt. Die Officiere haben eine breite silb. Tresse.

Canton. Der Stendalsche u. Tangermündische Kreis, wie auch die Städte: Salzwedel, Tangermünde, Seehausen, Osterburg, Arendsee u. Arenburg.

Stamm. 1689 u. 1690 warb der Oberste und Schloßhauptmann von Sonsfeld in Preußen ein Dragonerreg., zu welchem auch einige Freycomp. genommen wurden. 1717 kam es auf den Fuß eines Kürassierreg. von 5 Esquadrons.

Feldzüge. Schon im vorigen Jahrh. diente das Reg. am Rhein u. war 1689 bey der Belagerung von Bonn. 1704 fochte es in der Schlacht bey Höchstedt, in welcher es ein Paar Pauken eroberte. 1715 machte es den pommerschen Feldzug. 1742 zeichnete sich das Reg. in der Schlacht bey Chotusitz, in welcher es sich durch die zwey feindlichen Treffen hieb, sehr aus, so wie es nicht minder 1745 in denen bey Hohenfriedberg u. Kesselsdorf die größte Bravheit bewies. 1756 war es in der Schlacht bey Lowositz. 1757 wohnte es denen bey Prag, Collin, Roßbach und Leuthen bey; 1758 machte es die Blokade von Schweidnitz und stand nachher mit vor Ollmütz. 1759 in der Schlacht bey Kay hielt sich das Reg., indem es in die russische Infanterie hieb, so tapfer, daß es 18 Kanonen eroberte, die es aber, aus Mangel an Unterstützung, wieder verlassen mußte. Gleiche Tapferkeit bewies es durch Eroberung einer Redoute in der Schlacht bey Kunersdorf. Das durch die größten, in diesem Feldzuge beygewohnten Schlachten, sehr geschwächte Reg., gerieth bey Maxen in die Kriegsgefangenschaft. 1762 wohnte es der Belagerung von Schweidnitz bey. Den bayerschen Erbfolgekrieg machte das Reg. 1778 unter den Befehlen des Prinzen Heinrich. Bey der Expedition nach Holland 1787 verrichtete das Regim. viele ihm ehrebringende, merkwürdige Coups, worunter der bey Nieuversluis der ausgezeichnetste war, indem es die Festung mit Hülfe von 140 Mann Infanterie u. einer 3pfündigen Kanone eroberte, 730 Gefangene machte, und 54 Kanonen erbeutete. Von 1792 an macht es den Feldzug wider die Franken u. war mit in der Kanonade bey Valmy.

Chefs:
1689 Ob. v. Sonsfeld, starb.
1711 G. M. v. d. Albe, starb als Gen. Lieut.
1717 Ob. Graf v. Lottum, starb als Gen. Lieut.
1729 — v. Papstein, starb.
1733 — v. Bredow, nahm als Gen. v. d. Cav. Abschied.
1755 G. M. v. Driesen, starb als Gen.Lieut.
1758 — v. Horn, erhielt Pens.
1762 Ob. v. Manstein, starb.
1777 G. M. v. d. Marwitz, bekam Pens.
1784 Ob. Graf v. Kalkreuth, erhielt als G. M. das Drag. Reg. N. 5.
1788 G. M. v. Flow, starb.
1792 — — v. Borstell.

N. 8. Reg. Graf v. Görtz.
(Niederschlesische Inspektion.)

Garnison. Ohlau, Strehlen, Münsterberg und Grottkau.

Uniform. Dunkelblaue Aufschläge, Kragen u. Chemisets. Collets, Aufschläge und Chemisets sind mit einer blauen Borte, worin zwey weisse Streifen, besetzt; die Officiere haben eine breite silberne Tresse.

Canton. Der Strehlensche u. Nimptsche Kreis, mit den darin liegenden Städten.

Stamm. Der Ob. Freih. v. Lethmate hatte 1689, 2 Comp. Reuter angeworben, welche anfänglich zur Vermehrung des Churprinzl. Reg. dienen sollten. Zu diesen stießen 2 Comp. Mecklenb. Völker; aus diesen 4 Comp. wurde 1690 dieses Kürassierreg. für den Markgr. v. Brandenburg-Bayreuth errichtet. 1718 bekam es, statt den Namen Bayreuth, den Namen Dewiß u. wurde auf 5 Esq. gesetzt, wozu einige Comp. des vertheilten Reg. v. Heyden genommen wurden.

Feldzüge. 1689 mußten die 2 Stammcomp. zur Belagerung Bonns marschiren. 1690 trat es den Marsch nach Ungarn an und fochte 1691 in dem Treffen bey Salankemen, so wie 1696 in dem bey Zentha. 1702 stand es vor Kayserswerth und wohnte 1704 der großen Schlacht bey Höchstedt bey. 1742 war es in der Schlacht bey Chotusitz. 1744 half es Prag belagern und erobern. 1745 bewies es in der berühmten Action bey Neustadt in Oberschlesien, die größte Tapferkeit, so wie es sich in den Schlachten bey Hohenfriedberg, Soor u. Kesselsdorf rühmlichst hervorthat. Kurz vor der Kesselsdorfer Bataille eroberte es in der Action bey Catholisch-Hennersdorf 1 Standarte, 3 Fahnen u. 4 Kanonen. 1756 diente es in der Schlacht bey Lowositz. 1757 erwarb sich das Reg. in den Schlachten bey Prag, Collin, Roßbach u. Leuthen viel Ruhm, wohnte auch noch in diesem Feldzuge der Belagerung von Breslau bey. 1758 wurde es mit zu den Belagerungen von Schweidnitz und Ollmütz genommen. In der Schlacht bey Zorndorf, wo es unter seines Chefs Anführung mit dem Degen in der Faust eine Batterie von schweren Kanonen angriff und eroberte, auch den ganzen rechten feindlichen Flügel zu Boden streckte, verrichtete es eine in der Geschichte nie gehörte That. Den Beschluß dieses Feldzugs machte die Hochkircher Schlacht, in der es zugegen war. 1759 befand es sich in der Action bey Hoyerswerda. 1760 kam es mit zur Belagerung von Dresden, darauf zur Bataille bey Liegnitz, in welcher es 12 Kanonen u. 4 Fahnen eroberte, auch 5 feindliche Bataillone gefangen nahm. Auf diese Schlacht folgte die bey Torgau, in welcher das Reg. seinen alten Ruhm befestigte. 1761 wohnte es den Actionen bey Langensalza und Kloster Wahlstadt bey. 1762 befand es sich in der Action bey Leutmannsdorf, im Treffen bey Reichenbach u. endlich bey der Belagerung von Schweidnitz. Den bayerschen Erbfolgkrieg 1778 machte es unter des Königs Befehlen. Anekdoten: Der damalige Feldprediger des Reg., Balcke, war in der Schlacht bey Roßbach mit in Reih u. Glied u. hieb in die Feinde ein. Als der Chef des Reg. der Gen. v. d. Cav. v. Seidlitz 1773 starb, mußten auf Königl. Befehl, alle Cavallerieofficiere der Armee 14 Tage einen Flor um den Arm tragen.

Chefs:
1689 Ob. L. Freih. v. Lethmate, war Command.
1690 Markgr. Christian Ernst v. Brandenb. Bayreuth, starb 1712 u. der Commandeur wurde Chef.
1712 G. M. v. Lethmate, starb.
1714 — — v. Dewitz, starb als Gen. Lieut.
1723 Ob. v. Egeln, erhielt als G. L. Pension.
1734 — v. Waldow, starb.
1742 — v. Rochow, erhielt Pension.
1757 G. L. v. Seidlitz, starb als Gen. v. d. Cav. u. Ritter des schw. Ad. O.
1774 G. M. v. Pannewitz, erhielt als G. L. Pens.
1787 G. L. Graf v. Schlitz, genannt Görtz.

N. 9. Reg. v. Manstein.
(Oberschlesische Inspektion.)

Garnison. Oppeln, Löwen, Groß-Strelitz, Falkenberg.

Uniform. Dunkelcarmoisinrothe Aufschläge, Kragen u. Chemisets. Die Collets, Aufschläge u. Chemisets sind mit einer weissen carmoisinroth gestreiften Borte, bey den Officieren aber mit einer breiten gold. Tresse, besetzt.

Canton. Der Oppelnsche und Falkenberger Kreis, mit den darin liegenden Städten.

Stamm. Von den Reg. N. 1, 2, 3, 5 u. 6 gab 1691 jedes 1 Comp. zur Errichtung dieses Reg. für den Ob. v. Schöning ab. Dieser verkaufte es 1703 dem Ob. Freih. v. Canstein für 8000 Thlr., welcher es 1705 für eben den Preis den G. Adjut. u. Ob. v. Katte überließ. 1718 erhielt es eine Verstärkung von 1 Comp. v. Heyden, u. wurde auf 5 Esq. gesetzt.

Feldzüge. Zu Ende des vorigen und zu Anfang des jetzigen Jahrhund. diente das Reg. mit Ruhm sowohl in Brabant als am Rhein, und war 1708 mit in der Schlacht bey Oudenarde. 1742 befand es sich in der Schlacht bey Chotusitz. 1744 half es Prag belagern und einnehmen. 1745 fochte es mit der größten Tapferkeit in den beiden Schlachten bey Hohenfriedberg u. bey Soor. In der erstern erbeutete es 3 Standarten, in der andern aber 8 Fahnen u. nahm 3 feindliche Reg. gefangen. In der Action bey Catholisch-Hennersdorf eroberte es wieder 2 Standarten. 1757 bewies das Reg in der Schlacht bey Prag viel Muth und hatte das Glück gleichfalls 2 Standarten zu erbeuten. In diesem Feldzuge befand es sich in der Action bey Moys und in den beyden Schlachten bey Breslau u. Leuthen. 1758 wurde es zur Belagerung von Schweidnitz, darauf zu
der

der bey Olmütz gezogen, und wohnte der Schlacht bey Hochkirch bey. 1759 gerieth das Regiment bey Maxen in die Kriegsgefangenschaft. 1762 machte es die Belagerung von Schweidniß mit. 1778 bis 79 stand es im bayerschen Erbfolgkriege bey des Königs Armee.

Chefs:

1691 Ob. v. Schöning, verkaufte es.
1703 — Freyh. v. Canstein, verkaufte es wieder.
1705 Gen. Adjut. u. Ob. v. Katte, starb als Gen. Feld-Marschall.
1741 Ob. Graf v. Wartensleben, nahm in diesem Jahr Abschied.
— — v. Möllendorff, erhielt als G. M. das Dragoner-Reg. N. 10.
1743 G. M. v. Bornstedt, nahm als G. L. Absch.
1751 — — Erbprinz v. Schönaich Carolath, nahm als G. L. den Abschied.
1758 — — v. Bredow, nahm den Abschied.
1769 — — v. Podewils, starb.
1784 Ob. v. Braunschweig, starb als G. M.
1787 G. M. v. Manstein.

N. 10. Reg. Gens d'Armes.
(Mark-Brandenburgische Inspektion.)

Garnison. Berlin.
Uniform. Dunkelblaue Chemisets, ponceaurothe Aufschläge, Scherpe und Kragen, Collets, Chemisets u. Aufschläge sind mit einer goldenen, an den Seiten rothgestreiften Borte eingefaßt. Die Officiere haben eine breite goldne Tresse. Ihre Interimsuniform ist Scharlach, mit blauen Aufschlägen und Kragen, auch goldnen Achselbändern, u. paillen Unter-

kleider. Auf jeder Seite des Rocks sind 6 breite von Gold gestickte Schleifen, 2 auf der Tasche, 2 auf dem Aufschlage und 4 hinten.

Canton. Die Städte: Habelberg und Sandau; die Gegend von Wernigerode, Hornburg und Stapelburg; der Priegnitzer Kreis, nebst einem Theile von dem Magdeburgschen und Osterwickschen Gebiete.

Stamm. Der Ob. v. Natzmer erhielt 1691 den Befehl, eine Esq. Gens d'Armes zu errichten. Die Mannschaft dazu wurde im Halberstädtschen geworben u. er ward ihr Commandeur. 1713 entstand die 2te Esq., und der Erbprinz v. Anhalt-Dessau warb die 3te. 1714 stieß die weisse Esq. Garde du Corps des verstorbenen G. L. v. Tettau, noch dazu. 1718 wurde auch die 5te Esq. errichtet.

Feldzüge. 1702 machte die erste Esq. den Feldzug nach dem Rhein und half Rheinbergen belagern. 1703 stand sie mit vor Geldern und Bonn und befand sich im Treffen bey Lauingen. 1704 hielt sie sich in der Schlacht bey Höchstedt sehr tapfer. 1706 war sie mit vor Menin. 1708 in der Schlacht bey Oudenarde, desgleichen 1709 in der bey Malplaquet. 1710 machte sie die Belagerungen von Douay, Bethüne und Aire, so wie 1711 die von Bouchain. 1715 wurden 4 Esq. zur Belagerung von Stralsund gezogen. 1741 focht das ganze Reg. in der Schlacht bey Molwitz, desgleichen 1745 in denen bey Hohenfriedberg und Soor. 1756 bewies es in der Schlacht bey Lowositz viel Bravheit u. eroberte 2 Standarten. 1757 wohnte das Reg. der Belagerung von Prag bey, so wie den Schlachten bey Roßbach und Leuthen; in Letzterer eroberte es eine Kanone. 1758 kam es mit zur Belagerung von Olmütz, darauf zu den zwey großen Schlachten bey Zorndorf und Hochkirch. 1759 war es in der Action bey Hoyerswerda. 1760 wohnte es der Belagerung von Dresden bey und nachher der Action bey Hohengiersdorf, auch den beyden Schlachten bey Liegnitz und Torgau. 1762 befand es sich in der Action bey Adelsbach und ein Kommando von 200 Pferden gleich darauf in dem Treffen bey Reichenbach, in welchem es 3 Standarten erbeutete. 1778 war das Reg. in der Action bey Jägerndorf.

Chefs:

1691 Ob. v. Natzmer, starb als G. F. M.
1739 — v. Pannewitz, erhielt als G. M. Pens.
1743 — Freyherr v. d. Goltz, star als G. M.
1747 G. M. v. Katzler, starb als G. L.
1761 Ob. Graf v. Schwerin, ging als G. M. mit Pension ab.
1768 G. M. v. Krusemark, starb.
1775 — — v. Prittwitz, jetziger Gen. von der Cav. und R. des schw. und rothen A. O.

N. 11. Leibcarabiniers.

(Mark-Brandenburgische Inspektion.)

Garnison. Rathenau, Neuhaldensleben, Havelberg, Genthin, Sandau und Wolmirstedt.

Uniform. Hellblaue Aufschläge, Kragen und Chemisets. Die Collets, Aufschläge u. Chemisets sind mit einer weissen Borte, worin an beyden Enden eine hellblaue Streife, inwendig aber zwey, so ein geschoben Viereck formiren, befindlich; bey den Officieren aber mit einer breiten silbernen Tresse besetzt.

Canton. Der zweyte Distrikt des Jerichowschen Kreises, nebst den Städten: Neu-Haldensleben, Wolmirstedt, Rathenau, Burg, Genthin und Jerichow.

Stamm. Der Ob. v. Brand hat 1692 dieses Reg. als ein Dragonerregim. errichtet, zu welchem Mannschaft von andern Dragonern, besonders aber 3 Comp. von dem Dörflingschen Reg. genommen wurden. 1718 kam es auf den Fuß eines Kürassierregiments von 5 Esq., Friedrich II. machte es zum Leibcarabinierregiment.

Feldzüge. In so ferne dieses Reg. 3 Comp. von dem ehemaligen Dörflingschen erhalten hat, ist es nöthig, in seinen Feldzügen zurück zu gehen. 1675 war es sonach mit in der Schlacht bey Fehrbellin. 1677 machte es den Feldzug in Pommern. 1679 jagte es im härtesten Winter die Schweden aus Preußen. 1688 und 89 diente es am Rhein, wo es sich in der Action bey Nuys, vor Kayserswerth und vor Bonn befand. Im spanischen Erbfolgkriege stand es mit vor vielen Festungen in Brabant und Flandern. 1741 fochte das Reg. in der Schlacht bey Molwitz. 1744 war es der Belagerung u. Einnahme von Prag zugegen. 1745 legte es in den beyden Schlachten bey Hohenfriedberg und Kesselsdorf viel Ehre ein, so wie 1756 in der bey Lowositz. 1757 leistete es in der Schlacht bey Prag ausgezeichnete Dienste, nicht minder in der bey Collin, in welcher es eine Standarte eroberte. In diesem Feldzuge war es mit in der Breslauer und Leuthner Bataille, in welcher Letztern es 1 Kanone erbeutete. 1758 wurde es zur Bedeckung der Belagerung von Olmütz gezogen, wo es bey Wischau angegriffen wurde, sich aber zur größten Zufriedenheit des Königs tapfer vertheidigte. In der Schlacht bey Zorndorf richtete das Reg. unter den Russen ein fürchterliches Blutbad an, über welche That der König den Staabsofficieren den Orden pour les Mérites ertheilte. Aehnliche Tapferkeit bewies es auch in der nächtlichen Schlacht bey Hochkirch. 1760 stritte es in den beyden Schlachten bey

Liegnitz und Torgau, mit der ihm eigenen Bravheit. 1761 wohnte es der Action bey Langensalza bey, in welcher es 2 Kanonen eroberte. Den bayerschen Erbfolgkrieg 1778 machte es unter dem Prinzen Heinrich. Ende 1792 marschirte es nach dem Rheinstrome.

Commandeurs en Chef:

1692 Ob. v. Brand, starb noch in d. J. als G. M.
— — Markgr. Alb. v. Brandenburg, starb.
1731 — — Carl v. Brandenburg, Sohn des vorigen, erhielt das Inf. Reg. N. 19 noch in diesem Jahre.
— G. M. Graf v. Truchses zu Waldburg, starb.
1738 Ob. Graf v. Wartensleben, erhielt das Kürass. Reg. N. 9.
1741 — v. Bredow, bekam als G. L. Pension.
1751 G. M. v. Pennavaire, starb.
1759 — — v. Bandemer, starb 1764, es blieb vacant bis
1768 Ob. Baron v. Hoverbeck, starb als G. M.
1771 — v. Kleist, erhielt als G. M. Pension.
1775 — v. Bohlen, erhielt das Reg. N. 1.
1784 — v. Reppert, jetziger G. L.

N. 12. Reg. v. Dallwig.
(Oberschlesische Inspektion.)

Garnison. Ratibor, Leobschütz, Bauerwitz und Katscher.

Uniform. Dunkelorangefarbige Aufschläge, Kragen und Chemisets. Die Collets, Aufschläge und Chemisets sind mit einer weiß und orange gestreiften Borte besetzt. Die Officiere haben eine breite goldne Tresse.

Canton. Der Ratiborsche Kreis, nebst den Städten: Ratibor, Reibenuck und Sohrau.

Stamm. Dieses Regim. wurde 1695 aus 2 Comp. Küchen- und 2 Comp. Preuß. Taschendragoner, als ein Dragonerreg., auf 8 Comp. errichtet; wegen 1715 in Pommern bewiesenen vorzüglichen Tapferkeit, wurde es zu einem Kürassierregiment gemacht. 1717 wurde es auf 5 Esq. gesetzt.

Feldzüge. Ausgangs des vorigen u. Anfangs des jetzigen Jahrhunderts leistete das Reg. in Brabant und Flandern bey vielen Belagerungen u. Gefechten rühmliche Dienste. 1715 machte es den pommerschen Feldzug und zeichnete sich bey der Einnahme von Usedom an Tapferkeit aus. 1742 in der Schlacht bey Chotusitz bewies das Regim., indem es durch die zwey feindlichen Treffen drang und 2 Ungarische Inf. Regim. in die Pfanne hieb, die größte Herzhaftigkeit. 1744 half es Prag einnehmen und fochte 1745 in den Schlachten bey Hohenfriedberg, Soor und Keßelsdorf. 1757 wohnte es denen bey Prag, Collin, Breslau u. Leuthen mit vielem Ruhme bey. 1758 trug das Reg. bey dem feindlichen Angriff auf den großen, für Olmütz bestimmten Munitions- und Geldtransport, bey Domstädtel, vieles durch seine Tapferkeit bey, daß ein großer Theil davon in Sicherheit kam. 1759 gab es in den beyden Schlachten bey Kay und Kunersdorf ausgezeichnete Proben seines Muthes. In der bey Torgau 1760, erwarb es sich durch gänzliche Zernichtung zweyer feindlichen Regim., durch Gefangennehmung eines ganzen Corps Gren. und Erbeutung von 6 Kanonen nicht allein des Königs größte Zufriedenheit, sondern er belohnte noch jeden Esquadronschef mit dem Orden pour les Mérites und 500 Thl. an Geld. Der Verlust an Todten und Verwundeten stieg über die

Hälfte des Reg. 1762 machte es die Attaken auf Burckersdorf und Leutmansdorf mit, und befand sich in dem Treffen bey Reichenbach. Den bayerschen Erbfolgkrieg 1778 verrichtete es unter des Königs Befehlen.

Chefs:
1705 Graf v. Sayn u. Wittgenstein, kam weg.
1710 G. M. v. Pannewitz, nahm als G. L. Absch.
1716 — — Erbprinz Gustav v. Anhalt-Dessau, hatte es nur 3 Tage und erhielt das Reg. N. 6.
— G. L. du Portail, erhielt Abschied.
1717 Ob. v. Winterfeld, starb als G. M.
1728 — v. Waldow, starb als G. L.
1743 — Freyherr v. Kyau, starb als G. L.
1759 G. M. v. Spån, starb.
1762 Obr. v. Dallwig, jetziger Gen. von der Cav.; des schwarzen u. rothen A. O. Ritter.

Obgleich Friedrich I. 6 neue Regim. errichtet hatte: so hinterließ er, der vielen Abdankungen ohngeachtet, 32 Esq., als:

4 Esq. Garde du Corps.   3 Esq. Wartensleben.
4 — Gens d'Armes.   3 — Heyden.
3 — Leibregiment.   3 — Schlippenbach.
3 — Kronprinz.   3 — Bayreuth.
3 — Markg. Friedrich.   3 — du Portail.

Diese 32 Esquadrons sind noch in der Armee vorhanden, und zwar:

4 Esquadr. bey N. 1.   4 Esquadr. bey N. 6.
4 — — — 2.   4 — — — 8.
4 — — — 3.   4 — — — 9.
4 — — — 5.   4 — — — 10.

Friedrich Wilhelm I. vertheilte die 4 Esq. Garde du Corps, 3 v. Heyden, und 3 v. Wartensleben unter die andern Kürassierreg., setzte 1718 jedes Kürassierreg. auf 5 Esq. u. machte die 4 Dragonerreg. N. 4, 7, 11 u. 12 zu Kürassierreg., deren jedes aus 5 Esq. bestand. Man sieht hieraus, daß er von 1713 bis 1718 die Kürassiere mit 12 neuen Esq. verstärkt hat. Als er 1740 starb, hinterließ er die vorhin angezeigten 12 Reg., jedes 5 Esq. stark, welche Friedrich II. nicht allein beybehalten, sondern auch verstärkt, u. noch folgende 3 Esq. Garde du Corps errichtet hat.

N. 13. Garde du Corps.
(Mark-Brandenburgische Inspektion.)

Garnison. Potsdam, Berlin u. Charlottenburg.
Uniform. Ponceau Chemisets, Aufschläge u. Kragen. Die Collets u. Aufschläge sind mit einer roth= u. silbernen, die Chemisets aber mit einer hellblau= u. silbernen Borte besetzt. Bey Anwesenheit des Königs in Berlin tragen sie im Dienste Superwesten von rothem Tuche; die Officiere von Sammet, auf welchen vorn und hinten ein großer silberner Stern u. in demselben ein schwarzer Adler gestickt ist. Ihre Küraße sind polirt u. die Gefäße der Säbel übersilbert. Bey den Officieren ist alles mit breiten silbernen Treßen besetzt. Ihre Interimsuniform besteht aus Röcken von Scharlach mit blauen Aufschlägen, Kragen und silbernen Achselbändern. Auf jeder Seite des Rocks sind 8 breite, gestickte silberne Schleifen, 2 auf dem Aufschlage, 2 auf der Tasche und 4 hinten. Um den Huth haben sie eine breite silberne Treße; auf demselben eine weiße Feder und einen Federbusch.

Canton. Dieses Corps hat kein Canton, sein Abgang wird durch ausgesuchte Leute von der Armee ersetzt.

Stamm. 1740 ist diese Garde du Corps in Potsdam auf 1 Esq. errichtet. Nicht nur Officiere, sondern auch Unterofficiere und Gemeine wurden in der Armee ausgesucht. 1756 errichtete der König noch 2 Esq. und nahm dazu die meisten Leute von den bey Pirna gefangen genommenen sächsischen Trabanten.

Feldzüge. 1745 wohnte die Esq. den Schlachten bey Hohenfriedberg und Soor bey, desgleichen 1756 der bey Lowositz. 1757 fochten die 3 Esq. in der Schlacht bey Prag, die 2te und 3te aber blieb mit zur Belagerung vor dieser Stadt stehen. Bey Collin befand sich die erste Esq. In dem Treffen bey Roßbach zeichneten sich die 3 Esq. an Muth besonders aus, indem sie die feindliche Cavallerie gänzlich warfen und 2 paar Pauken nebst 4 Standarten eroberten. Gleiche Tapferkeit bewiesen sie auch in der Schlacht bey Leuthen, wo sie zu wiederholten malen die feindliche Cavallerie warfen. 1758 deckten sie die Belagerung von Olmütz. In der Schlacht bey Zorndorf richteten sie unter den Russen eine fürchterliche Niederlage an, so wie sie in diesem Feldzuge, in der bey Hochkirch, sich an Herzhaftigkeit hervorthaten. 1760 wohnten sie der Belagerung von Dresden bey, darauf den Schlachten bey Liegnitz und Torgau. In Letzterer hatten sie, da sie einige Stunden die feindliche Kanonade aushalten mußten, einen ansehnlichen Verlust. Den bayerschen Erbfolgkrieg 1778 verrichteten sie bey des Königs Armee.

Commandeurs:

1740 Maj. Otto v. Blumenthal, starb.
1744 Rittm. v. Jaschinsky, wurde Command. des Reg. N. 9.

1747 Ob. Aug. v. Blumenthal, erhielt vieler Wunden wegen Penſion.
1758 Rittm. v. Wackenitz, wurde nach der Schlacht bey Zorndorf Ob. L., und 1770 Ob. des Reg. N. 5.
1770 Maj. v. Schätzel, nahm als Ob. den Abſchied.
1774 Ob. Freyherr v. Mengden, erhielt als G. M. das Reg. N. 4.
1785 Maj. v. Byern, jetziger Oberſter.

Dragonerregimenter.

Hiſtoriſchen Nachrichten zufolge, waren vor Churf. Friedrich Wilhelm noch keine Dragoner bey der Armee. Bey ſeinem Abſterben 1688, hinterließ er 4 Eſq. Leibdragoner u. 4 von Dörfling. Die Dragoner haben Röcke von hellblauem Tuch mit offenen Aufſchlägen, Kragen, Klappen u. einem Achſelbande, weiſſe lederne Beinkleider, Stulpſtiefeln, Stulps handſchuh, einen großen Huth mit einem eiſernen Kreuze u. weiſſen Federbuſche, einen Kittel von Leinewand, einen Mantel und Mantelſack von Tuch, weiſſe und paille Weſten. Die Farbe der Aufſchläge, der Klappen, des Kragens und des Rockunterfutters unterſcheidet die Reg. von einander. Die Paradeuniform der Officiere zeichnet ſich dadurch aus, daß die Reg. N. 1, 2, 3, 4, 8, 11 und 12, wenn das Reg. gelbe Knöpfe hat, 6 goldene, und wenn die Knöpfe weiß ſind, ſilberne geſtickte Schleifen auf den Klappen, 2 unter denſelben, 2 auf dem Aufſchlage, 2 auf der Taſche u. 4 hinten; die Reg. N. 5 u. 6 haben keine Schleifen auf den Klappen u.

Auffchlägen, die Reg. N. 7, 9 u. 10 gar keine Klappen, sondern auf jeder Seite 8 Schleifen.

N. 1. Reg. Graf v. Lottum.
(Pommerſche Inſpektion.)

Garniſon. Schwedt, Wriezen, Greifenhagen, Schönflies, Lippehne.

Uniform. Schwarze plüſchene offene Aufſchläge, Kragen u. Klappen; ſchwarzes Rockunterfutter, gelbe Achſelbänder und Knöpfe; blaßpaille Weſten. Die Officiere haben goldne geſtickte Schleifen und Achſelbänder.

Canton. Der Rummelsburgſche, Neu-Stettinſche, Lauenburgſche u. ein Theil des Bütowſchen Kreiſes; nebſt den Städten: Belgard, Greifenhagen, Cörlin, Neu-Stettin, Zanow, Tempelburg, Rummelsburg und Ratzebuhr.

Stamm. Der Markgr. v. Anſpach überließ 1690, 2, (einige Nachrichten ſagen) 3 Comp. in Preuß. Dienſte. Aus dieſen und angeworbener Mannſchaft wurde es 8 Comp. ſtark errichtet u. dem Markgr. gegeben, deſſen Namen es bis 1713 führte. 1718 wurde es auf 10 Comp. geſetzt. 1725 wurde das Reg. getheilt: aus 5 Comp. entſtand das Reg. N. 2, die übrigen 5 Comp. wurden auf 5 Eſq. vermehrt und geſetzt. 1757 wurden 2 Eſq. leichte Dragoner dazu errichtet. Zu dieſen, noch in demſelben Jahre vollzählig gemachten Eſq. wurden 1734 noch 3 angeworben, ſo, daß das Reg. aus 5 ſchweren und eben ſo viel leichten Eſq. beſtand. 1740 kamen zu den leichten noch 5 neue, wodurch das Regim. 15 Eſq. ſtark ward. 1743 geſchah mit dem Reg. eine Trennung, die 5 Eſq. ſchwere Dragoner blieben das jetzige Reg., aus den 10 leichten aber entſtanden die Regimenter N. 9 und 10.

Feldzüge. 1690 wurde das Reg. zur Belagerung von Bonn und 1695 zu der von Namur gebraucht. Zu Anfang dieses Jahrhunderts diente es in Brabant, wo es 1706 mit vor Menin stand. 1708 fochte es in der Schlacht bey Oudenarde u. 1709 in der bey Malplaquet. 1715 diente es in Pommern und war mit vor Stralsund. 1741 machte es die Schlacht bey Molwitz mit, so wie 1744 die Belagerung von Prag. 1745 hielt sich das Regim. in der Schlacht bey Hohenfriedberg ungemein tapfer. 1757 wohnte es dem Treffen bey Reichenberg bey u. bald darauf der Schlacht bey Prag, aus welcher es des Königs größten Beyfall mitnahm. In der bey Collin hieb das Regim. mit der größten Wuth in die feindliche Infanterie u. Cavallerie ein, u. eroberte 5 Fahnen. In der Action bey Moys machte es gleichfalls glückliche Coups. In den Schlachten bey Breslau und Leuthen behauptete es seinen alten Ruhm. 1758 that es in der Schlacht bey Zorndorf Wunder der Tapferkeit, indem es in die feindliche Cavallerie drang, sie theils warf, theils in Morast trieb. Aus der Hochkircher Schlacht nahm es das Lob der ausgezeichnetsten Bravheit mit, so wie es gleich nach dieser Schlacht auf dem Marsch nach Neisse, bey Görlitz ein feindliches Corps attakirte und viel Gefangene machte. 1759 fügte es den Feinden in den Actionen bey Hoyerswerda u. Pretsch ansehnlichen Verlust zu. 1760 stand es mit vor Dresden, und fochte nachher in den beyden Schlachten bey Liegnitz und Torgau mit der ihm eigenen Unerschrockenheit. 1778 — 79 stand es bey des Prinzen Heinrichs Armee, wo es zu der Action bey Brix genommen wurde. 1787 machte es den holländischen Feldzug, so wie es jetzt 1792 den wider die Franken macht und der Kanonade bey Valmy beywohnte.

Chefs:
1690 Markgr. Georg Friedr. v. Anspach. Unter ihm kommandirte das Reg. der Ob.
dû Voyne, wurde 1713 Chef desselben.
1713 Ob. dû Voyne, trat es ab als G. L.
1719 — v. d. Wenfen, starb als G. M.
1725 — Hans Friedr. v. Platen, war Command. der 10 leichten Esq.
1741 — v. Posadowsky, war Command. der 5 schweren Esq., starb.
1747 G. M. v. Katt, ging mit Pension ab.
1751 — — v. Ahlemann, erhielt Pension.
1755 — — v. Normann, erhielt Pension.
1761 Ob. Freyh. v. Zastrow, starb als G. M. 1773.
1774 — Graf v. Lottum, jetziger G. L. u. Ritter des schwarzen und rothen A. O.

N. 2. Reg. v. Schmettau.
(Niederschlesische Inspektion.)

Garnison. Lüben, Polckwitz, Heynau, Rauden und Beuthen.

Uniform. Weisse Aufschläge, Klappen und Kragen, gelbe Achselbänder und Knöpfe, paille Westen u. weisses Rockunterfutter. Die Officiere haben goldne gestickte Schleifen und Achselbänder.

Canton. Der Sprottauer und Freystädtsche Kreis, mit ihren Städten.

Stamm. 1690 wurde dieses Regim. mit dem N. 1 errichtet. Als der Ob. v. Sonsfeld zu Wittenhorst 1725 von demselben 5 Comp. erhielt, wurde es durch neu angeworbene Leute auf 5 Esq. verstärkt.

von Prag. 1745 machte es die 2 Schlachten bey Hohenfriedberg und Soor mit. 1756 eröfnete es den Feldzug mit dem Treffen bey Lowositz, in welchem es stark litte. 1757 leistete es in den Schlachten bey Prag, Collin u. Roßbach vorzügliche Dienste, hauptsächlich in der bey Collin, in welcher 2 Esq. alle feindliche Attaken zurück schlugen. In dieser Schlacht ging das Reg. fast zu Grunde. 1758 griff es bey Horneburg ein Corps Franzosen an u. fügte ihnen einen Verlust von 400 Mann zu. 1759 machte es den Zug nach Franken und wohnte nachher mit Ruhm der großen Schlacht bey Kunersdorf bey. 1762 endigte es den Feldzug mit dem Treffen bey Reichenbach. Den bayerschen Erbfolgekrieg 1778-79 machte es bey des Königs Armee und hielt sich bey Weißkirch u. Mockern so tapfer, daß der König vielen Officieren des Reg. den Orden pour les Mérites ertheilte.

Chefs:

1705 G. M. v. Dörfling, starb als G. L.
1724 Ob. v. d. Schulenburg, blieb als G. L. bey Molwitz.
1741 — Graf v. Rothenburg, starb als G. L.
1752 G. M. Freyherr v. Schönaich, erhielt das Küraff. Reg. N. 6.
1753 — — Graf v. Truchses, nahm Abschied.
1757 — — v. Meinecke, nahm Abschied.
1761 — — v. Flans, starb.
1763 Ob. v. Alvensleben, starb.
1777 G. M. v. Thun, erhielt als G. L. Pension.
1788 — — v. Gilsa, erhielt mit Pens. Abschied.
1792 — — v. Prittwitz.

N. 4. Reg. v. Katte.
(Pommersche Inspektion.)

Garnison. Landsberg a. d. Warthe u. Woldenberg.

Uniform. Blaßpaille Aufklappen, Aufschläge u. Kragen, weiße Knöpfe, Achselbänder u. Rockunterfutter, paille Westen. Die Officiere haben silberne Achselbänder, auf jeder Klappe 6 silberne Baletten, 2 unter derselben, 3 auf der Tasche, 2 auf dem Auffschlage und 4 hinten.

Canton. Ein Theil des Landsbergschen, Friedbergschen u. einige Dörfer des Dramburgschen Kreises; die Städte: Schönflies, Woldenberg, Arenswalde und Landsberg.

Stamm. Dieses ist die Hälfte des vorhergehenden 1705 und 1725 errichteten Reg., welches 1741 getheilet wurde.

Feldzüge. Von 1709 bis 1744 hat das Reg. folgenden Belagerungen beygewohnt, als: der von Tournay, Mons, Aire, Bethüne, Bouchain, Quesnoy, Landrecy, Stralsund, Brieg, Neiße u. Prag. 1741 stand es in der Schlacht bey Molwitz, desgleichen 1745 in der bey Kesselsdorf, in welcher Letztern es durch seine Tapferkeit zum Siege viel beytrug. 1756 wohnte es dem Treffen bey Lowositz bey. 1757 that es sich in der Schlacht bey Prag sehr hervor, indem es allein viele 100 Gefangene machte; der Belagerung dieser Stadt hat es nur zur Hälfte beygewohnt, indem es zu der Schlacht bey Collin gezogen wurde. In diesem Feldzuge verrichtete es noch ausnehmende Thaten in den beyden Schlachten bey Roßbach und Leuthen. 1758 half es die Belagerung von Olmütz decken, und war in diesem Jahre noch in den 2 Hauptschlachten bey Zorndorf und Hochkirch mit vielem Ruhme, obgleich sein Verlust an Todten u. Verwundeten überaus stark war. 1760 ward es mit zur Belagerung von Dresden, so wie zu den Schlachten bey Liegnitz u. Torgau, gebraucht. 1761 bewiesen 2 Esq. in der Action bey Wahlstadt gegen einen zehnmal stärkern Feind ungewöhnliche Tapferkeit. 1762 endigte es den siebenjährigen Krieg mit dem Treffen bey Reichenbach und Bedeckung der Belagerung von Schweidnitz. In dem bayerschen Erbfolgekrieg stand es unter des Königs Befehlen und erndtete in der Action bey Jung-Buchau vielen Ruhm ein. Seit 1792 macht es den Feldzug wider die Franken u. befand sich in der Kanonade bey Valmy.

Chefs:

Von 1705 bis 1741 hat es die 2 Chefs des vorhergehenden Regiments mit gehabt.

1741 Ob. v. Bissing, nahm als G. L. den Abschied.
— — Freyh. v. Kanneberg, nahm Abschied.
1742 G. L. v. Spiegel, starb noch in diesem Jahre.
— Ob. v. Bonin, starb als G. L.
1752 G. M. v. Oertzen, blieb bey Lowositz.
1757 — — v. Czettritz, nahm als G. L. Abschied.
1772 Ob. v. Wulfen, wurde als G. M. entlassen.
1782 G. M. v. Knobelsdorf, starb.
1786 Ob. v. Götzen, starb als G. M.
1789 G. M. v. Normann, nahm den Abschied.
1792 — — v. Katte.

N. 5. Reg. Markgr. v. Anspach-Bayreuth.
(Pommersche Inspektion.)

Garnison. Pasewalck, Gartz, Treptow am Tollensee, Uckermünde, Gollnow.

Uniform. Dunkelcarmoisinrothe Aufschläge, Kragen, Klappen u. Rockunterfutter, paille Westen, weiße Achselbänder und Knöpfe. Die Officiere haben Sammet, u. unter jeder Klappe 2, u. hinten 2 von Silber gestickte Schleifen u. silberne Achselschnüre.

Canton. Der Wollinsche, Dabersche, Naugardsche und Greifenhagensche Kreis, bis auf einige Dörfer; auch einige Ortschaften in dem Saatzer- u. Randowschen Kreise; nebst den Städten: Pasewalck, Gollnow, Gartz, Treptow, Daber, Fiddichow u. ein Theil von Uckermünde u. Wollin.

Stamm. 1717 wurde dieses Reg. aus abgegebenen Leuten von allen Kürassier- u. Dragonerreg. auf 4 Esq. in Halberstadt errichtet. 1718 ist die 5te dazu gekommen u. 1724 auf 10 Esquadr. gesetzt worden.

Feldzüge. 5 Esq. des Reg. wohnten 1741 der Schlacht bey Molwitz bey. 1742 befand sich das 10 Esq. starke Regim. in der bey Chotusitz. 1744 half es Prag belagern. 1745 gab das Reg., in der Schlacht bey Hohenfriedberg, so hohe Beweise seiner Tapferkeit, als es in der Geschichte wenig oder gar keine giebt. Es grif eine Brigade von 20 Bat. an, warf sie zu Boden u. eroberte 67 Fahnen und 4 Kanonen. Der König dankte nicht allein dem Reg. in einem eigenhändigen verbindlichen Schreiben, sondern schenkte ihm auch zum unauslöschlichen Andenken für die Nachwelt, ein neues Insiegel, welches am Ende hier abgedruckt ist. In diesem Feldzuge machte es auch die berühmte Schlacht bey Keßelsdorf mit. Den siebenjährigen Krieg eröfnete es 1756 mit der Schlacht bey Lowositz. 1757 stand es vor Prag u. fochte nachher in der Action bey Moys und in den Schlachten bey Breslau u. Leuthen, in welcher Letztern es in der Infant. des feindlichen linken Flügels ein großes Blutbad anrichtete. 1758 deckte es die Belagerung von Olmütz. Bey Hohlitz in Mähren hatten 8 Esq. das Unglück durch ein Versehn überfallen zu werden, wobey sie die Regimentspauken und 300 Mann an Gefangenen verloren. In der Schlacht bey Hochkirch hielt es sich sehr brav, u. noch beym Rückzuge warf es ein feind-

liches Küraſſierreg. u. machte 64 Mann davon gefan=
gen. Der Verluſt des Reg. in dieſer blutigen Nacht
war überaus ſtark. 1760 legte das Reg. wieder die
ſtärkſten Proben ſeiner Herzhaftigkeit in der Schlacht
bey Torgau ab. Es fiel dem feindlichen rechten Flü=
gel in die Flanke, u. nahm 4 Reg. gefangen. 1762
fochte es in der Action bey Leutmannsdorf. Den
bayerſchen Erbfolgkrieg 1778 verrichtete es unter
dem König. Seit 1792 macht es den Feldzug wider
die Franken und wohnte der Kanonade bey Valmy,
auch 1793 der Action bey Hochheim bey.

Chefs:

1717 Ob. v. d. Schulenburg, ſtarb als G. L.
1731 Erbprinz, nachheriger Markgr. Friedrich v.
   Brandenburg=Bayreuth, ſtarb.
1763 Markgr. Friedr. Wilh. v. Brandenb.
   Bayreuth, ſtarb.
1769 Markgr. Carl Fried. Alex. v. Branden=
   burg = Bayreuth.

Die Chefs unter den Markgrafen ſind folgende geweſen:
1742 G. L. v. Schwerin, erhielt Penſion.
1756 G. M. v. Meyer, erhielt das Drag. Reg. N. 6.
1760 — — v. Bülow, ſtarb als Gen. v. d. Cav. u.
   Ritter des ſchwarzen A. O.
1788 — — Graf v. Kalckreuth, jetziger G. L.
   u. Ritter des rothen A. O.

N. 6. Reg. v. Werther.
(Erste Preußische Inspektion.)

Garnison. Königsberg in Preußen, Allenburg, Labiau, Gerdauen u. Wohlau.

Uniform. Weiße Aufschläge, Kragen, Klappen u. Rockunterfutter; schwefelgelbe Westen, weiße Achselbänder und Knöpfe. Die Officiere haben reich gestickte silberne Schleifen, als: 2 auf jeder Klappe, 2 auf der Tasche, 4 hinten, u. silberne Achselbänder.

Canton. In Natangen die Aemter: Wandlacken, incl. des Muldzner Distrikts, Barten u. Gerdauen; in Samland: Kalthoff, Neuhausen, Waldau, Caimen, Schaaken, Laptau, Grünhoff, Rossitten, Dirschkeim, Fischhausen, Lochstädt, Kragau, Caporn und Friedrichsberg; in Litthauen: Salau, Stallupöhnen, Georgenburg, Althoff, Insterburg, Didlacken, Jurgaitschen u. Norkitten, ein Theil der Stadt Königsberg incl. der Huben; außer obigen Aemtern noch die Städte: Fischhausen, Pillau, Labiau, Allenburg, Goldap und Marggrabowa.

Stamm. König August von Pohlen schenkte 1717 dem König Friedrich Wilhelm I. 600 Küraßiere u. Dragoner für das ihm zum Geschenk gemachte kostbare Porcelain= u. Bernsteincabinet. Aus ihnen wurde 1717 dieses Dragonerreg. von 4 Esq. errichtet. 1718 kam eine 5te dazu. 1725 wurde es auf 10 gesetzt. 1727 gab es zu dem Regim. N. 7, 5 Esq. ab. 1739 u. 1740 erhielt es wieder die Stärke von 10 Esquadrons.

Feldzüge. 1734 — 35 machte das Reg. den Feldzug am Rhein. 1745 befand es sich mit ausgezeichnetem Ruhm in der Action bey Landshut, darauf in den Schlachten bey Hohenfriedberg und Kesselsdorf. In dieser Letztern warf es sich auf die feindliche Cavallerie, und richtete ein großes Massakre unter ihr an. In der Schlacht bey Gros-Jägerndorf 1757 sochte es mit beyspielloser Tapferkeit, indem es Batterien erstieg u. die feindliche Cavallerie übel zurichtete. 1758 sochte es in der Schlacht bey Zorndorf mit der ihm eigenen Tapferkeit. 1759 war es in der Schlacht bey Kay, und kurz nachher in der bey Kunersdorf. In beyden hatte es ansehnlichen Verlust. 1760 stand es mit vor Dresden. In der Action bey Strehla richtete es unter den Feinden eine fürchterliche Niederlage an, so wie es in der mörderischen Schlacht bey Torgau sich eben so standhaft als brav bewies u. nur mit wenig Mannschaft daraus kam. 1778 — 79 machte es den Feldzug unter dem Prinzen Heinrich und befand sich in der Action bey Brix.

Chefs:

1717 G. M. v. Wuthenow, starb als G. L.
1727 Ob. v. Cosel, erhielt als G. L. Pension.
1734 — v. Möllendorff, starb als G. L.
1747 G. M. v. Schorlemmer, erhielt als G. L. Pension.
1760 — — v. Meyer, starb als G. L. 1775.
1777 G. M. v. Posadowsky, erhielt als G. L. Pension.
1787 — — v. Rohr, erhielt als G. L. Pension.
1790 — — v. Werther.

N. 7. Reg. v. Schenck.
(Erste Preußische Inspektion.)

Garnison. Tilsit.
Uniform. Scharlachrothe Aufschläge, Kragen u. Rockunterfutter, paille Westen, gelbe Achselbän-

der u. Knöpfe. Die Officiere haben auf jeder Seite 8 von Gold gestickte Schleifen, 2 auf der Tasche, 4 hinten, u. goldene Achselbänder.

Canton. In Litthauen.

Stamm. Von dem 1717 u. 1725 errichteten Reg. N. 6 wurde 1725 die Hälfte abgenommen und daraus dieses Reg. errichtet. 1739 wurden die 5 Esq. getheilt und daraus 10 Comp., 1740 aber 10 Esq. gemacht. 1744 wurden 5 Esq. zur Formirung des Reg. N. 8 abgenommen.

Feldzüge. 1734 marschirte das Reg. nach dem Rhein. 1742 bewies es sich in der Schlacht bey Chotusitz ungemein tapfer u. hatte an 200 Todte u. Verwundete. 1745 wurde es in einem Gehölze bey Meissen angegriffen, u. büßte seinen General, 1 Standarte und seine Pauken ein. In der darauf folgenden Schlacht bey Kesselsdorf, ersetzte es diesen Verlust reichlich, da es alles, was ihm vorkam, zu Boden warf u. dabey 1 Fahne u. 1 Standarte eroberte. 1757 zeichnete sich das Reg. in der Schlacht bey Groß-Jägerndorf an Heldenkraft aus, indem es nicht allein eine Batterie von 10 Kanonen eroberte, sondern auch 2 Inf. Reg. in die Pfanne hieb. 1758 hielt es sich in der Schlacht bey Zorndorf ausserordentlich brav. Bey Linum, ohnweit Fehrbellin, ruinirte es 1 ganzes schwedisches Cavalleriereg. u. den Rest von 308 Mann nahm es gefangen. 1759 wär es bey der Einnahme von Demin und Anclam, darauf in Sachsen in den Actionen bey Torgau u. Gorbitz. In der erstern eroberte es 8 Kanonen, u. alle Officiere wurden über den in dieser Action bewiesenen Muth vom Könige an Gelde reichlich beschenkt, in der andern hieb es das ganze Serbellonische Kürassierreg. zusammen. In beyden Actionen hatte es einen Verlust von 300 Mann an Todten u. Blessirten. 1760 hob ein Kommando von 60 Mann, 160 Schweden am Taschenberge auf. 1761 machte es wieder den Feldzug in Pommern, war mit in der Action bey Treptow, in einem Gefechte bey Cörlin und beym Sturm auf Spie. 1762 fochte es in den Actionen bey Döbeln, Brand und endlich in dem Treffen bey Freyberg. Den bayerschen Erbfolgkrieg 1778—79 machte es bey des Königs Armee.

Chefs:

1725 Ob. v. Dockum, blieb als G. M. im Duell.
1732 Prinz Eugen v. Anh.-Dessau, erhielt das Kürassierreg. N. 6.
1737 Ob. v. Thümen, bekam als G. M. ein Garnisonreg.
1741 — v. Werdeck, blieb als G. M. bey Chotusitz.
1742 — v. Röhl, blieb als G. L. ohnweit Meissen in einem Gefechte.
1745 G. M. v. Ruts, erhielt als G. L. Pension.
1756 — — v. Plettenberg, nahm als G. L. Abschied.
1763 Ob. v. Apenburg, erhielt als G. M. das Kürassierreg. N. 1.
1781 — v. Borcke, nahm Abschied als G. M.
1790 G. M. v. Zabeltitz, starb.
1791 — — v. Schenck.

N. 8. Reg. v. Barbeleben.
(Erste Preußische Inspektion.)

Garnison. Insterburg.

Uniform. Scharlachrothe Aufschläge, Kragen, Klappen u. Rockunterfutter, weisse Achselbänder u. Knöpfe, paille Westen. Die Officiere haben gestickte silberne Schleifen u. silberne Achselbänder.

Canton. In Litthauen.

Stamm. Dieses Reg. ist die Hälfte des vorhergehenden Reg. N. 7, welches 1739 u. 1740 vermehrt u. 1744 getheilt wurde. Hieraus ist dieses Reg. auf 5 Esq. formirt.

Feldzüge. Die erste Schlacht, der das Reg. beywohnte, war die bey Kesselsdorf. 1757 fochte es in der bey Groß=Jägerndorf mit großer Unerschrockenheit u. brachte den Russen ansehnlichen Verlust zu Wege. 1758 hielt sich das Reg. in der Schlacht bey Zorndorf ungemein brav. 1759 war es in der Schlacht bey Kay, u. darauf bey Kunersdorf. Aus letzterer gieng das Reg. mit vielem Ruhm, aber auch mit vielem Verlust. 1760 standen 4 Esq. bey Landshut, wo sie unter Fouquet in dieser berühmten Action mit Löwenmuth fochten und sich mit dem Degen in der Faust durchschlugen. 1762 war das Regiment in dem Treffen bey Reichenbach. Den Feldzug von 1778 — 79 machte es bey des Prinzen Heinrichs Armee.

Chefs:
1744 G. M. v. Stosch, erhielt Pension.
1752 — — v. Langermann, starb.
1757 — — v. Platen, starb als Gen. v. d. Cav. Ritter des schw. A. O. u. Gouvern. in Preußen.
1787 — — v. Brausen, kam auf Pens.
1790 — — v. Barbeleben.

N. 9. Reg. v. Bruckner.
(Zweyte Preußische Inspektion.)

Garnison. Riesenburg, Bischofswerder, Lübmühl, Christburg, Deutsch=Eylau.

Uniform. Hellblaue Aufschläge, Kragen u. Rockunterfutter, paille Westen, weiße Achselbänder u. Knöpfe, auf jeder Seite des Rocks 8 weiße, hin=

ten runde Bandlitzen, 2 auf dem Aufschlage u. 2 hinten. Die Officiere haben auf jeder Seite 8 gestickte silberne Schleifen, 2 auf dem Aufschlage, 2 auf der Tasche, 4 hinten, u. silberne Achselbänder.

Canton. Das Oberland in Ostpreußen.

Stamm. Der G. M. v. Platen erhielt 1727 den Befehl, zu seinem aus 5 Esq. schweren Dragonern bestehenden Reg. N. 1 noch 2 Esq. leichte Dragoner anzuwerben. Zu diesen kamen 1734 noch 3, und 1740 wurden diese 5 Esquadrons leichte Dragoner auf 10 gesetzt. 1743 wurde das Regiment getheilt. Die 5 Esq. schwere Dragoner blieben das Reg N. 1. Die 10 Esq. leichte Dragoner wurden abgenommen u. formirten dieses Reg. 1743 gingen wieder 5 Esq. ab und formirten das Reg. N. 10, die übrigen 5 machten dieses Reg. aus.

Feldzüge. Seinen ersten Ruhm gründete das Reg. 1745 in der Kesselsdorfer Schlacht. 1757 fochte es mit der größten Tapferkeit in der Schlacht bey Gros-Jägerndorf u. eroberte gleich Anfangs 8 Kanonen, die es aber aus Mangel an Unterstützung nicht behalten konnte. 1758 warf das Regiment in der Schlacht bey Crefeld ein französ. Kürassierreg. u. eroberte 1 Paar Pauken u. 1 Standarte. 1759 that es sich in der bey Bergen, wo es in die feindliche Cavallerie einhieb, sehr hervor. Wenige Tage nach dieser Schlacht wurde es bey Grünberg überfallen u. verlor 2 Standarten. In der darauf folgenden Schlacht bey Minden rächte sich das Reg. an den Feinden, indem es allein 4 Bat. gefangen machte und 10 Kanonen eroberte. Der Herz. Ferdinand beschenkte das Regim. über diese Bravour mit einigen 1000 Thalern. 1760 stand es mit vor Dresden und wohnte nachher dem Treffen bey Liegnitz bey. 1761 mußte das Reg. in Pommern den beschwerlichsten aller Feldzüge mit machen, wo es sich im Angriffe u. Vertheidigung der um Colberg angelegten Retranschements, so wie auch im Sturme auf Spie, viel Ruhm erwarb. Den bayerschen Erbfolgkrieg machte es bey des Prinzen Heinrichs Armee.

Chefs:
1727 G. M. v. Platen, starb als G. L.
1743 Ob. Prinz v. Hollstein=Gottorp. Verließ den Dienst als G. L.
1761 — v. Pomeiske, starb als G. L.
1785 G. M. v. Zitzwitz, erhielt Pension.
1788 — — v. Borstel, erhielt das Küraffierreg. N. 7.
1792 Ob. v. Bruckner, jetziger G. M.

N. 10. Reg. v. Franckenberg.
(Zwepte preußische Inspektion.)

Garnison. Osterode, Mohrungen, Hohenstein, Liebstadt und Sahlfeld.

Uniform. Orange Auffschläge, Kragen und Rackunterfutter, paille Westen, weiße Knöpfe und Achselbänder; die Officiere silberne, und auf jeder Seite 8 gestickte silberne Schleifen; 2 auf dem Aufschlage, 2 auf der Tasche, 8 in der Taille u. hinten.

Canton. Die Aemter Willenberg, Ortelsburg, Friedrichsfelde und Mensguth, ein Theil des Amts Soldau, nebst den Städten: Sensburg, Willenberg, Neidenburg, Ortelsburg u. Passenheim; dazu erhielt es noch 1787 vom Inf. Regim. N. 4 die Städte: Mohrungen, Osterode, Liebstadt, Hohenstein und Sahlfeld.

Stamm. 1743 wurde von dem vorhergehenden Reg. N. 9 die Hälfte abgenommen, u. daraus dieses Reg. 5 Esq. stark formirt.

Feldzüge. Die Kesselsdorfer Schlacht 1745 war die Erste, in welcher sich das Reg. rühmlichst bekannt machte. Von allen Cavalleriereg. hatte es die mehresten Todten. 1757 richtete das Reg. in der Schlacht bey Gros-Jägerndorf eine fürchterliche Niederlage unter den Russen an. 1758 trat es den Marsch zur alliirten Armee an, u. hatte gleich Anfangs des Feldzuges ein glückliches Gefechte bey Rothenburg. Die in diesem Jahre bey Crefeld vorgefallene Schlacht brachte die Tapferkeit des Regim. in großen Ruf. 1759 bewies das Reg. in den beyden Schlachten bey Bergen u. Minden, daß es den Franzosen an Herzhaftigkeit sehr überlegen war. 1760 zog es der König, so wie alle andere preuß. Reg., von der alliirten Armee zu der seinigen, und nahm gegenwärtiges zur Dresdner Belagerung und zu dem Treffen bey Liegnitz. 1761 war es in der Action bey Kloster Wahlstadt, die dem Reg. viel Ehre brachte. Der König schenkte zum Andenken dieses Tages den Officieren, die jetzigen, beym Regimente üblichen silbernen Pallasche mit dem schwarzen Adler; dem Reg. aber 3000 Thaler. 1761 machte das Regim. die berühmte Expedition nach Pohlen zu Ruinirung der großen Wagenburg bey Gostyn. 1762 fochte es in den Actionen bey Friedland und Leutmansdorf. In Ersterer warf es 3 Kürassierreg. u. machte einige 100 Gefangene. Endlich wohnte es der Belagerung von Schweidnitz bey. In dem einjährigen Feldzuge 1778 — 79 war es in der Action bey Jägerndorf in Oberschlesien.

Chefs:

1743 G. M. v. Möllendorf, bekam als Gen. L. Penßon.
1754 — — Graf v. Finckenstein, starb als G. L.
1785 — — v. Rosenbruch, erhielt den Abschied.
1790 — — v. Franckenberg.

Die Dragonerregim., welche Friedrich Wilhelm I. 1740 hinterließ, waren:

10 Esq. Schulenburg.　　5 Esq. Sonsfeld.
10 — Bayreuth.　　　　 5 — Möllendorf.
10 — Platen.　　　　　 5 — Thümen.

Noch jetzt sind diese 45 Esq. in der Armee befindlich, nämlich:

5 Esq. bey N. 1.　　　 5 Esq. bey N. 6.
5 — — — 2.　　　　　 $2\frac{1}{2}$ — — — 7.
5 — — — 3.　　　　　 $2\frac{1}{2}$ — — — 8.
5 — — — 4.　　　　　 $2\frac{1}{2}$ — — — 9.
10 — — — 5.　　　　　 $2\frac{1}{2}$ — — —10.

Friedrich II. hat nicht allein die obigen 45 Esq. beybehalten, sondern auch noch jedes von den Reg. N. 7, 8, 9 und 10 mit $2\frac{1}{2}$ Esq., u. N. 6 mit 5 Esq. vermehret, folglich 15 neue Esq., u. überdies noch nachstehende 2 Reg. errichtet.

N. 11. Reg. v. Tschirschky.
(Niederschlesische Inspektion.)

Garnison. Sagan, Freistadt, Sprottau und Grüneberg.

Uniform. Citronengelbe Aufschläge, Kragen, Klappen u. Rockunterfutter; paille Westen, weisse Achselbänder und Knöpfe. Die Officiere haben silberne Achselbänder u. Schleifen.

Canton. Der Sagansche und Grünebergsche Kreis, nebst den darinn liegenden Städten.

Stamm. Dieses Reg. wurde 1741 in Schlesien geworben, auf 5 Esq. gesetzt u. dem aus sächs. Diensten mit andern Officieren gekommenen G. M. v. Nassau gegeben.

Feldzüge. Den Ersten eröfnete es 1741 mit der Einnahme von Neisse. 1742 nahm es Olmütz ein. 1744 half es Prag belagern und einnehmen. 1745 erwarb sich das Reg. in der Schlacht bey Hohenfriedberg durch seine darinn bewiesene Herzhaftigkeit ausgezeichneten Ruhm. Es hieb darinn ein ganzes Corps sächs. Gren. nieder u. machte den Rest zu Gefangenen. In diesem Feldzuge eroberte es auch Cosel. 1757 zeichnete sich das Reg. in der Schlacht bey Prag auf eine glänzende Art aus, indem es einigemal auf 2 bis 3 feindliche Kürassierreg. Angriffe machte und sie über den Haufen warf. Nach der Schlacht verfolgte es den fliehenden Feind u. fügte ihm bey Kuttenberg noch ansehnlichen Verlust zu. In der Schlacht bey Collin that es alles was ein braves Reg. nur vermag, in der bey Breslau bekam es wenig zu thun, desto mehr aber bey Leuthen. Gleich nach dieser Schlacht machte es viel Gefangene und eroberte 90 Mehlwagen. 1758 wurde das Regim. bey Troppau überfallen, bey welcher Gelegenheit etliche 100 Mann in Gefangenschaft geriethen. Bey Domstädtel befand sich nur ein geringer Theil des Reg. In der Hochkircher Schlacht stand es beym Retzowschen Corps bey Weissenberg, wo es nicht stark zum Schlagen kam. 1759 stieß das Reg. auf dem Marsche nach der Mark bey Spremberg auf die Arrier-Garde der feindlichen Armee, die es angriff und das Regim. von Würzburg, 1300 Mann stark, gefangen nahm. In der Schlacht bey Kunersdorf, wo es den Posten beym Judenberge occupirte, verlor es ungemein viel, und war dennoch das letzte Reg. auf dem Wahlplatze. In der Action bey Gorbitz hielt sich das Regim. ungemein tapfer, nicht minder in der bey Pretsch (Meuero), in welcher Letztern es die mehresten Gefangenen machte und 2 Kanonen erbeutete. Alle Staabsofficiere und Capitaine erhielten über diese That den Orden pour les Mérites. Am Schluße dieses Feldzuges gerieth das Reg. bey Maxen, wenige Mannschaft ausgenommen, in feindliche Gefangenschaft. Es wurde sogleich wieder errichtet und das neue Regim. that 1760 in der Schlacht bey Torgau sehr brav u. eroberte eine Standarte. 1762 fochte es im Treffen bey Freyberg. Den bayerschen Erbfolgkrieg machte es bey des Königs Armee, und jetzt am Schlusse von 1792 steht es am Rhein, und war vorher mit in der Kanonade bey Valmy.

Chefs:
1741 G. M. v. Nassau, starb als G. L. und Ritter des schwarzen A. O.
1755 — — v. Stechow, erhielt den Abschied.
1758 Ob. v. Platen, erhielt als G. M. Pension.
1770 — v. Mitzlaff, erhielt als G. L. Pension.
1778 G. M. v. Bosse, erhielt Pension.
1789 — — v. Tschirschky.

N. 12. Reg. v. Kalckreuth.
(Pommersche Inspektion.)

Garnison. Greifenberg, Reetz, Massow, Raugarten, Wollin.

Uniform. Schwarze plüschene Auffschläge, Kragen und Klappen; paille Westen und Rockunterfutter, weisse Achselbänder und Knöpfe. Die Officiere haben silberne Achselbänder und Schleifen, wie auch paille Rockunterfutter.

Canton. Die Städte: Schlawe, Lauenburg mit ihrem Eigenthum, und Bütow; die Aemter: Bütow u. Lauenburg; u. ein Theil des Lauenburgschen, Bütowschen u. Rummelsburgschen Kreises.

Stamm. Der Herzog v. Würtenb.=Stuttgard hat dieses Reg., welches in den Feldzügen 1734 und 1735 in österreichischen Diensten gewesen, errichtet, nach geschlossenem Frieden wieder in sein Land zurückgezogen u. 1742 in preuß. Dienste überlassen. Hier wurde es als ein Dragonerreg. von 5 Esq. auf preuß. Fuß gesetzt, und bekam den Namen: Alt-Würtenberg.

Feldzüge. 1734—35 machte es als ein würtenbergisches Reg. den Feldzug am Rhein. Als ein preußisches war es 1744 mit bey der Einnahme von Prag. 1745 focht es mit vieler Auszeichnung in den Schlachten bey Hohenfriedberg u. Soor. 1757 befand es sich im Treffen bey Reichenberg, in der Schlacht bey Prag, in welcher es die feindliche Cavallerie etlichemal warf, in der bey Collin, in der Action bey Moys, und in den Schlachten bey Breslau und Leuthen. 1758 ward es zur Belagerung von Ollmütz gebraucht. In diesem Jahre war es mit in der Schlacht bey Hochkirch und focht mit der größten Entschlossenheit. Im Feldzuge von 1759 wohnte es den Actionen bey Hoyerswerda, Pretsch und Maxen bey. In letzterer waren 4 Esq. Das wieder vollständig gemachte Reg. that in der Schlacht bey Torgau gute Dienste, ward aber sehr mitgenommen. 1761 wurde es zu dem pommerschen Feldzuge kommandirt, in welchem es mit äusserster Anstrengung von Tapferkeit die um Colberg angelegten Retranschements vertheidigte und dem Sturme auf Spie beywohnte. 1762 war es bey Burckersdorf u. Leutmansdorf, im Treffen bey Reichenbach u. zuletzt bey der Belagerung von Schweidnitz. Den bayerschen Erbfolgkrieg machte es bey des Prinzen Heinrichs Armee.

Chefs:

1742 Herzog Carl Alex. v. Würtenb.-Stuttgard, als Chef. Commandeur, Ob. Marschall v. Bieberstein.

1749 Ob. Prinz Friedr. Eugen v. Würtenberg-Stuttgard, nahm Abschied als G. L. 1769

1769 Ob. v. Retzenstein, nahm Abschied mit
 Pension als G. M.
1780 G. M. v. Kalckreuth, jetziger G. L.

Husarenregimenter.

Friedrich Wilhelm I. hat 1721 die ersten Husaren errichtet. Ihre Montirung ist nach Ungarischer Art. Einige Reg. haben Bären-, einige aber Filzmützen, auf welchen ein Federbusch; alle haben lange lederne, im Winter aber, statt der Charawaden, tuchene Beinkleider, ungarische Stiefeln, Mantel und Mantelsack; ihre Waffen sind Pistolen, Säbel und Carabiner.

N. 1. Reg. v. Czettritz.
(Niederschlesische Inspektion.)

Garnison. Herrnstadt, Steinau, Sulan, Köben, Tschirna, Gurau, Trachenberg, Wohlau u. Wintzig.

Uniform. Dunkelgrüne Pelze mit einem weissen Vorstoß, hellgrüne Dollmanns u. Säbeltaschen mit weissen Borten besetzt; weisse Knöpfe u. Schnüre; rothe Schärpen mit weissen Knöpfen. Die Officiere haben einen weissen Vorstoß, silberne Schnüre; ihre Pelze u. Dollmanns sind mit silbernen Tressen schlangenweise besetzt. Bärenmützen mit einem dunkelgrünen Kolpack.

Canton. Es erhält seine Einländer von den Dragonerreg. N. 2 u. 11.

Stamm. Der G. L. v. Wuthenow erhielt 1721 den Befehl, 30 Husaren anzuwerben. Er nahm dazu lauter Uhlanen, welche 1722 mit 2 Comp.

Stammliste. P

verstärkt wurden, und den Maj. v. Schmidt zum Commandeur bekamen. Aus diesen 2 Comp. wurden 1730 drey Esq. errichtet und der Maj. v. Brunikowsky ward Commandeur. Diese 3 Esq. wurden 1737 noch mit 3 neuen verstärkt; 1740 aber 3 Esq. nach Schlesien zur Verstärkung des Leibhusarenregim. (N. 2) geschickt, und noch 2 zur Errichtung des Husarenreg. N. 3 genommen. Es blieb also nur noch 1 Esq. übrig, welche 1741 unter dem Major v. Mackerodt in das Lager bey Genthin marschirte. Daselbst wurde sie auf 2 Esq. verstärkt u. nachher aus ihnen die Reg. N. 5 und 7 errichtet. Der Ob. v. Brunikowsky aber hatte von jeder seiner abgegebenen Esq. 10 Mann zurückbehalten. Zu diesen warb er 1741 in Preußen neue Leute an, errichtete ein neues Husarenreg. von 5 Esq. u. ging mit ihnen nach Schlesien, woselbst es 1742 eine Verstärkung von 5 Esq. erhielt.

Feldzüge. 1741 half das Reg. Neisse erobern. 1742 fochte es in der Schlacht bey Chotusitz u. war 1744 bey der Belagerung von Prag. In der berühmten Action bey Neustadt 1745, so wie in der nicht minder wichtigen, bey Landshut, zeigte sich das Reg. seinen Feinden furchtbar, half auch in der darauf folgenden Schlacht bey Hohenfriedberg den Sieg erringen. Im Treffen bey Lowositz 1756 befanden sich 8 Esq. 1757 in der Schlacht bey Prag 3 Esq., bey Collin 5, bey Roßbach aber das ganze Regim. Der Leuthner waren 5 Esq. zugegen. 1759 wohnte das Reg. der Schlacht bey Kunersdorf bey. 1760 leistete das Reg. in der Action bey Strehla sehr gute Dienste, stand in diesem Feldzuge mit vor Dresden u. erndtete in der Schlacht bey Torgau vielen Ruhm. 1761 war es in der Action bey Saalfeld. 1762 beschloß es den 7jährigen Krieg mit dem Treffen bey Freyberg. Unter des Prinzen Heinrichs Befehl machte es 1778 den bayerschen Erbfolgkrieg,

Chefs:
1721 G. L. v. Wuthenow, starb.
— Ob. v. Dockum, starb.
1732 — Prinz Eugen v. Anhalt=Dessau.
1737 Maj. v. Brunikowsky, nahm als G. M. den Abschied.
1749 Ob. v. Dewitz, nahm Abschied.
1750 — v. Szekely, nahm als G. M. Abschied.
1758 — v. Kleist, starb als G. M. 1767.
1770 — v. Czettritz, jetziger G. L.

N. 2. Reg. Bar. v. Eben u. Brunnen.
(Mark=Brandenburgische Inspektion.)

Garnison. Berlin, Fürstenwalde, Beeskow und Müllrose.

Uniform. Dunkelblaue Pelze mit weissem Vorstoß, weissen Knöpfen u. Schnüren, hinter denselben eine daumbreite weisse Borte, scharlachrothe Dollmanns mit weissen Schnüren, u., so wie die Pelze, mit weissen Borten, blaue mit weissen Schnüren eingefaßte Aufschläge und Kragen, rothe, mit weissen Borten besetzte Säbeltaschen, blaue Schärpen mit weissen Knöpfen; Mützen, deren Brähm von Schuppenfell ist, u. einen rothen Kolpack. Die Pelze der Unterofficiere haben einen Vorstoß von Fuchspelz, u., gleich den Dollmanns, mit silbernen Tressen und weissen Schnüren; die Pelze u. Dollmanns der Officiere aber reich mit gold. Tressen u. Schnüren besetzt. Bey der Revue haben sie Tigerdecken, die Esquadrons=Chefs auf der Mütze einen Adlerflügel, die Subalternen aber einen Reyherstrauß, und sämmtliche Officiere gelbe Stiefeln. Das Zaum=

u. Sattelzeug des ganzen Reg. ist mit sogenannten Schlangenköpfen besetzt.

Canton. Hat keinen.

Stamm. Friedrich Wilhelm I. ließ 1730 in Berlin aus einigen Leuten vom Reg. N. 1, und aus Neuangeworbenen eine Comp. Husaren errichten, u. ernannte den Ob. L. v Beneckendorf zum Commandeur. Zu dieser einen Comp. kam 1731 die 2te, 1732 die 3te, und 1733 wurden die 3 Compag. durch ausgesuchte Küraßiere, Dragoner und Grenadiere auf 3 Esq. verstärkt. 1739 erklärte Friedrich Wilhelm I. diese 3 Esq. zu seinem Leibhusarencorps, zu welchem 1740 noch 3 Esq. vom Reg. N. 1 stießen.

Feldzüge. 1741 in der Schlacht bey Molwitz, legte das Reg. die ersten Proben seiner Tapferkeit ab. 1744 hatte es ein wichtiges Gefechte bey Tein, in welchem es sich während des ganzen übrigen Krieges den Feinden sehr respektabel machte. 1745 wohnte es der großen Action bey Neustadt mit ausgezeichnetem Ruhme bey, und so auch der Schlacht bey Hohenfriedberg, nicht weniger der Action bey Katholisch Hennersdorf. 1757 bewies es in den wichtigen Schlachten bey Prag, Collin, Breslau u. Leuthen, so wie in der Action bey Moys die größte Entschlossenheit bey allen Angriffen. Dieses Reg. machte nach der Leuthner Schlacht die mehresten Gefangenen. In der Schlacht bey Zorndorf 1758 warf sich das Reg. in die feindliche Cavallerie und richtete eine fürchterliche Niederlage unter ihr an, gleichen Muth bewies es auch in der bey Hochkirch. 1759 focht es in dem Treffen bey Kay und in der Schlacht bey Kunersdorf. 1760 wohnte es der Belagerung von Dresden und wenige Wochen nachher dem Treffen bey Liegnitz und der Action bey Hohengiersdorf bey. Tags vor der großen Schlacht bey Torgau nahm es ein ganzes feindliches Reiterreg. gefangen. 1761 in der Action bey Saalfeld setzte ein Detaschement des Reg. durch die Schwarze, griff die Reichstruppen mit so glücklichem Erfolge an, daß 17 Officiere, 400 Gemeine, 3 Kanonen u. 3 Fahnen in ihre Hände geriethen. 1762 in den Actionen bey Leutmannsdorf u. Burkersdorf drückte es seinem Wohlverhalten während des ganzen Krieges das Siegel auf. 1778 bis 79 verrichtete es den Feldzug bey des Königs Armee. Seit 1792 macht es den Feldzug wider die Franken, war mit in der Kanonade bey Valmy, in den Actionen bey Limburg und Hochheim am Rhein.

Chefs:

1730 Ob. v. Beneckendorf, Command., nahm Abschied.
1735 — v. Wurmb, Command., wurde als Ob. zu einem Garnisonregiment versetzt.
1741 — v. Zieten, starb als Gen. von der Cav. und Ritter des schwarzen A. O.
1786 — Bar. v. Eben u. Brunnen, jetziger G. L.

Friedrich Wilhelm I. hinterließ 1740, 9 Esq. Husaren, von welchen noch 2 bey N. 3, 1 bey N. 5 u. 7, u. 6 bey N. 2 stehen. Friedrich II. hat diese 9 Esq. mit 81 neuen, auch mit 10 Esq. Bosniacken vermehret.

N. 3. Reg. v. Köhler.
(Niederschlesische Inspektion.)

Garnison. Bernstadt, Lublinitz, Coonstadt, Reichthal, Rosenberg, Creuzburg, Landsberg, Guttentag, Tost und Pittschen.

Uniform. Dunkelblaue Pelze mit einem weissen Vorstoß, die Unterofficiere einen von Fuchspelz, weiſſe Dollmanns mit gelben Aufſchlägen u. Kragen, beydes mit gelben Knöpfen, Schnüren u. einer legalen goldenen Treſſe ſchlangenförmig beſetzt, gelbe Schärpen mit weiſſen Knöpfen, gelbe Säbeltaſchen mit weiſſen Borten, Bärenmützen mit weiſſem Kolpack. Die Pelze und Dollmanns der Officiere ſind mit 5 Reihen gelben Knöpfen und goldenen Schnüren beſetzt.

Canton. Es erhält ſeine Einländer aus den Cantons der Küraſſierregimenter N. 1 und 9.

Stamm. Dieſes Reg., deſſen Stamm 2 Eſq. von N. 1 waren, wurde 1740 aus 5 Eſq. errichtet, und durch Dragoner u. Neuangeworbene vollzählig gemacht.

Feldzüge. So viel aus der Geſchichte des ſiebenjährigen Krieges von verſchiedenen Schriftſtellern bekannt iſt, hat dieſes Regiment 1757 den Schlachten bey Prag, Collin, der bey Leuthen aber nur 3 Eſq. beygewohnt. 1758 ward es mit zur Belagerung von Olmütz gebraucht, und warf beym Rückmarſche aus Mähren ein Corps feindlicher Cavallerie; den Reſt des Feldzuges machte es wider die Schweden in Pommern mit vielem Glücke. 1759 fochten in der Schlacht bey Kunersdorf 5 Eſq., in der Action bey Pretſch hingegen das ganze Regiment. 1760 ſtand es mit vor Dresden, war in der Schlacht bey Liegnitz, in den Actionen bey Hohengiersdorf u. bey Torgau mit vielem Ruhme. 1761 machte es den pommerſchen Feldzug und war mit bey allen Vorfällen um Colberg. 1762 leiſtete es im Treffen bey Reichenbach ſehr gute Dienſte u. war vorher bey den verſchiedenen Angriffen auf Burkersdorf u. Leutmannsdorf. Den bayerſchen Erbfolgekrieg hindurch war es bey des Königs Armee. Von 1792 an macht es den Feldzug wider die Franken und ſtand mit in der Kanonade bey Valmy.

Chefs:

1740 Obr. v. Bandemer, nahm Abschied.
1741 — v. Malachowsky, blieb bey Gros-Strelitz.
1745 — v. Wartenberg, blieb bey Alt-Bunzlau.
1757 — v. Varnery, nahm Abschied.
1758 — v. Möhring, starb als G. M.
1773 — v. Samogy, starb.
1777 — v. Rosenbusch, starb als G. M.
1785 — v. Keoszegy, erhielt als G. M. Pension.
1788 — v. Köhler, jetziger G. M.

N. 4. Reg. Prinz Eugen v. Würtemberg.

(Niederschlesische Inspektion.)

Garnison. Oels, Juliusburg, Trobnitz, Medzibor, Auras, Prausnitz, Militsch, Wartenberg, Festenberg.

Uniform. Bleumourantne Pelze mit weissem, die Unterofficiere mit rothem Fuchsrücken Vorstoß, hellblau mit weißgedrehten Schnüren darauf, hellblaue Dollmanns, Aufschläge und Kragen, weisse Knöpfe, weisse mit hellblauen Borten besetzte Säbeltaschen, Bärenmützen mit einem hellblauen Kolpack, u. gelbe Escarpen mit weissen Knöpfen. Die Pelze und Dollmanns der Officiere sind mit silbernen Schnüren besetzt u. mit Fuchskehlen vorgestoßen.

Canton. Es erhält seine Einländer aus dem Canton der Kürassierreg. N. 1, 8, und des Dragonerregiments N. 2.

Stamm. Der Ob. v. Natzmer warb 1740 u. 1741 in Preussen ein Regim. Uhlanen, welches aus Pohlnischen und Litthauischen Rekruten 5 Esq. stark

errichtet wurde. 1742 wurde es als ein Husarenreg. auf 10 Esq. gesetzt.

Feldzüge. Dieses Reg. hat bereits den Feldzügen von 1741 — 42 beygewohnt und war 1745 mit
vielem Ruhme in der Schlacht bey Hohenfriedberg.
1757 bewies das Reg. sowohl im Treffen bey Reichenbach, als Tags vor demselben, viel Entschlossenheit im Angriffe feindlicher Posten, u. gleiche bewies
es auch in den Schlachten bey Prag, Collin und
Leuthen. Nach der Schlacht bey Prag machte das
Reg. die mehresten Gefangene. 1758 war es bey
Hochkirch. 1759 machte es die Expedition zur Ruinirung des großen russischen Magazins nach Posen
und fochte noch in diesem Feldzuge bey Kay und Kunersdorf. In der Schlacht bey Torgau war nur
ein Kommando von 200 Pferden. 1778 — 79 war
es bey des Prinzen Heinrichs Armee.

Chefs:
1741 Ob. v. Natzmer, starb als G. M.
1751 — v. Vippach, starb.
1755 — v. Puttkammer, blieb als G. M. bey
  Kunersdorf.
1760 — v. Dingelstädt, nahm Abschied.
1762 — v. Bohlen, nahm Abschied.
1770 — v. Podjursky, starb als G. M. 1781.
1782 — Prinz Eugen v. Würtemberg, jetziger G. L.

N. 5. Reg. v. Göckingk.
(Erste Preußische Inspektion.)

Garnison. Goldap, Stalupöhnen, Darkehnen,
Schirwind, Pillkallen, Ragnit und Lötzen.

Uniform. Schwarze Pelze mit einem schwarzen Vorstoß, schwarze Dollmanns, scharlach Aufschläge und Kragen, weiße Schnüre u. Knöpfe darauf, schwarze lederne Säbeltaschen, rothe Schärpen mit weißen Knöpfen, Filzmützen mit einem weißen Todtenkopf. Die Officiere haben die Dollmanns und Pelze mit silbernen Schnüren, Frangen u. Cantilgen besetzt, die Pelze mit weißen Fuchskehlen vorgestoßen. Die Filzmützen sind mit Silberstof gefüttert, die Säbeltaschen sind roth mit Silber gestickt.

Canton. Hat keinen.

Stamm. 1741 wurde es in der Mark auf 5 Esq. errichtet und hatte 1 Esq. vom Reg. N. 1 zum Stamm. 1742 ward es auf 10 Esquadr. vermehrt. 1745 ward dem Reg. das Bosniackencorps, welches 1 Fahne stark war, einverleibet. 1760 sind sie auf 10 Fahnen vermehret. 1763 aber wieder auf den alten Stamm reducirt. (siehe N. 9.)

Feldzüge. 1744 befand sich das Regim. in der Action bey Tein und bey der Belagerung von Prag. 1745 zeichnete es sich in der merkwürdigen Action bey Landshut und darauf in der Schlacht bey Hohenfriedberg sehr zu seinem Vortheil aus. In dieser berühmten Schlacht warf es die feindliche Cavallerie gänzlich über den Haufen. In der wichtigen Action bey katholisch-Hennersdorf eroberte das Reg. seine jetzt führenden Pauken von einem sächsischen Kürassierreg. 1757 leistete es in der Schlacht bey Groß-Jägerndorf vortreffliche Dienste. 1758 gingen 3 Esq. zur alliirten Armee, die übrigen 7 fochten wider die Schweden, Russen u. Oesterreicher. Gegen Ende des Jahres 1761 stießen die 3 Esquadr. wieder zu den 7 der preußischen Armee. Die 7 Esq. haben folgenden Vorfällen beygewohnt: 1758 der berühmten Schlacht bey Zorndorf. 1759 dem Treffen bey Kay. Während der Schlacht bey Kunersdorf deckten sie die Bagage bey Frankfurth.

1758 griffen die 3 Esq. bey Nord-Drebber das französische Husarenreg. Polleretzky an, erbeuteten 300 Pferde nebst den Standarten und Pauken des Reg. In der Schlacht bey Crefeld fochten diese Esq. mit ganz besonderer Tapferkeit. Beym Uebergange über den Rhein griffen sie ein französisches Kürassierreg. an, warfen es u. eroberten ein Paar Pauken und vier Standarten. 1759 thaten sie in der Schlacht bey Bergen, so wie in der bey Minden ungemein brav. In diesem Feldzuge warfen sie bey Gütersloh 2 französische Regim. gänzlich zu Boden. 1760 verrichtete das Regim. die Feldzüge theils in Pommern, theils in Pohlen u. Schlesien u. machte viel glückliche Coups. 1761 wohnte es dem Zuge nach Gostyn bey, nach dessen glücklichen Ausgang es den Russen bey ihrer Retraite vielen Schaden zufügte. Gleich darauf hatte das Regim. eine heftige Action bey Schwenshagen, in welcher es einen beträchtlichen Verlust erlitte. 1762 wohnte ein Kommando des Reg. dem Treffen bey Reichenbach bey. Im bayerschen Erbfolgekrieg 1778 war ein Detaschement in der Action bey Weiskirch.

Chefs:

1741 Ob. v. Mackeroth, starb 1743.
1744 — v. Ruesch, nachher G. M., wurde entlassen.
1758 — v. Beust, starb.
1759 — v. Lossow, starb als G. L.
1783 — v. Hohenstock, starb als G. M.
1788 — v. Göckingk, jetziger G. M.

N. 6. Reg. v. Wolfradt.
(Oberschlesische Inspektion.)

Garnison. Peißkretscham, Sorau, Ujest, Beuthen, Loslau, Riebnick, Tarnowitz, Nicolai, Plesse und Gleiwitz.

Uniform. Blaßbraune Pelze, die Unterofficiere mit schwarzem, die Gemeinen mit weissem Vorstoß, braune Dollmanns mit gelben Kragen, Aufschlägen, Knöpfen u. Schnüren, braune, mit gelben Borten besetzte Säbeltaschen, gelbe Schärpen mit weissen Knöpfen u. Filzmützen; die Officiere goldene Schnüre, die Pelze mit weissen Fuchskehlen vorgestoßen.

Canton. Es erhält seine Einländer aus dem Canton der Kürassierreg. N. 4, 9 und 12.

Stamm. 1741 ist dieses Reg. aus neuangeworbenen Leuten in Breslau u. Ohlau 10 Esq. stark errichtet.

Feldzüge. 1744 wurde das Reg. bey Ratibor von einigen 1000 Feinden angegriffen, es schlug sie aber mit ansehnlichem Verlust zurück. 1745 legte es in den Schlachten bey Hohenfriedberg und Kesselsdorf die stärksten Proben seiner Herzhaftigkeit ab. 1757 gab das Reg. in den Schlachten bey Prag u. Collin die ausgezeichnetsten Beweise seiner Bravheit, nicht minder in der großen Action bey Moys und in den beyden Bataillen bey Breslau und Leuthen. 1758 fochte es in dem Hochkircher Ueberfall als ein tapferes Regim. 1760 waren 5 Esq. in der großen Action bey Landshut, aus welcher sie sich am Ende durchschlugen. 1761 war das Reg. fast bey allen Vorfällen in Pommern wider die Schweden u. Russen und machte sich den Feinden sehr furchtbar. 1762 war es im Treffen bey Reichenbach. Den bayerschen Erbfolgkrieg hindurch war es bey des Königs Armee. Von 1792 an, macht es den Feldzug wider die Franken, war bey der Kanonade von Valmy und 1793 in der Action bey Hochheim. Anecdote: Weil dieses Reg. im siebenjährigen Kriege sich ganz besonders die Gnade Friedrichs II. erworben, so hatte es die Erlaubniß so stark zu seyn, wie es wolle. Es bekam immer die Bezahlung nach dem wirklichen Bestande, ohne sich an die bestimmte Stärke, die sonst ein Reg. haben soll, zu binden.

Chefs:
1742 Ob. Graf v. Hoditz, nahm Abschied.
1743 — v. Soldau, starb.
1746 — v. Wechmar, erhielt Pension.
1757 — v. Werner, starb als G. L.
1785 — v. Gröling, erhielt als G. L. mit Pension Abschied.
1792 — v. Wolfradt, jetziger G. M.

N. 7. Reg. v. d. Trenck.
(Zweyte Preußische Inspektion.)

Garnison. Schneidemühl, Nackel, Barczin, Schubin, Lobsens, Schönlanke, Czarnickow, Deutsch-Crone, Inowraclaw und Filehne.

Uniform. Hellblaue Pelze mit schwarzen Vorstoß, citrongelbe Dollmanns, worauf ein hellblauer Kragen u. Aufschläge, weisse Schnüre und Knöpfe, hellblaue, mit weissen Borten besetzte Säbeltaschen, hellblaue Schärpen mit weissen Knöpfen u. Filzmützen; der Officiere Pelze u. Dollmanns mit silbernen Schnüren.

Canton. Kein Canton.

Stamm. 1743 wurde aus einer der in Cöpnick zurückgebliebenen 2 Esq. Husaren vom Regim.

N. 5 dies Reg. in Pommern 10 Esq. stark errichtet. 1744 ward es durch Deserteure u. Neuangeworbene vollzählig gemacht.

Feldzüge. 1744 half das Reg. Prag belagern und einnehmen. 1745 that es in der Schlacht bey Kesselsdorf Wunder der Tapferkeit. 1757 fochte es in der Schlacht bey Groß-Jägerndorf. 2 Esq. vom Reg. machten von 1758 bis Ausgangs des Jahres 1761 den Feldzug bey der alliirten Armee und befanden sich in den 3 Hauptschlachten bey Crefeld, Bergen und Minden. Die andern 8 Esquadr. verrichteten 1758 den Feldzug in Pommern mit vielen Vortheilen über die Schweden, und bewiesen darauf in der Schlacht bey Zorndorf ausgezeichneten Muth bey allen Angriffen. 1759 behaupteten sie in den Schlachten bey Kay und Kunersdorf ihren alten Ruhm. 1760 waren in der großen Action bey Landshut 6 Esq., aus welcher sich der größte Theil tapfer durchschlug. 1761 waren sie mit bey Gostyn, wo sie viele Gefangene machten, darauf marschirten sie nach Pommern, und bewiesen bey allen in diesem Feldzuge vorgefallenen Angriffen und Vertheidigungen die größte Standhaftigkeit. 1762 ward das ganze Reg. mit zur Belagerung von Schweidnitz gezogen. Den Feldzug von 1778 — 79 machte es bey des Prinzen Heinrichs Armee, wo es der Action bey Brix beywohnte.

Chefs:

1744 Ob. v. Dieury, erhielt als G. M. Pension.
1746 — v. Billerbeck, bekam Pension.
1753 — v. Malachowsky, starb als G. L.
1775 — v. Usedom, starb als G. L. und des schwarzen Adler-Ordens Ritter.
1792 — v. d. Trenck.

N. 8. Reg. Graf v. d. Goltz.
(Pommerſche Inſpektion.)

Garniſon. Stolpe, Tempelburg, Rummelsburg, Zahnow, Bütow, Neu-Stettin, Schlawe u. Lauenburg.

Uniform. Dunkelcarmoiſinrothe Dollmanns mit ſchwarzen Aufſchlägen u. Kragen, rothe Pelze mit ſchwarzen Vorſtoß, weiſſe Schnüre u. Knöpfe, ſchwarze lederne Säbeltaſchen, rothe Schärpen mit weiſſen Knöpfen und Filzmützen; die Officiere ſilberne Schnüre u. Franzen, die Säbeltaſchen dunkelcarmoiſinroth mit Silber geſtickt.

Canton. Kein Canton. Die Einländer erhält das Reg. von den Pommer- u. Märkiſchen Cavallerieregimentern.

Stamm. 1758 ließ Prinz Heinrich v. Preuſſen 5 Eſq. Huſaren in Halberſtadt anwerben, worüber der Ob. L. v. Belling Commandeur ward; die 4 Eſquadron-Chefs wurden 2 aus dem Huſarencorps und 2 von der Cavallerie der Armee, und die Subaltern-Officiere von verſchiedenen Huſarenregim., einige auch aus fremden Dienſten, dabey angeſtellt. 1759 wurde Belling Ob. u. Chef dieſer 5 Eſq., 1761 wurde es noch mit 5 Eſq. vermehret, und 1762 auf 15 Eſq. oder 3 Bat. geſetzt. Das Reg. hatte ſchwarze Montirung mit grünen Schnüren, auch auf den Dollmanns grüne Aufſchläge u. Kragen, auf den Filzmützen den ganzen Tod liegen, mit der Deviſe: vincere, aut mori. Die Officiere hatten goldene Schnüre und auf den Dollmanns grüne Sammt-Kragen u. Aufſchläge, ſchwarze, mit gold. Schnüren beſetzte Säbeltaſchen. Nach 1763 erfolgtem Frieden wurde das dritte Bat. bey Alt-Stettin reducirt. Die beſten Leute wurden unter die nachſtehenden 10 Eſq. abgegeben, die übrigen aber entlaſſen. Das Regim. wurde in die Stand-

quartiere des reducirten Gerstorffchen Husaren=
regim. verlegt, bekamen 1764 auch die rothe Monti=
rung statt der schwarzen.

Feldzüge. Die Schlacht bey Kunersdorf 1759
verschafte dem Reg., welches 5 Esq. stark war, einen
sehr guten Ruf. Nach dieser Schlacht marschirten
diese 5 Esq. nach Pommern, und führten den Krieg
den Rest dieses Jahres u. das darauf folgende, mit
wenigen andern Esquadr. und Bat., wider die gan=
ze schwedische Armee, in Pommern, in der Ucker=
mark und im Mecklenburgschen mit vielem Glücke.
Den Feldzug von 1761 machte das nunmehr 10
Esq. starke Reg. wider die Russen u. Schweden in
Pommern, wo einige Esq. in der Action bey Trep=
tow mit vieler Entschlossenheit fochten u. wo sich über=
haupt das Reg. fast bey allen Vorfällen dieses mör=
derischen Feldzuges befand. 1762 ward das Reg.
zur Prinz Heinrichschen Armee nach Sachsen
gezogen, wo es einen Zug nach Böhmen bis fast
vor Prag machte. Das Reg. endigte den ganzen
Krieg mit dem Treffen bey Freyberg. 1778 grif das
Regim. beym Einmarsche in Böhmen bey Gabel ein
feindliches Corps an u. nahm davon 2 Bat. gefan=
gen. Seit 1793 befindet es sich am Rhein wider
die Franken.

Chefs:

1759 Ob. v. Belling, starb als G. L. und Ritter
      des schwarzen Adler=Ordens.
1779 — v. Hohenstock, bekam als G. M. das
      Reg. Husaren N. 5 u. Bosniacken N. 9.
1783 — v. d. Schulenburg, starb als G. M.
1787 — Graf v. d. Goltz, jetziger G. M.

N. 9. Bosniackenregiment.
(Erste Preußische Inspektion.)

Garnison. Lück, Rhein, Johannsburg, Oletzkow, Nicolaicken, Arys, Bialla und Sensburg.

Uniform. Die Gemeinen tragen im Sommer ponceaurothe Dollmanns, woran, statt der Knöpfe, Haken und Oesen sind, mit weißwollner Schnur besetzt, lederne Hosen, Kolpacks, oder hohe Mützen, daran ein Brähm von schwarzem Schaaffell. Im Winter eine blaue Cotanka, oder langen Pelz mit einem liegenden breiten Kragen von weißem Schaaffell, ohne Knöpfe mit Haken und Oesen, auch mit weißwollner Schnur besetzt. Statt der Schärpen rothe Binden, schwarzlederne Säbeltaschen. Ausser Säbel und Pistolen haben sie eine Lanze mit einer eisernen Spitze zum Gewehr, an welchen Fähnlein sind, dessen couleurter Streif die Esq. unterscheidet. Die Officiere tragen im Sommer ponceaurothe Contouchen, oder lange Pikeschen mit silbernen Schnüren besetzt u. drey Reihen silbernen Knöpfen, dunkelblauen manschesternen Kragen u. Aufschlag. Im Winter dunkelblaue, mit gleichem Silberbesatz, ponceaurothen Trippen-Kragen und Aufschlag. Sommer und Winter hohe Bärenmützen oder Kolpacks mit einem Brähm von schwarzem Bärenfell. Keine Säbeltaschen.

Canton. Kein Canton.

Stamm. Der Stamm davon ist 1745 dem Husarenreg. N. 5 zugetheilt gewesen und war eine Fahne stark. 1760 wurde es auf 10 Fahnen vermehrt; 1763 aber wieder auf den alten Stamm reducirt. 1771 ward der Befehl gegeben, diesen alten Stamm vom Reg. N. 5 abzunehmen u. daraus 10 Esq. zu errichten; dieses geschahe aus abgegebenen Leuten von der Cavallerie u. Neuangeworbenen. Die Officiere kamen meistentheils vom Reg. N. 5.

1788 wurde das Corps vom Regim. N. 5 gänzlich getrennt.

Feldzüge. 1757 war 1 Fahne in der Schlacht bey Gros-Jägerndorf, darauf 1758 bis 1759 in Pommern und in Schlesien. 1761 und 62, wo das Regim. 10 Fahnen stark war, stand es beständig in Schlesien u. hatte, besonders bey Cant, ein heftiges Gefechte, in welchem es sich viel Ehre erwarb. In der Action bey Adelsbach 1762, so wie in denen bey Hohenfriedberg, Langenbeile und Burkersdorf zeichnete es sich sehr zu seinem Ruhme aus. Ein Theil des Regiments deckte die Belagerung von Schweidnitz, ein anderer ward nach Sachsen detaschirt, wo es den Zug nach dem Thüringischen machte u. sich an Bravour sehr hervorthat. Den bayerschen Erbfolgkrieg 1778 machte es bey des Königs Armee.

Chefs:
1745 Ob. v. Ruesch. } siehe Huf. Reg. N. 5.
1758 — v. Beust.
1759 — v. Lossow, ward 1771 Chef der 10 Fahnen und G. M. Starb als G. L.
1783 G. M. v. Hohnstock, trat es ab.
1788 Ob. v. Günther, jetziger G. M.

N. 10. Reg. v. Wolcky.
(Zweyte Preußliche Inspektion.)

Garnison. Soldau, Allenstein, Straßburg, Lübau, Neumark, Ortelsburg, Neydenburg und Passenheim.

Uniform. Dunkelblaue Pelze mit weissen Vorstoß, schwefelgelbe Dollmanns, blaue Kragen und Aufschläge, beydes mit weissen Knöpfen u. rothen Schnüren besetzt; auch sind die Knöpfe der Pelze u. Dollmanns mit einer daumbreiten rothen Borte ein-

Stammliste. Q

gefaßt. Schwarze gewichste Säbeltaschen, carmoisinrothe, mit blauen Knöpfen versehene Schärpen; Bärenmützen mit einem schwefelgelben Kolpack. Die Officiere haben auf den Pelzen weissen Vorstoß von Fuchskehlen, silberne Schnüre u. blau mit Silber gestickte Säbeltaschen.

Canton. 1787 ward das diesem Regim. zugetheilte Canton, dem Artilleriecorps abgetreten, und das Reg. erhält dagegen seit 1792 seine Einländer von den Infanterieregimentern N. 4, 14, 52 u. 55 und von dem Dragonerregimente N. 6.

Stamm. Dieses Reg. wurde 1773 aus abgegebenen Leuten der übrigen Husarenreg. u. Cantonisten aus dem Brandenburgischen Kreis, zwischen der Weichsel und Drage, einigen aus dem Amte Bartelsee jenseits der Weichsel; aus dem Amte Coronowa, Stadt Bromberg, Fordon und Coronowa, in den Garnisonen des Reg. N. 7, so solche abtreten mußten, auf 10 Esq. errichtet.

Feldzug. Den ersten Feldzug machte das Reg. 1778 — 79 bey der Armee des Prinzen Heinrich.

Chefs:

1773 Ob. v. Owstien, nahm den Abschied.
1780 — v. Wuthenow, bekam als G. M. den Abschied nebst Pension.
1787 G. M. v. Wolcky.

Als Sr. jetzt regierende Majestät Friedrich Wilhelm II. 1792 die beyden fränkischen Fürstenthümer Anspach und Bayreuth, noch bey Lebzeiten des Hr. Markgrafen Durchl. in Besitz nahmen, errichteten Höchstdieselben noch ein neues Husarenregim., welches vor jetzt in einem Bat. oder 5 Esq. bestehet.

N. 11. Bat. v. Franckenberg.
(Anspach-Bayreuthische Inspektion.)

Garnison. Anspach, Neustadt an der Aisch, Feuchtwangen, Uffenheim und Kunzenhausen.

Uniform. Dunkelgrüne Pelze, die Unterofficiere mit rothen Fuchsrücken, die Gemeinen mit weissem Vorstoß, Kanariengelbe Dollmanns mit grünen Kragen und Aufschlägen, weissen Knöpfen und Schnüren, rothe mit weissen Canten besetzte Säbeltaschen, rothe Schärpen mit weissen Knöpfen, und Filzmützen. Die Officiere haben auf den Pelzen weissen Vorstoß von Fuchskehlen, Pelze und Dollmanns mit silbernen Schnüren u. Frangen reich besetzt. Rothe reichgestickte Säbeltaschen mit Tressen.

Canton. Die Einländer erhält es bis jetzt aus den beyden Fürstenthümern, die Ausländer wirbt es auf königliche Rechnung.

Stamm. 1792 gab jedes Husarenregiment 10 Mann und eben so viele Pferde zum Stamm dieses Bat. Die Officiere wurden auch aus diesen Reg. genommen. Zu diesen kamen noch 93 Mann, welche die ehemalige Markgräfliche Garde du Corps u. einige Husaren ausmachten. Zur Completirung hat es aus den beyden Fürstenthümern Anspach und Bayreuth die Einländer erhalten. Vor jetzt ist es auf 5 Esq. gesetzt.

Chef:
1792 Ob. v. Franckenberg.

Anhang.

Ehemaliger Markgräflich Anspach-Bayreuthischer, jetzt Königl. Preuß. Militair-Etat in den beyden Fränkischen Fürstenthümern.

(Nota: Da dieser noch auf dem vorigen Fuß stehet, und eine Abänderung erst zu erwarten ist, so wird er, wie er hier folgt, darnach angezeigt.)

N. 1. Inf. Reg. Voit v. Salzburg, vac.
(Anspach-Bayreuthische Inspektion.)

Garnison. Anspach.

Uniform. Rothe Aufklappen, Aufschläge und Kragen. Die Officiere haben um den Huth eine breite gebogene silberne Tresse und Achselbänder.

Canton. Das Fürstenthum Anspach und die Amtshauptmannschaften Hoheneck, Neuhof und Neustadt an der Aisch.

Dieses Reg. besteht aus 2 Grenadier- und 4 Musq. Compagnien. Der letzte Markgräfl. Chef, Obr. Voit v. Salzburg, wurde 1792 auf sein Ansuchen von des Königs Maj. als Gen. Maj. mit Pension entlassen, u. dem Maj. v. Spittäll, Grevenitzischen Regiments ad interim das Commando übergeben.

N. 2. Grenadier-Bat. v. Beust.
(Obige Inspektion.)

Garnison. Nimwegen.

Uniform. 2 Comp. haben gelbe Aufklappen, Aufschläge u. Kragen. Die Officiere haben um den Huth eine breite gebogene silberne Tresse und Achselbänder. 2 Compagnien haben die Montur des hiernächst folgenden Füsilierbataillons.

Canton. Hat mit dem vorhergehenden Regimente gleiches.

Dieses aus 4 Grenadiercomp. bestehende Bataillon ist seit 1788 im holländischen Solde.
Chef:
1788 Obrist=Lieut. v. Beust.

N. 3. Füsilier=Bat. v. Reitzenstein.
(Obige Inspektion.)

Garnison. Nimwegen.
Uniform. Schwarze Aufklappen, Aufschläge und Kragen. Die Officiere haben solche von Manschester, um den Huth eine breite gebogene silberne Tresse und Achselbänder.
Canton. Ist mit dem Vorigen das nemliche.
Dieses Bat. bestehet aus 5 Compag., die seit 1788 im holländischen Solde stehen.
Chef:
1782 Ob. v. Reitzenstein.

N. 4. Jäger=Bat. v. Waldenfels.
(Zur obigen Inspektion.)

Garnison. Nimwegen.
Uniform. Grüne Röcke, scharlachrothe Aufklappen, Aufschläge, Kragen u. Unterfutter, paille Unterkleider. Die Officiere haben goldene Epaulets, einen ünien Huth mit Agraffe, Cordon und Federbusch.
Canton. Wie die Vorhergehenden.
Das Bat. bestehet aus 2 Comp. und stehet seit 1788 im holländischen Solde.
Chef:
1788 Maj. v. Waldenfels.

Vestungs=Besatzungen.

I. Plassenburg.
Uniform. Weisse Aufklappen, Aufschläge u. Kragen. Die Officiere haben um den Huth eine breite gebogene silberne Tresse.

Chef:
1778 Ob. und Commendant v. Plotho.

II. Wülzburg.
Uniform. Wie die Vorhergehenden.

Chef:
1778 Ob. und Commendant v. Plotho.

(Nota: Diese Besatzungen werden von den Regimentern completirt.)

Garnison in Erlangen.
Uniform. Gelbe Aufklappen, Aufschläge und Kragen. Die Officiere haben um den Huth eine breite gebogene silberne Tresse und Achselbänder. Sie wird von den Reg. complet gehalten.

Commandeur:
1792 Maj. v. Quesnoy.

Artillerie und Ingenieurcorps.
Garnison. Plassenburg und Wülzburg.

Uniform. Rothe Aufklappen, Aufschläge und Kragen, paille Unterkleider. Die Officiere haben um den Huth eine breite goldene Tresse, Federbusch und Achselbänder.

Commandeur:
Ob. Lieut. Vetter in Erlangen.

Montirungen der in der Königlichen Suite
befindlichen Officiere.

General-Adjutant von der Infanterie.

Hellblauer Rock mit schwarzen Aufklappen, Aufschlägen und Kragen von Manschester, gelb Unterfutter, Unterkleider, vergoldete Knöpfe, der Huth mit einem Cordon und goldenen Schleife ohne Treffe. Die Gallamontirung ist mit Gold gestickt, und der Huth mit einer breiten gebogenen goldenen Treffe besetzt.

General-Adjutant von der Cavallerie.

Weisser Rock mit schwarzen Aufklappen, Aufschlägen und Kragen von Manschester, weiß Unterfutter, gelbe Unterkleider, vergoldete Knöpfe, der Huth mit einem Cordon, goldenen Schleife und Federbusch. Die Gallamontirung ist mit Gold gestickt, und der Huth mit einer gebogenen goldenen Treffe besetzt.

Flügel-Adjutant von der Infanterie.

Hellblauer Rock mit schwarzen Aufklappen, Aufschlägen und Kragen von Manschester, gelb Unterfutter und Unterkleider, massivsilberne platte Knöpfe, der Huth mit einem Cordon und silbernen Schleife. Die Gallamontirung ist mit Silber gestickt, nach dem Muster, wie die General-Adjutanten in Gold tragen, um den Huth eine breite gebogene silberne Treffe.

Flügel-Adjutant von der Cavallerie.

Weisser Rock mit schwarzen Aufklappen, Aufschlägen und Kragen von Manschester, weiß Unterfutter, massivsilberne platte Knöpfe, gelbe Unterkleider, der Huth mit einem Cordon, silbernen Schleife und Federbusch. Die Gallamontirung in Silber gestickt, nach dem Muster, wie die General-Adjutanten in Gold tragen, der Huth ist mit einer gebogenen silbernen Treffe besetzt.

Officiere vom Generalstaab von der Infanterie.

Hellblauer Rock mit rothtuchenen Aufklappen, Aufschlägen, Kragen und Unterfutter, dunkelgelbe Unterkleider, massivsilberne Knöpfe, der Huth mit einem Cordon und silbernen Schleife. Die Gallamontirung ist in Silber gestickt, nach dem Muster der Flügel-Adjutanten, der Huth mit einer breiten gebogenen silbernen Tresse besetzt.

Officiere vom Generalstaab von der Cavallerie.

Weisser Rock mit rothtuchenen Aufklappen, Aufschlägen, Kragen und Unterfutter, massivsilberne Knöpfe, dunkelgelbe Unterkleider, der Huth mit einem Cordon, silbernen Schleife u. Federbusch. Die Gallamontirung ist in Silber gestickt, wie der Flügel-Adjutanten, der Huth mit einer breiten gebogenen Tresse besetzt, und einem Federbusch. Die Gallamontirung des General-Quartiermeisters ist in Gold gestickt, nach dem Muster, wie die Uniform der Generaladjutanten.

Officiere der Armee von der Infanterie.

Dunkelblauer Rock mit rothtuchenen Aufklappen, Aufschlägen und Kragen, weiß Unterfutter und Unterkleider, versilberte Knöpfe, der Huth mit einem Cordon und silbernen Schleife; keine Gallamontirung. Eben solche Montirung tragen auch die Inspektions-Adjutanten, und auf dem Huth einen weissen Federbusch.

Officiere der Armee von der Cavallerie.

Weisser Rock mit rothtuchenen Aufklappen, Aufschlägen und Kragen, weiß Unterfutter, blaßpaille Unterkleider, versilberte Knöpfe, der Huth mit einem Cordon, silbernen Schleife und Federbusch. Die Gallamontirung ist blau in Silber gestickt, nach dem Muster der Flügel-Adjutanten. Dieselbe Montirung tragen auch die Inspektions-Adjutanten.

Verzeichniß der Städte und Oerter, bey welchen große Schlachten, Actionen und Gefechte vorgefallen sind, desgleichen Belagerungen und Vertheidigungen, welche die preußischen Truppen sowohl in ältern als neuern Zeiten verrichtet haben.

Adelsbach, in Schlesien. Der preuß. Gen. Neuwied attakirte hier 1762 den 6. Jul. ein Corps Oesterreicher unter dem Gen. Brentano, mußte sich aber zurückziehen.

Anclam, in Pommern. 1759 vom 11. bis zum 15. Jan. wurde diese Stadt von den Preußen unter dem Gen. Canitz beschossen und eingenommen. Die Zahl der gefangenen Schweden betrug 1421 Mann.

Aue, in Sachsen. Der preuß. Gen. Schenckendorff brachte hier den 27. May 1759 mit wenigen Bataillonen ein starkes feindliches Corps zum Weichen.

Beraun, in Böhmen. Hier fiel den 6. Sept. 1744 zwischen einem starken Corps des österreichischen Gen. Helfreich und dem preuß. Gen. Graf Haake eine starke Action vor, bey welcher letzterer, wegen zwiefacher Ueberlegenheit, eine meisterhafte Retraite machte.

Bergen, ohnweit Frankfurt am Mayn. Unter dem Herzog Ferdinand v. Braunschweig, der die alliirte Armee befehligte, und dem französ. Herzog v. Broglio, fiel hier 1759 den 13. April eine Hauptschlacht zum Nachtheil der Erstern vor. Der Verlust der Franzosen bestand in 8000 Todten, Verwundeten und Gefangenen, und der der Alliirten in 1300.

Bonn, im Cöllnischen. Diese Stadt ist 1673, 1689 u. 1703 von den brandenb. Truppen belagert u. erobert worden.

Brand, in Sachsen. Siehe Freyberg.

Breslau, Hauptstadt in Schlesien, wurde 1741 vom Könige Friedrich II. eingenommen.

—— 1757 den 22. Nov. fiel hier unter dem Herzog v. Braunschweig-Bevern und dem Prinzen Carl v. Lothringen, zum Nachtheil des Erstern, eine Schlacht vor. Das österr. Heer war über 80,000 Mann stark, das preuß. 25,000. Ersteres verlor an 18,000 Todte und Verwundete, Letzteres 6,200 nebst 3,600, welche gefangen wurden, und 68 Kanonen.

—— —— Den 27. Nov. gieng die Stadt durch Capitulation an die Oesterreicher über.

—— —— Vom 8. bis zum 21. Decbr. wurde sie von den Preußen belagert und eingenommen. Die Besatzung von 17,635 Mann wurde zu Gefangenen gemacht.

Breslau. 1760 im Aug. wurde die Stadt unter dem Gen. Tauenzien, von dem Gen. Laudon vergebens belagert.

Brieg, in Schlesien. 1741 vom 27. April bis 31. Octbr. wurde diese Festung vom Fürsten Dietrich v. Anhalt-Dessau belagert und erobert.

Brix, in Böhmen. Der Gen. v. Möllendorff attakirte den 5 Febr 1779 ein Corps Oesterreicher, u. schlug es zurück.

Burckersdorf (Leutmannsdorf), in Schlesien. Die Gen. v. Neuwied und v. Möllendorff griffen 1762 den 21. Jul. die österr. Bergschanzen daselbst an und schlugen die Feinde heraus, wobey viele Gefangene gemacht und 17 Kanonen erobert wurden.

Calcinato, Dorf im Brescianischen. 1706 den 19. April wurde hier ein Corps Alliirter vom Herzog Vendome angegriffen und geschlagen.

Cassano im Mayland. Hier griffen die kaiserl. u. preuß. Truppen 1705 den 16. Aug. das spanisch-französ. Heer unter Vendome an, sie mußten sich aber zurückziehen.

Chotusitz (Czaslau), in Böhmen. 1742 den 17. May wurde hier unter dem Commando Friedrichs II. über die Oesterreicher, unter dem Prinzen Carl von Lothringen, ein großer Sieg erfochten. Die Oesterreicher verloren an Todten und Verwundeten 5000 nebst 900 Gefangenen. Die Preußen hingegen 4000 Mann.

Cörlin in Pommern. 1761 den 30. Sept. war hier zwischen den Preußen und Russen, zum Vortheil der erstern, ein scharfes Gefechte.

Cöslin in Pommern. 1760 den 29. May attakirte der russ. Gen. Tottleben ein preuß. Gren. Bat. und eine Esq. Dragoner mit 5000 Mann. Der preuß. Major Genes ckendorff erhielt seiner Tapferkeit wegen eine rühmliche Capitulation.

Colberg in Pommern. 1758 vom 20. Sept. bis 29. Oct. wurde diese Stadt von den Russen unter dem General Palmbach vergeblich belagert. Der Commendant der Festung war der Major v d. Heyde.

—— —— 1760 vom 26. Aug. bis 18. Sept. wurde diese Stadt, zu Wasser von dem russ. Admiral Mischoukow, und zu Lande von dem Gen. Demidow, belagert, und von demselben Major v. d. Heyde tapfer vertheidigt, bis der Entsatz durch den Gen. Werner erfolgte. Auf die Befreyung und tapfere Vertheidigung ließ der König eine Schaumünze in Gold und Silber schlagen.

—— —— 1761 vom 27. Aug. bis 16. Dec. wurde sie zum drittenmale von einer schwed. und russ. Flotte bombardirt, und auch zu Lande von dem Gen. Romanzow belagert. Nach äußerst tapferer Gegenwehr des obigen

Commendanten, und blos aus Mangel an Lebensmitteln, mußte sie sich ergeben.

Collin (Planian), in Böhmen. König Friedrich II. griff hier 1757 den 18. Jun. die kaiserl. Armee unter dem F. M. Daun, an; mußte aber dem letztern das Schlachtfeld überlassen. Die Preußen verloren 8000 Mann an Todten und Verwundeten; die Oesterreicher 9000 Mann.

Conradswalde, in Schlesien. 1759 den 25. Jul. fiel hier zwischen dem österr. Gen. de Ville und dem preuß. Gen. Fouquet eine starke Action vor, in welcher Letzterer ansehnliche Vortheile erhielt.

Crefeld, in Westphalen. Unter dem franz. F. M. Clermont und dem Herzog Ferdinand v. Braunschweig fiel hier 1758 den 23. Jun. eine Schlacht zum Vortheil des Letztern vor. Die Franzosen verloren 7000 Mann an Todten und Verwundeten, die Alliirten hingegen 1500.

Demmin, in Pommern, wurde 1759 den 17. Januar von dem preuß. Gen. Manteuffel eingenommen, und 1275 Schweden zu Kriegsgefangenen gemacht.

Döbeln, in Sachsen, Prinz Heinrich v. Preußen schlug hier ein österr. Corps u. machte den command. Gen. v. Zettwitz, und den größten Theil der Mannschaft zu Gefangenen, 1762 den 12. May.

Dohmstädtel, in Mähren. Gen. Laudon grif hier einen starken Munitionstransport, der für die Belagerung von Olmütz bestimmt war, mit Uebermacht an, u. schlug die schwache Bedeckung. Die Folge davon war die Aufhebung der Belagerung 1758 den 27. Juny.

Dresden. Diese Stadt wurde 1759 den 4. Sept. von den Oesterreichern mit Accord eingenommen. Der preuß. Commendant war der Gen. Graf v. Schmettau.

— 1760, vom 14. bis 30. July wurde sie vom Könige bombardirt, aber nicht eingenommen. Den Preußen kostete diese Belagerung 1478 Todte und Verwundete.

Fehrbellin, in der Mark. 1675 den 18. Jun. gewann hier der große Churfürst einen Sieg über die Schweden.

— 1758, im Sept. fiel zwischen einem Corps Preußen u. Schweden ein hitziges Gefechte, zum Nachtheil der Letztern vor.

Fleury, in den Niederlanden. Die Alliirten, unter dem Befehl des Prinzen Waldeck, mußten den Franzosen, unter dem Marschall von Luxemburg, 1690 den 1. July, das Schlachtfeld und die ganze Artillerie überlassen.

Freyberg, in Sachsen, auch Brand. 1762 den 15. Oct. schlugen die Oesterreicher, unter dem General Grafen v. Haddick und dem Prinzen von Stollberg, den Prinz

Heinrich v. Preußen. Die Preußen rechneten ihren Verlust an Todten und Verwundeten 1400 Mann, 700 Gefangene und 10 Kanonen.

Freyberg, in Sachsen, auch Brand. Den 29. Oct. gewann Prinz Heinrich von Preußen über die österr. und Reichsarmee, unter dem Prinzen v. Stollberg und dem Gen Campitelli einen vollständigen Sieg. Der Verlust der Oesterreicher und der Reichsarmee war 7000 Mann an Todten und Verwundeten, über 4000 Gefangene, 28 Kanonen und 9 Fahnen. Die Preußen verloren an Todten und Blessirten 1400 Mann.

Friedland, in Böhmen. Der preuß. Gen. Stutterheim machte hier 1759 den 9 Sept. 1000 feindliche Gefangene, und ruinirte ein großes Magazin.

Gabel, in Böhmen. 1757 im July, wurde diese Stadt, in welcher 4 preuß. Bataillone lagen, von 20,000 Oesterreichern angegriffen, und mit Verlust dieser Mannschaft eingenommen.

—— 1778 im Aug. nahm der preuß. Gen. Belling 2 Bataillone allhier gefangen.

Glogau, in Schlesien. 1741 vom 8. bis 9. März wurde diese Festung von den Preußen mit Sturm erobert.

Görlitz, siehe Moys.

Gorbitz (auch Meissen) in Sachsen. 1759 den 21. Sept. fiel hier zwischen einem Corps Preußen, unter den Gen. Fink und Wunsch, und einem Corps Oesterreicher und Reichstruppen, unter den Gen. Ried und Haddik, eine scharfe Action, zum Vortheil der Erstern vor.

Gostyn, Stadt u. Kloster in Pohlen. 1761 den 15. Sept. fiel hier der preuß. Gen. Platen die russische Wagenburg mit aufgepflanztem Bajonette an, machte 1845 Kriegsgefangene, eroberte 7 Kanonen und verbrannte 5000 Wagen.

Greifenberg, in Schlesien. Den 26. März 1759 wurde hier ein preußisches Grenadierbataillon, von 8000 Oesterreichern angegriffen, was nicht umkam, wurde gefangen.

Gretha, Dorf in Sachsen. Ist deswegen merkwürdig, weil hier die Grenadiere des Regiments N. 1 und 23 von einem feindlichen, 4000 Mann starken Corps den 9. März 1762 angegriffen und zurückgeschlagen wurden.

Gros-Jägerndorf, in Preußen. 1757 den 30. August fiel hier zwischen dem preuß. F. M. Lehwald, dessen Armee 24,000, und dem russ. F. M. Apraxin, dessen Armee 60,000 Mann stark war, eine Hauptschlacht, die 10 Stunden dauerte, zum Vortheil der Letztern vor. Die Russen verloren 7000 Mann, und mußten sich der gewonnenen Schlacht ohngeachtet, gleich aus dem Königs-

reiche Preußen zurückziehen. Der Verlust auf preuß.
Seite war 4000 Mann, nebst 29 Kanonen.

Habelschwerd, in Schlesien. Der Gen. Lehwald schlug
hier ein starkes österr. Corps, den 14. Febr. 1745.

Hennersdorf (katholisch) in der Oberlausitz. Der
preuß. Gen. Winterfeld griff hier 1745 den 23. Novbr.
ein starkes Corps Sachsen unter dem Gen. Buchner an,
ruinirte davon 4 Regim., eroberte 3 Fahnen, 3 Standarten, 2 Paar Pauken, 4 Kanonen und machte 914
Kriegsgefangene, worunter sich auch der commandirende General befand.

Himmelcron, in Franken. Den 11. May 1759, machte
der preuß. Gen. Meinecke hier den österr. Gen Riedesel, nebst 30 Officieren und 800 Gemeinen zu Kriegsgefangenen, eroberte 2 Kanonen, 4 Fahnen und 3 Standarten.

Hochheim, am Rhein. Den 6. Jan. 1793 griff hier ein
Corps Preußen ein Französisches an und schlug es; den
Siegern fielen 11 Kanonen in die Hände.

Hochkirch, in der Oberlausitz. Die Gen. Daun und Laudon, überfielen hier in der Nacht, mit ihrer 60,000
Mann starken Armee, den König, der nur halb so stark
war und schlugen ihn 1 Meile vom Schlachtfelde. Die
Preußen verloren ihren großen F. M. Keith, den größten Theil ihres Lagers, 100 Kanonen, 30 Fahnen und
9000 Mann an Todten, Verwundeten und Gefangenen;
die Oesterreicher hingegen 8000 Mann. Der Erfolg
dieser Mordschlacht war für die Oesterreicher nicht der,
den sie erwarteten. Sie geschah den 14. Oct. 1758.

Höchstädt, in Schwaben. 1703 den 20. Sept. erhielt der
Churfürst v. Bayern und der Marschall v. Villars über
den kayserl. Gen. Styrum einen Sieg.

—— 1704 den 13. Aug., errangen die Aliirten unter dem
Prinzen Eugen und dem Herzoge v. Marleborough, den
vollständigsten Sieg über die Franzosen und Bayern,
und machten den F. M. v. Tallard mit mehr als 14,000
Mann zu Gefangenen.

Hohen-Giersdorf (auch Kunzendorf) in Schlesien.
1760 den 17. Sept. delogirte hier der König die verschiedenen Corps des F. M. Daun, von den Geburgen
in dieser Gegend, wo die Preußen 800 Kriegsgefangene
machten und 14 Kanonen eroberten.

Hohenfriedberg (Striegau) in Schlesien. Der König erfochte hier 1745 den 4. Juny über den Herzog von
Lothringen einen der größten Siege. Die Preußen machten über 7000 Gefangene, eroberten 72 Kanonen, 7
Standarten, 8 Paar Pauken, 76 Fahnen. Der preuß.

Verlust bestand in 3775 Mann an Todten und Verwundeten.

Hoyerswerda, in der Oberlausitz. Den 25. Sept. 1759 griff Prinz Heinrich v. Preußen, ein Corps Oesterreicher unter dem Gen. Vehla an, schlug es und machte den General nebst 1800 Mann gefangen.

Kay (auch Züllichau und Paltzig) in der Neumark. Der preuß. Gen. Wedel lieferte hier den 23. July 1759 dem russischen F. M. Soltikow ein Treffen, aus welchem sich die Preußen mit einem Verluste von 5000 Todten und Verwundeten zurückzogen.

Kayserswerth, im Cöllnischen. 1702 wurde es von den Alliirten 2 Monat lang belagert.

Kesselsdorf, in Sachsen. Der Fürst Leopold v. Anhalt-Dessau, lieferte der verbundenen sächsischen und österreichischen Armee 1745 den 15 Dec eine große Schlacht, und trug einen completten Sieg davon. Der Verlust der Preußen bestand in 4000 Todten und Verwundeten, der Sachsen und der Oesterreicher in 6000. Ausserdem wurden 5000 Gefangene gemacht, ein Paar Pauken, 5 Fahnen, 3 Standarten und 48 Kanonen erobert.

Kunersdorf, in der Mittelmark. Der König wurde hier den 12. Aug. 1759 von den Russen unter Soltikow, und von den Oesterreichern unter Laudon geschlagen. Diese Schlacht war die blutigste des siebenjährigen Krieges. Die Preußen hatten 8000 Todte und 15,000 Verwundete, auch waren 3000 von ihnen gefangen worden. Der russische und österr. Verlust bestand in 24,000 Mann.

Landen (auch Neerwinden) in Brabant. Die Franzosen unter dem Herzog von Luxemburg erfochten 1693 den 29. July über die alliirte Armee, unter Wilhelm III. König v. England, und dem Churfürsten v. Bayern, einen blutigen Sieg.

Landshut, in Schlesien. 1745 den 22. May, war hier zwischen dem preuß. Ob. v. Winterfeld und dem österr. Gen. v. Nadasti, zum Nachtheil des Letztern, eine scharfe Action.

—— Ein Corps Preußen unter dem Gen. Kreutz, wurde hier von dem österreichis. Gen. Jahnus 1757 den 24. August geschlagen.

—— 1760 den 23. Juny attakirten die Oesterreicher unter dem Gen. Laudon, mit einer sehr überlegenen Macht, die verschanzten Berge, welche der Gen. Fouquet mit unerhörter Tapferkeit den ganzen Tag vertheidigte. Er und der Rest seines Corps geriethen größtentheils in die Gefangenschaft.

Langensalza, im Thüringischen. Der preuß. Gen. Syburg, vereinigt mit hannöverschen Truppen, unter dem

Gen. Spörken, griff hier 1761 den 15. Febr., 10 Bataillone Sachsen an, machte dabey über 3000 Gefangene und eroberte 4 Kanonen und 6 Fahnen.

Leuthen (Lissa) in Schlesien. Die Oesterreicher unter dem Commando des Prinzen Carl v. Lothringen 90,000 Mann stark, gingen der 33,000 Mann starken preuß. Armee unter dem Befehl des Königs entgegen, um ihr das Garaus zu machen. Der König, der durch eine Anrede vor der Schlacht den Muth seiner Armee gestählt hatte, griff hier den Feind den 5. Dec. 1757 mit solcher Wuth an, daß alles, was sich nicht rettete, über den Haufen geworfen wurde. Die Zahl der feindlichen Gefangenen war 21,500; der Todten und Verwundeten 6500 und der Deserteure 6000. An Kanonen wurden 134 Stück, nebst 59 Fahnen erobert. Der preuß. Verlust war 2660 Todte und Verwundete.

Leutmannsdorf, in Schlesien, siehe Burkersdorf.

Liegnitz, in Schlesien. 1760 den 15. August lieferte der König der österr. Armee, unter dem Gen. Laudon, eine Schlacht, die er gewann. Oesterr. Seits bestand der Verlust in 10,000 Todten und Verwundeten, in 23 Fahnen und 82 Kanonen; preuß. Seits in 1800 Todten und Verwundeten.

Lille (Ryssel). 1708 belagerten und eroberten die Alliirten diese Stadt.

Lowositz, in Böhmen. Hier erfochten die Preußen unter dem Befehl des Königs 1756 den 1. Oct. einen Sieg über die österreichische Armee, unter dem F. M. Brown. Die Preußen verloren 3300 Mann, und fast eben soviel die Oesterreicher.

Malplaquet, in Hennegau. Die Alliirten unter dem Prinzen Eugen und dem Herzog v. Marleborough, erhielten hier 1709 den 11. Sept. nach einer mörderischen Schlacht den Sieg über die Franzosen, unter dem Commando der Marschälle von Villars und Boufflers.

Maxen, in Sachsen. Der F. M. Daun griff hier den 21. Nov. 1759 ein preuß. Corps von 12,000 Mann unter den Gen. Finck u. Wunsch mit einer 4mal stärkern Macht an, und machte es, nach einer starken Gegenwehr, zu Kriegsgefangenen.

Meissen, in Sachsen. Der österr. Gen. Beck attakirte hier den Gen. Dierke den 3. Dec. 1759, wobey der letztere, nebst 1400 Mann, nach einem blutigen Gefechte, gefangen wurde.

Minden, in Westphalen. Die alliirte Armee unter dem Herzog Ferdinand v. Braunschweig schlug hier 1759 den 1. Aug. die französische unter dem Marschall v. Contades aufs Haupt. Sie verlor über 8000 Todte u. Verwundete, 30 Kanonen, viele Fahnen und Standarten, nebst der Kriegs-Casse. Jene hatte 1300 Todte und Blessirte.

Mösnick, in Schlesien. Attake daselbst auf die österr. Posten, 1779 den 11. Jan.

Mollwitz, in Schlesien. Friedrich II. lieferte hier den Oesterreichern unter dem Commando des F. M. Neuperg 1741 den 10. Apr. die erste Schlacht und trug den Sieg davon. Der Verlust der Oesterreicher belief sich über 3000 Todte und Verwundete, nebst 1200 Gefangenen; der der Preußen an 2000.

Moys (Görlitz) in der Oberlausitz. Hier fiel 1757 den 7. Sept. eine heftige Action vor, in welcher die Preußen geschlagen wurden, und den Gen. Winterfeld verloren. Die Preußen wurden von dem Herzog v. Bevern, und die Oesterr. von dem Gen. Grafen Nadasty commandirt.

Namur, in den Niederlanden. 1695 ward es von den Alliirten belagert und eingenommen.

Neerwinden, siehe Landen.

Neisse, in Schlesien. 1741 vom 27. bis 31. Oct. wurde diese Festung von dem Fürsten Dietrich v. Anhalt-Dessau belagert und erobert.

— — ward 1758 vom 4. Aug. bis 5. Nov. von dem österr. Gen. Harsch, unter tapferer Vertheidigung des preuß. Gen. Treskow, vergebens belagert u. beschossen.

Neustadt in Oberschlesien. 1745 den 22. May griff hier der österr. F. M. Esterhazy mit einem Corps von 20,000 Mann, ein 9000 Mann starkes, unter dem Markgrafen Carl v. Brandenburg an, es hatte aber für erstern sehr unglückliche Folgen.

— — 1779 den 28. Febr. wurde diese offene Stadt von einem 12,000 Mann starken Corps, unter dem öster. Gen. Grafen Wallis, angegriffen. Das Regiment N. 18 und die Grenadiere von dem Reg. N. 33 und 42, als die einzige Besatzung, thaten einen so tapfern Widerstand, daß sie sich nicht eher aus der Stadt zogen, als bis sie gänzlich im Feuer stand. Die Feinde erreichten ihre Absicht nicht.

Ofen, in Ungarn, wurde 1686 den 2. Sept. von den Kayserlichen, bey welchen sich brandenburgische Truppen befanden, nach einem blutigen Gefechte mit Sturm eingenommen.

Olmütz, in Mähren, hielt vom 27. May bis 2. July eine harte Belagerung von den Preußen aus, welche aber wegen des bey Domstädtel geschlagenen Transportes aufgehoben werden mußte. Diese Belagerung kostete den Preußen 1139 Mann an Todten, Verwundeten und Gefangenen.

Oudenarde,

Oudenarde, in Flandern. Die combinirte Armee, befehligt vom Prinzen Eugen, erhielt 1708 den 11. July über die Franzosen unter dem Commando des Herzogs von Vendome, einen Sieg.

Pasewalck, in Pommern. 1760 im Oct. griff hier der preuß. Gen. Werner die Schweden in ihren Verschanzungen an, tödtete viele, eroberte 8 Kanonen und machte 600 Kriegsgefangene.

Paßberg (eigentlich St. Sebastiansberg) in Böhmen. Den 15. Apr. 1759 ward hier der österr. Gen. Reinhard in seinen Verschanzungen von dem preuß. Gen. Hülsen überfallen. Der feindliche General nebst 50 Officieren und 2000 Gemeinen wurden gefangen, auch 3 Kanonen, 3 Fahnen und 2 Standarten erbeutet.

Penamünde, Fort in Pommern. Der preuß. Gen. Dierecke eroberte 1759 den 10. Apr. dieses von den Schweden besetzte Fort und machte 233 Gefangene.

Pirna, in Sachsen. Hier hatte sich die ganze sächsische Armee in ein befestigtes Lager begeben, ward aber 1756 den 15. Oct. genöthigt, sich zu Kriegsgefangenen zu ergeben.

Prag, in Böhmen, wurde 1744 den 16. Sept. vom König Friedrich II. belagert und eingenommen, aber auch den 26. Nov. desselben Jahres wieder verlassen, die zu Kriegsgefangenen gemachte Besatzung, bestand in 16,000 Mann.

—— —— 1757 den 6. May fiel hier eine der größten Schlachten des 18. Jahrhunderts zwischen dem Könige Friedrich und dem österr. F. M. Browne, zum Nachtheil des Letztern vor. Der F. M. Schwerin blieb todt auf dem Schlachtfelde, und der F. M. Browne ward tödtlich verwundet. Den Verlust der Preußen rechnet man 16500 an Todten und Verwundeten, nebst 1550 die gefangen wurden, den der Oesterreicher an 19,000 nebst 5000 Gefangenen. Kanonen wurden 60 erobert.

—— —— Diese Stadt wurde vom 9. May bis 20. Juny 1757 belagert und heftig bombardirt. Die für die Preußen unglückliche Schlacht bey Collin machte die Belagerung aufgehoben

Pretsch, in Sachsen, auch (Meuro, Domitsch.) Ein Corps Preußen unter den Gen. Fink und Wunsch, griff in diesen Gegenden den 29. Oct. 1759 ein großes Corps Oesterreicher unter dem Herz. v. Aremberg an, schlug es u. machte, nebst dem Gen. Gemming 1400 Gefangene.

Pretschendorf, ohnweit Freyberg in Sachsen. Hier und in dieser Gegend wurden von den österr. Gen. Ried, Haddick und Campitelli, auf das preußische Hülsensche Corps und auf den rechten Flügel der Prinz Heinrich-

Stammliste. R

schen Armee, den 29. Sept. 1762 heftige Attaken ohne Vortheile gemacht.

Ramillies, in Brabant. Der Herzog v. Marleborough erhielt hier 1706 den 23. May über die Franzosen und Bayern unter dem Marschall von Villeroy einen Sieg.

Reichenbach, in Schlesien. Der F. M. Daun, welcher Schweidnitz entsetzen wollte, wurde hier von dem Herz. v. Bevern den 16. Aug. 1762 angegriffen und geschlagen. Die Sieger zählten 1400 Todte und Verwundete; die Feinde hatten deren 3000; 4400 waren von ihnen gefangen, auch verloren sie 28 Kanonen, 9 Fahnen und die Bagage.

Reichenberg, in Böhmen. Hier kam es den 21. Aprill 1757 zwischen dem Herz. v. Braunschweig-Bevern und dem kaiserl. Gen. Grafen v. Königseck, zu einem Treffen, in welchem die Preußen siegten. Die Oesterreicher verloren 1800, die Preußen 300 Mann.

Reichenberg, in Sachsen, ohnweit Dresden. Ein österr. Corps unter dem Gen. Maquire hatte hier den 5. Sept. 1759 mit dem preuß. Gen. Wunsch, ein Gefecht zum Nachtheil des Letztern.

Rheinbergen, im Cöllnischen. 1703 wurde diese Stadt von den preußischen Truppen erobert.

Roßbach, in Sachsen. Den 5. Nov. 1757 griff hier König Friedrich II. die vereinigte französische, österreichische und Reichsarmee unter dem Commando des Prinzen v. Hildburghausen und Soubise dergestalt an, daß in anderthalb Stunden nicht allein die feindliche Armee von 80,000 Mann geschlagen, sondern auch zerstreuet wurde. Die preußische Armee war 24,000 Mann stark. Ihr Verlust bestand überhaupt in 365 Mann, der der Feinde in 3560 Todten und Verwundeten, 6250 Gefangenen, 63 Kanonen, 15 Standarten, 7 Fahnen u. 2 Paar Pauken.

Saalfeld, im Thüringischen. Die beyden preuß. Gen. Syburg und Schenkendorf, attakirten hier 1761 den 2. Aprr. ein starkes Corps Reichstruppen, unter dem Gen. Kleist, dergestalt, daß außer den vielen Todten u. Verwundeten, welche auf dem Platze blieben, noch der feindliche General und an 1150 Mann gefangen, auch 7 Fahnen und 6 Kanonen erobert wurden.

Salankemen, in Sclavonien. Die Kayserlichen mit ihren Hülfsvölkern, schlugen hier 1691 den 19. Aug. die türkische Armee aus ihren Verschanzungen in die Flucht.

Schweidnitz, in Schlesien. 1757 den 12. Nov. wurde diese Festung von dem kaiserl. Gen. Grafen Nadasty erobert und die Besatzung zu Kriegsgefangenen gemacht. Der preuß. Commendant war der Gen. Seers.

Schweidnitz, in Schlesien. Vom 15. Dec. 1757 bis zum 31. März 1758 wurde diese Stadt von den Preußen blokirt gehalten, hernach aber förmlich belagert, da sie den 18. Apr. überging, und der commandirende Gen. Thierheim sich mit 5000 Mann zu Kriegsgefangenen ergeben mußte.

— — — 1761 in der Nacht vom 30. Sept. zum 1. Oct. wurde die Stadt von dem Gen. Laudon überrumpelt, und der Commendant derselben, der Gen. Zastrow, mit der Besatzung gefangen genommen.

— — 1762 vom 7. Aug. bis 9. Oct. wurde sie nach tapfern Widerstand unter Befehl des Gen. Tauentzien belagert und erobert. Der österr. General Guasco nebst 9000 Mann wurden zu Kriegsgefangenen gemacht.

Solonitz, in Böhmen. 1744 den 19. Nov. widersetzte sich hier ein preuß. Grenadierbataillon dem Uebergange der feindlichen Armee über die Elbe und schlug sie in einer Zeit von 5 Stunden dreimal zurück.

Soor, auch Trautenau, in Böhmen. Friedrich II. gewann hier 1745 den 30. Sept. wider die österr. Armee, unter Befehl des Herz. Carl von Lothringen, eine Bataille. Die Preußen hatten einen Verlust von 3548 Mann an Todten und Verwundeten.

Spie, Dorf zwischen Colberg und Treptow in Pommern. Auf die verschanzten Anhöhen bey diesem Dorfe geschahen 1761 wechselseitige russ. und preuß. heftige Angriffe, unter welchen der am 12. Dec. der mörderischte, besonders von preuß. Seite, war.

Steenkerken, in den Niederlanden. Die Alliirten attakirten hier 1692 den 2. Aug. unter dem Churfürsten v. Bayern und dem König Wilhelm III. von England, die Franzosen unter dem Marschall v. Luxemburg, mußten sich aber zurückziehen.

Stettin, in preuß. Pommern. 1677 wurde diese Stadt von den Churbrandenb. Truppen belagert und erobert, 1679 aber an die Schweden wieder zurückgegeben. 1713 ward sie zum zweitenmale belagert und erobert und verblieb dem preuß. Hause.

Stralsund, in schwedisch Pommern. 1678 wurde diese Stadt von dem großen Churfürsten heftig bombardirt u. eingenommen. 1758 wurde sie von den Preußen blokirt.

Strehla, in Sachsen. Der Prinz von Stollberg, vereinigt mit einem Corps Oesterreicher, griff hier den preuß. Gen. Hülsen den 20. Aug. 1760 in seinen Verschanzungen an, wo es zu einer starken Action kam, in welcher die Preußen nicht allein ihren Posten behaupteten, sondern auch 1300 feindliche Gefangene machten.

Tein, in Böhmen. Scharfe Action 1744 den 9. Oct. zwischen dem österr. Gen. Sholani und dem preuß. Gen. Ziethen zum Vortheile des Letztern.

Töplitz, in Böhmen. 1762 den 2. Aug. fiel zwischen einem Corps Preußen unter dem Gen. Kleist und einem österr. unter dem Prinzen Löwenstein ein scharfes Gefecht zum Nachtheile der Erstern vor.

Torgau, in Sachsen. 1759 den 8. Sept. griff der preuß. Gen. Wunsch ein 14,000 Mann starkes österr. Corps unter dem Gen. Saint-Andre an und schlug es, seiner schwachen Macht ohnerachtet, in die Flucht. Er machte 676 zu Gefangenen und eroberte 8 Kanonen.

—— 1760 den 3. Nov. fiel hier die blutigste Schlacht des siebenjährigen Krieges vor, welche zum Vortheil der Preußen, die der König selbst commandirte, ausfiel. Die Oesterreicher zählten über 12,000 Todte und Verwundete, auch verloren sie an 12,000 Mann so gefangen wurden und 50 Kanonen. Der preuß. Verlust bestand in 10,000 Todten und Verwundeten und 4000 Gefangenen. Der König bekam in dieser Schlacht eine Contusion, der F. M. Daun aber eine gefährliche Bleßur.

Tournay (Dornick) in den Niederlanden. 1709 wurde diese Stadt von den Alliirten belagert u. eingenommen.

Treptow, in Pommern. Den 12. Sept. 1761. Der preuß. Gen. Werner mit seinem 2000 Mann starken Corps wurde hier von einem starken russischen Corps angegriffen, er hatte großen Verlust und wurde selbst gefangen.

—— Den 23. und 25. Oct. 1761 wurde diese Stadt in welcher der preuß. Gen. Knoblauch mit 3 Bataillonen und wenigen Esq. stand, von dem russischen Gen. Romanzow bombardirt, und ersterer genöthigt, sich zum Kriegsgefangenen zu ergeben.

Türkheim, im Elsaß. Der Churfürst Friedrich Wilhelm von Brandenburg, genannt der Große, stand 1675 den 5. Jan. mit einer Armee Alliirter hier, deren linker Flügel vom Marschall v. Türenne angegriffen, und zum Rückzuge genöthigt wurde.

Turin, in Piemont. Die combinirte kaiserl. Armee unter dem Prinzen Eugen und dem Herzog von Savoyen griff 1706 den 7. Sept. die französische, unter dem Commando des Herzogs v. Orleans und des Marschalls v. Marsin in ihren Verschanzungen an und schlug sie gänzlich.

Valmy, in Champagne. 1792 den 20. Sept. war hier zwischen der preuß. Armee, und der der Franken eine der heftigsten Kanonaden dieses Jahrhunderts, jedoch ohne Würkung.

Wahlstadt, in Schlesien. 1761 den 15. Aug. griff hier ein preuß. Corps von wenigen Esq. ein feindliches von

40 Esq. an, schlug es in die Flucht, und machte 300 Gefangene.

Warschau, in Pohlen. 1656 lieferten hier die brandenb. Truppen den Pohlen eine Schlacht, welche vom 18. bis 20. July dauerte.

Weiskirch, in Schlesien. 1778 den 26. October fiel hier zwischen den Preußen und Oesterreichern ein scharfes Gefechte vor.

Wittenberg (auch Eupen) in Sachsen. Zwischen dem preuß. Hülsenschen u. einem starken Corps Reichstruppen und Würtemberger fiel hier 1760 den 2. Oct. eine heftige 11 Stunden lange Kanonade vor, wo die Preußen ihren Posten behaupteten.

—— —— 1760 vom 3. bis 14. Oct. wurde diese Stadt von dem österr. Gen. Guasco bombardirt und eingeäschert. Der preuß. Gen. Salenmon vertheidigte sie mit 3 Bataillonen tapfer, mußte sich aber ergeben.

Wollin, in Pommern. Den 16 Sept. 1759 wurde sie von den Schweden mit Sturm erobert und die preuß. Besatzung von 425 Mann zu Gefangenen gemacht.

Wynendael, in den Niederlanden. 1708 den 28. Sept. war hier ein Treffen zwischen einem Corps combinirter kaiserlicher und einem weit stärkern Corps Franzosen, zum Nachtheil der Letztern.

Zenta, in Ungarn. Die kaiserl. Armee unter dem Prinzen Eugen verbunden mit brandenb. Völkern, attakirten hier 1697 den 11. Sept. die Türken in ihren Verschanzungen und überwanden sie nach einer hartnäckigen Schlacht; wobey der Großvezier nebst 20,000 Türken auf dem Wahlplatze blieben, 10,000 aber in der Theiße ertranken.

Zorndorf, in Brandenburg. Hier fiel unter dem Commando des Königs und des russischen Generals Fermor 1758 den 26. — 27. Aug. eine der größten Schlachten des achtzehnten Jahrhunderts zum Vortheil der Preußen vor. Die Russen hatten über 19,000 Todte und Verwundete und verloren 3000 Gefangene, 103 Kanonen, 14 Fahnen und die ganze Kriegskasse. Der preuß. Verlust bestand in 10,000 Todten u. Verwundeten, desgleichen in 1400 Gefangenen und 26 Kanonen.

Zothen (auch Strehlen) in Schlesien. Der preuß. Ob. Lieut. Lossow machte 1760 im Novemb. hier 700 Mann Kriegsgefangene.

Zuckmantel, in Schlesien. Ein preuß. Corps attakirte hier 1779 den 15. Jan. ein österreichisches Corps.

Alphabetisches Register
aller

jetztlebenden Chefs sowohl von Regimentern, Füsilierbataillonen, als besondern Corps.

	Seite		Seite
A.		v. Byern, Küraß. N. 13.	200
Akademie militaire	169	**C.**	
d'Arnaudrütz, Inf. N. 4.	31	Cabettencorps	167
Anhalt, Graf zu, Inf. N. 43.	125	v. Cjettritz, Hus. N. 1.	235
Anhalt, Graf zu, Füs. N. 12.	154	**D.**	
Anspach-Bayreuth, Dragoner, N. 5.	210	v. Dallwig, Küraß. N. 12.	197
v. Arnim, Inval.	174	v. Dessauniers, Füs. N. 11.	154
Artillerie, Feld-	158	Dohna, Graf zu, jetzt v. Kunitzky, Inf. N. 44.	127
Artillerie, Garnison-	163	v. Dolffs, Küraß. N. 1.	175
B.		Dragonerregimenter	202
v. Bardeleben, Artill.	162	**E.**	
v. Bardeleben, Dragoner, N. 8.	216	v. Eben und Brunnen, Hus. N. 2.	227
v. Beust, Gren. Bat.	244	v. Ernest, Füs. N. 19.	158
v. Bischoffswerder	171	Prinz Eugen v. Württemberg, Hus. N. 4.	231
v. Bonin, Inf. N. 54.	141	**F.**	
v. Borch, Inf. N. 49.	136	v. Favrat, Inf. N. 53.	141
v. Borcke, Füs. N. 5.	148	Prinz Ferdinand v. Preußen, Inf. N. 34.	108
v. Borghesi, Ingen.	166	v. Franckenberg, Infant. N. 24.	83
v. Bornstedt, Inf. N. 20.	74	v. Franckenberg, Dragon. N. 10.	219
v. Borstel, Küraß. N. 7.	187	v. Franckenberg, Husaren, N. 11.	243
Bosniackenregiment, Hus. N. 9.	240	Friedrich, Herz. v. Braunschweig, Inf. N. 19.	70
v. Braun, Inf. N. 13.	53	Füsilierbataillone	145
v. Braunschweig, reg. Herzog, Inf. N. 21.	77	**G.**	
v. Bruckner, Drag. N. 9.	217	Garde, Inf. N. 15.	59
v. Brünneck, Inf. N. 17.	65		

	Seite
Garde du Corps, Küraß. N. 13.	200
Gensd'armes, Küraßier N. 10.	193
v. Göckingk, Huf. N. 5.	232
v. Görtz, Graf, Küraß. N. 8.	189
v. Götzen, Inf. N. 33.	107
v. d. Goltz, Graf, Huf. N. 8.	238
v. Grevenitz, Inf. N. 45.	129
v. Günther, Bosniacken, Huf. N. 9.	240
H.	
v. Hanenfeld, Inf. N. 42.	124
v. Hanff, Füf. N. 8.	151
v. Haustein, Inf. N. 51.	139
v. Hausen, Inf. N. 16.	63
Prinz Heinrich v. Preussen, Inf. N. 35.	110
v. Henckel, Graf, Inf. N. 2.	24
v. Hertzberg, Graf, Inf. N. 47.	133
v. Hinrichs, Füsil. N. 17.	157
Erbprinz v. Hohenlohe, Inf. N. 32.	103
v. Hollwede, Inf. N. 55.	142
v. Hollstein-Beck, Herzog, Inf. N. 11.	48
Husarenregimenter	225
J.	
Jägercorps zu Pferde	170
Jägerregiment zu Fuß	143
Infanterieregimenter	21
Ingenieurcorps	165
Ingenieurcorps, Anspach-Bayreuthisches	246
Ingenieurakademie	166
Invaliden bey Berlin	172
Invaliden bey Potsdam	171
Invaliden in den Provinzen	173
K.	
v. Kalckreuth, Graf, Dragoner, N. 5.	210

	Seite
v. Kalckreuth, Dragoner, N. 12.	223
v. Kalckstein, Inf. N. 5.	33
v. Katte, Drag. N. 4.	209
v. Kenitz, Inf. N. 39.	118
v. Kleist, Inf. N. 12.	51
v. Klinckowström, Inf. N. 22.	79
v. Knobelsdorff, Infant. N. 27.	91
v. Köhler, Huf. N. 3.	229
v. Köthen, Inf. N. 48.	135
v. Koßboth, Küraß. N. 3.	179
Kronprinz, Inf. N. 18.	68
Küraßierregimenter	174
v. Kunheim, Inf. N. 1.	21
L.	
v. d. Lahr, Mineurs	166
Landregimenter	173
v. Lattorff, Inf. N. 31.	101
v. Legat, Füf. N. 20.	158
Leibcarabiniers, Küraß. N. 11.	195
Leibregiment, Küraßier, N. 3.	197
v. Lichnowsky, Inf. N. 23.	81
v. Lieberoth, Füf. N. 4.	148
v. d. Lochau, Artill.	163
v. Lottum, Graf, Drag. N. 1.	203
Pr. Ludwig v. Würtemberg, Küraß. N. 5.	183
M.	
v. Manstein, Inf. N. 9.	44
v. Manstein, Küraß. N. 9.	192
v. Martini, Füf. N. 10.	153
v. d. Marwitz, Küraßier, N. 2.	177
v. Meerkatz, Artill.	162
v. Meugden, Küraß. N. 4.	181
Mineurcorps	166
v. Möllendorff, Inf. N. 25.	87
v. Moller, Artill.	163
v. Mosch, Cadettencorps	169
v. Müffling, Füf. N. 18.	157

	Seite		Seite
O.		v. Schmettau, Dragoner,	
v. Oswald, Füf. N. 16.	156	N. 2.	
v. Owstien, Inf. N. 7.	39	v. Schulz, Füf. N. 7	
P.		v. Schwerin, Graf, Inf.	
v. Pfuhl, Alt, Inf. N. 46.	131	N. 52.	140
v. Pfuhl, Jung, Inf. N. 40.	120	v. Schwerin, Jung, Inf.	
v. Pirch, Inf. N. 8.	41	N. 26.	90
v. Plotho	246	**T.**	
v. Pollitz, Füf. N. 14.	156	v. Thadden, Füf. N. 13.	155
Pontonniere	164	v. Thadden, Inf. N. 3.	27
v. Prittwitz, Drag. N. 3.	207	v. Thiele, Füf. N. 3.	147
v. Prittwitz, Küraß. N 10.	193	v. d. Trenck, Huf. N. 7.	236
v. Prosch, Füf. N. 9.	152	v. Troschke, Inf. N. 50.	138
Q.		v. Tschirschky, Dragoner,	
v. Quesnoy.	246	N. 11. vacant	221
R.		**V.**	
v. Raumer, Inf. N. 36.	112	v. Wittinghoff, Inf. N. 38.	117
v. Reitzenstein, Füf.	245	Voit v. Salzburg, Inf.	244
v. Rembow, Füf. N. 6.	150	**W**	
v. Renouard, Füf. N. 2.	146	v. Waldenfels, Jäger	245
v. Reppert, Küraß. N. 11.	195	v. Wegnern, Inf. N. 30.	98
v Rohdich, Gren. Garde,		Weimar, Herzog v. Sach-	
Inf. N. 6.	36	sen, Küraß. N. 6.	185
v. Romberg, Inf. N. 10.	46	v. Wendessen, Inf. N. 29.	96
v. Rühle, Füf. N. 15.	156	v. Werther, Drag. N. 6.	218
v. Rüts, Inf. N. 28.	94	v. Wildau, Inf. N. 14.	56
S.		v. Wolcky, Huf. N. 10.	241
v. Schenck, Drag. N. 7.	214	v. Wolfradt, Huf. N. 6.	235
v. Schencke, Füf. N. 1.	146	v. Wolframsdorff, Inf.	
v. Schladen, Inf. N. 41.	122	N. 37.	114

Verbesserung:

Durch den Tod des Gen. Maj. Grafen zu Dohna ist das Infanterieregiment N. 44. dem ehemaligen Obersten und Commandeur des ersten Bataillons Garde, v. Kunitzky, als Gen. Maj übertragen; dagegen ist der Obr. Lieut. v. Innersleben zum Commandeur des ersten Bataillons Garde ernannt worden.

www.ingramcontent.com/pod-product-compliance
Lightning Source LLC
Chambersburg PA
CBHW031726230426
43669CB00007B/252